JN437106

감정노동과 직무소진

개념, 이론, 그리고 실증연구

박상언 지음

도서출판 두남

머리말 / Preface

서비스산업이 급속히 팽창하면서 고객접점에서 '감정노동'(emotional labor)을 수행하는 사람들이 많아지고 있다. 또한 고객만족을 넘어 고객감동을 선점하고 쟁탈하기 위한 기업간 경쟁도 더욱 치열해지고 있다. 그래서 요즘은 고객과의 대면(face to face) 접촉이 일어나는 일선 창구나 혹은 음성(voice to voice) 접촉을 하는 콜센터 등에서 이를테면 "최고로 모시겠습니다! 고객님"이나 혹은 심지어 "사랑합니다! 고객님"과 같이 다소 낯 뜨거운 과잉친절을 대하는 것도 결코 어색하지 않게 되었다. 서비스 종사자들이 수행하는 감정노동이 보편화되어 이제 대부분 사람들이 이를 당연하게 받아들이고 있는 것이다.

이처럼, 상냥한 미소와 다감한 표정, 그리고 다소 과장된 억양과 인사 등 다양한 감정노동의 수행을 통해 고객의 마음을 사로잡기 위한 노력이 집중적으로 이루어질 경우, 이는 고객으로부터 긍정적인 평판과 함께 반복구매로 이어져 조직의 성과제고에 큰 보탬이 될 수 있다. 하지만 이러한 감정노동은 적어도 해당 직무수행자에게는 자아정체성의 훼손과 직무소진(job burnout)을 초래하는 등 이들의 심리적 안녕(psychological well-being)에 상당한 부정적 영향을 초래할 수 있다는 주장이 학계에서 계속 보고되고 있다.

그래서 흔히 감정노동자들을 '가면 뒤에서 눈물을 흘리는 사람'으로 비유되기도 한다. 특히 요즘처럼, 기업이 사원들의 감정노동에 대해 다양한 통제방식을 적용하면서 고객지상주의 하에 이들을 '을(乙) 중의 을(乙)'로 내면화시키는 관리정책을 고수하는 한, 감정노동의 이러한 부정적 영향은 향후 더욱 심화될 여지가 크다. 이런 관심에서 이 책은 고객접점에서 일하는 다양한 서비스직 종사자들의 감정노동과 그 영향을 실증해 보는 연구들을 Ⅰ부에 주로 담았다.

감정노동의 영향을 확인하는 결과변수로 흔히 같이 연구되어온 주제가 바로 '직무소진'이다. 하지만 직무소진은 감정노동을 수행하는 서비스직 종사자들에게만 연관된 주제가 아니고, 그 자체가 중요한 하나의 독자적 이슈이기도 하다. 얼마 전 한 통계에 따르면 한국의 노동생산성은 OECD국가 평균의 60% 중반 정도인 반면, 연평균 근로시간은 아직도 2천 시간을 웃도는 최고 수준으로 나타났다.

우리나라의 경우, 제조업에 비해 특히 서비스업의 노동생산성이 현저히 떨어지는 특징을 보여주고 있는데, 이처럼 노동생산성이 낮은 중요한 이유 중의 하나는 연간 근로시간이 압도적으로 많기 때문인 것으로 풀이되고 있다. 결국, 한국의 대다수 직장인들은 아직도 상당한 수준의 '과로체제'에서 일하고 있다는 한 반증인 셈이다.

특히 서비스직 종사자들은 이처럼 장시간 근로에 더하여, 앞서 지적한 것처럼 감정노동이 주는 스트레스의 이중고에 시달리고 있다고 볼 수 있다. 여기에, 날로 심화되고 있는 고용불안은 물론 무한성과 경쟁을 추동하는 경영관리 방식의 확산은 대다수 직장인들이 겪는 직무 관련 스트레스와 소진을 더욱 가중시키고 있는 추세에 있다. 이러한 요즈음의 상황과 관심을 배경으로 하여, II부에서는 이들의 심리적 안녕을 대변하는 가장 대표적인 변수라고 할 수 있는 직무소진에 초점을 둔 연구들을 모아 보았다.

I부와 II부에서 각기 살펴본 '감정노동'과 '직무소진' 현상을 한 곳에서 집약적으로 살펴볼 수 있는 대표적인 일터가 바로 '콜센터'(call center)라 할 수 있다. 고객과의 커뮤니케이션 증진과 이를 통한 고객만족을 모토로 운영되기 시작한 콜센터는 지난 20여년간 금융 및 통신서비스 산업을 필두

로 제조, 유통, 관광 등 거의 모든 산업분야에 걸쳐 급속히 확산되어 왔다. 비록 고객과 비대면적인 접촉을 하지만 콜센터의 상담직은 반복적인 감정노동 수행을 통해 상당한 수준의 직무소진을 경험하고 있는 것으로 알려져 왔다.

또한 각종 정보통신기술에 힘입어 모든 통화가 완벽히 기술적으로 통제되는 노동과정 특성과 함께 준익명성이 보장되는 특유의 비대면 고객접촉 상황은 콜센터 상담직 직무의 대표적인 특징이기도 하다. 이러한 직무특성들로 인해, 여성 콜센터 상담직의 경우 이른바 '진상고객'들의 언어폭력과 심지어 각종 성희롱에 노출되는 경우가 많아 이들의 직무소진은 더욱 가중되고 있는 실정이다. 그 결과, 한 조사에 따르면 콜센터 상담직의 경우 고도우울증을 겪고 있는 사람이 무려 절반 이상인 것으로 추정되고 있다.

그래서 Ⅲ부에서는 이러한 콜센터 상담직과 다른 고객서비스직 사원들과의 비교에 초점을 둔 실증연구를 통하여 콜센터 상담직의 감정노동과 기타 여러 직무특성들이 이들의 직무정서와 직무태도에 어떠한 영향을 미치고 있는 지를 간접적으로 추론해 보고 있다.

이 책에 포함된 각 장의 글들은 저자가 그간 주요 학회지에 게재해 왔던 논문들을 모은 것이다. 따라서 비록 완전히 새로운 내용이라 할 수는 없지만, 이 책이 주안점을 두고 있는 두 주제, 즉 '감정노동'과 '직무소진'은 여전히 지금도 우리 사회에서 시의성 있는 주제이고, 또 우리가 향후 관심을 갖고 풀어가야 할 과제이기에 나름대로 조금은 의미 있는 엮음이 될 것으로 생각하였다.

각 장의 논문 출처는 아래에 별도로 밝혀두었다. 다만, 이 책의 출간 시점에 맞추어, 원래 논문의 일부 내용을 약간 수정하거나 보완한 부분이 있음을 밝힌다. 또 이 책의 일관성 있는 구성을 위해 원래의 논문의 제목과 장, 절의 제목을 조금씩 수정한 부분도 있다. 아무쪼록 이 책의 두 주제인 '감정노동'과 '직무소진'에 대해 관심을 가진 분들에게 이 책이 조금이라도 도움이 되길 바라며, 출간의 기회를 허락한 두남의 전두표 사장 및 이승구 상무를 비롯한 관계자 여러분께도 지면을 빌어 감사의 인사를 드린다.

2016. 1.

박 상 언

각 장의 출처

- 1장: "감정표현요구와 감정부조화, 그리고 심리적 반응 간의 관계에 관한 연구", 『조직과 인사관리연구』, 한국인사관리학회, 32(1): 25-53.
- 2장: "감정노동과 직장-가정 갈등: 직무소진의 두 영향요인에 대한 실증연구", 『인사·조직연구』, 한국인사·조직학회, 19(1): 227-266.
- 3장: "감정부조화와 감성지능이 서비스직 사원의 비과업행동에 미치는 영향", 『경영학연구』, 한국경영학회, 39(4): 963-994.
- 4장: "직무요구-통제 모형에 의한 사원들의 직무소진에 관한 연구: 적극적 성격과 자기효능감 변수의 조절효과를 중심으로, 『조직과 인사관리연구』, 한국인사관리학회, 30(2): 45-71.
- 5장: "직무요구와 직무소진, 그리고 조직공정성 요인간의 관계에 관한 연구, 『경영학연구』, 한국경영학회, 35(2): 367-388.
- 6장: "콜센터 상담직의 직무특성과 직무관련 정서 및 태도: 타 고객서비스 직종과의 비교를 통한 탐색적 분석과 진단", 『연세경영연구』, 연세대학교 경영연구소, 52(1): 21-54.

차례 / Contents

01 감정노동(Emotional Labor)

1장 _ 감정노동, 감정부조화 그리고 직무소진 • 15

2장 감정노동과 직장-가정 갈등 • 51

3장 감정부조화와 감성지능의 영향 • 93

02 직무소진(Job Burnout)

03 감정노동과 직무소진의 직무현장 사례: 콜센터(call center) 상담직

6장 콜센터 상담직의 직무특성과 직무정서 및 태도: 타 고객서비스 직종과의 비교를 통한 탐색적 진단 • 211

01

감정노동 (Emotional Labor)

01

서비스 산업의 비중이 날로 커짐에 따라, 이제 고객접점에서 근무하는 다양한 사람들 가운데 그들의 '손'과 '머리'만이 아니라, '표정'과 '마음'까지 동원해서 일을 해야만 하는 사람이 많아졌다. 바야흐로 '감정노동'이 보편화되고 있는 것이다. ***'I 부 감정노동'***에서는 고객과의 상호작용과정에서 이러한 감정노동을 수행하는 것이 서비스 산업 종사자들에게 어떠한 영향을 미치는지를 다각도로 살펴보고 있다.

* 흔히 감정노동은 '양날의 칼'처럼 긍정적인 차원의 영향과 함께 여러 가지 부정적인 영향을 동시에 미친다고 알려져 왔다. ***'1장 감정노동, 감정부조화, 그리고 직무소진'***에서는 이러한 감정노동의 수행이 조직구성원들의 감정부조화와 직무소진, 이직의향 등 제반 심리적 반응과 태도에 어떠한 영향을 미치는 지를 실증적으로 확인해 보고 있다. 이 과정에서, 특히 조직구성원들이 감정노동 수행 중에 느끼게 되는 감정부조화는 이들의 직무소진과 이직의향의 증대를 가져오는 중요한 매개역할을 한다는 흥미로운 사실을 입증해 보이고 있다.

* ***'2장 감정노동과 직장-가정 갈등'***은 전문서비스직이라 볼 수 있는 종합병원의 임상간호사들을 대상으로 하여, 이들의 직무소진을 초래하는 두 핵심 요인인 감정노동과 직장-가정 갈등 문제를 같이 살펴보고 있다. 결혼한 여성 간호사들의 입장에서는 직장에서 환자나 보호자들을 대상으로 한 감정노동 이외에도 직장과 가정에서의 두 가지 역할 수행으로 말미암은 직장-가정 갈등을 상시적으로 경험할 수 있다. 특히 이 장에서는 업무수행 중 누적된 감정부조화의 느낌은 직장-가정 갈등경험과 상호작용하여, 이들 간호사의 직무소진에 더욱 심각한 부정적 영향을 미칠 가능성이 있음을 시사해 주고 있다. 아울러, 간호사들로부터 직접 얻어진 생생한 인터뷰 자료는 이들이 경험하고 있는 일의 세계에 대해 흥미로운 엿보기를 도와주게 될 것이다.

* 조직이 효과적으로 잘 기능하려면 공식적인 과업성과 이외에도 구성원들이 발휘해 주는 재량적인 성격의 비과업행동이 많이 필요하게 된다. 본연의 임무가 아니지만 아무도 챙기지 않는 일을 선뜻 나서서 한다든지 혹은 일이 많은 동료를 자발적으로 도와주는 등의 '이타적 행동'이 바로 그 예다. 하지만 비과업행동 중에는 오히려 조직에 해가 되는 행동도 있다. 이른바 '반생산적 행동'이 바로 그것이다. ***'3장 감정부조화와 감성지능의 영향'***에서는 다양한 서비스직 종사자들을 대상으로 이들의 감성지능과 감정부조화가 이타적 행동과 반생산적 행동에 각기 어떠한 영향을 미치는 지를 실증적으로 확인해 보고 있다. 그 결과, 감성지능은 특히 이타적 행동과 그리고 감정부조화는 반생산적 행동과 유의적인 관계가 있음을 보여주고 있다.

1장 감정노동, 감정부조화 그리고 직무소진

Ⅰ. 들어가며

전체 산업에서 서비스 산업이 차지하는 비중이 날로 커짐에 따라, 이제 다양한 직무들이 고객과의 접점에서 이들과 직접적으로 상호작용하는 것을 핵심적인 직무내용으로 삼고 있다. 그리하여 이러한 직무들에 있어서는 '손'과 '머리'만을 주로 활용하던 전통적인 업무내용 이외에 '표정'과 '마음'을 함께 활용하는 감정노동(emotional labor)의 수행이 새로운 유형의 직무요구(job demand)로 강조되고 있다. 이에 따라 오늘날의 기업은 사원들의 감정과 자아를 조직이 원하는 방향으로 적절히 통제해 가야 하는 새로운 경영과제를 안게 되었다(Leidner, 1999).

사실, 그 동안 인간행동의 합리적이고 인지적인 측면에 집중적인 연구관심을 표명해 왔던 조직행동 분야에 있어서 인간의 감정적 측면은 그리 큰 주목을 끌지 못해 왔다. 하지만 최근 들어 감정과 심리적 안녕(psychological well-being) 등 인간행동의 주관적이고 정서적인 측면이 조직구성원의 건강과 실제 직무성과에 미치는 영향에 대하여 새로운 강조와 조명이 이루어지고 있다(Ashkanasy et al., 2002, 2005; Muchinsky, 2000; Snyder & Lopez, 2005).

Hochschild(1983)의 기념비적인 저서인 *The Managed Heart: Commercialization of Human Feeling*이 출간된 이후 촉발되기 시작한 감정노동에 관한 일련의 연구들 역시, 조직에 있어서 감정관리의 중요성을 일깨우는 중요한 한 연구 흐름을 구축해 오고 있다. 특히, 고객과의 접점에서 평가되는 서비스의 질과 고객만족 여부가 기업의 경쟁우위를 결정하는 중요한 한 요인으로까지 인식되기 시작하면서 그 동안 사적 영역에 머물러 있던 개인감정에 대한 관리는 이제 많은 경우 조직이 적극 개입하여 통제해야 하는 대상이 되고 있는 것이다(Steinberg & Figart, 1999).

지금까지 수행된 여러 연구들에 따르면 감정노동의 수행은 '양날의 칼'과 같은 효과를 가진다고 볼 수 있다(Ashforth & Humphrey, 1993, 96 & 107). 먼저, 감정노동은 여러 면에서 긍정적인 효과를 낳을 수 있다. 즉, 감정노동의 수행은 고객과의 상호작용을 보다 예측가능하게 만들어 주어, 사원들로 하여금 적절한 자기감정 조절과 통제를 할 수 있도록 도와준다. 또한 조직의 규범을 따르는 감정노동을 수행함으로써 성공적으로 직무요구를 충족시켰다는 성취감과 함께 자아효능감(self-efficacy)의 증진을 기대해 볼 수도 있다(Rafaeli & Sutton, 1989; Staw, Sutton, & Pelled, 1994; Sutton, 1991; Wharton, 1993, 1999; Zapf & Holz, 2006 등). 하지만 감정노동은 경우에 따라 사원들에게 심각한 부정적 역기능을 초래할 수도 있다. 특히 감정노동의 수행과정에서 자신의 본연의 감정과 조직이 요구하는 감정표현이 서로 상충됨으로써 감정부조화(emotional dissonance)를 느끼게 될 경우, 이는 자기감정으로부터의 소외와 그에 따른 자존감의 저하, 직무불만족과 정서적 소진의 심화 등 사원들에게 여러 가지 심각한 부정적 효과를 미칠 수 있는 것이다(Abraham, 1998; Brotheridge & Grandey, 2002; Grandey, 2003; Heuven & Bakker, 2003; Putnam & Mumby, 1993; Zapf, et al., 1999, 2001 등).

이렇듯, 초기의 개념적이고 질적인 사례연구들을 거쳐 최근 외국에서는 설문조사 등 양적 연구방법을 적용하여 감정노동의 선행조건과 차원, 그리고 그 영향과 결과를 확인하는 많은 연구들이 산출되고 있다. 또한 국내에서도 최근 들어 감정노동에 관한 연구성과들이 점차 축적되어 가고 있다. 즉 윤세준 등(2000)이 수행한 질적인 사례연구와 함께, 김상표·윤세준(2002)의 개념적인 연구가 감정노동이라는 연구 주제를 소개하고 그 의의와 중요성을 부각시킨 바 있으며, 최근에는 설문조사를 이용한 경험연구들도 일부 발표되기 시작하고 있다(박동수 외, 2005; 김상표, 2007; 이동명 외, 2007; 박상언, 2009). 그렇지만 그 간의 연구들은 대부분 감정노동에 영향을 미치는 선행조건들을 탐색하는 실증연구들이어서 감정노동의 결과적 측면 즉, 감정노동의 수행이 조직구성원의 심리적 반응에 미치는 영향을 확인해 주는 연구는 드물었다고 볼 수 있다.

이러한 취지에서, 본 연구는 감정노동 수행의 결과적 측면에 대한 실증연구를 추구하고 있다. 구체적으로 본 연구에서는 구성원들이 조직의 감정표현요구에 대해 지각하는 정도가 이들의 감정부조화와 직무소진, 이직의향 등 심리적 반응에 어떠한 영향을 미치며 이 과정에서 특히 감정부조화가 어떠한 역할을 하는 지 확인해 보는 것을 주요 연구목적으로 하고 있다.

Ⅱ. 이론적 배경

2.1 감정노동과 감정표현규칙 그리고 감정부조화

'감정노동'(emotional labor)은 사회학자인 Hochschild(1983)가 비행기 승무원과 연체금 수금원(bill collectors)의 직무 특성을 분석하면서 처음 도입한 개념으로서, 흔히 "대인적 상호작용과정에서 조직이 요구하는 감정을 표현하기 위해 자신의 어조, 표정, 몸짓 등을 조절하려는 노력"으로 정의되어져 왔다(Grandey, 2000; Morris & Feldman, 1996). 이러한 감정노동의 수행은 조직 내에서 동료 사원들과의 상호작용에 있어서도 어느 정도 필요하지만, 특히 외부 고객을 상대하는 서비스 직종의 직무들에서 더욱 두드러진다. 이러한 직종에서는 고객과의 접점에서 이들을 여하히 만족시키고 감동시키는가가 곧 조직의 경쟁력을 좌우하는 결정적인 한 요인이 되기 때문이다(Rafaeli & Sutton, 1987; Wharton & Erickson, 1993)

주지하듯이, 서비스 직종의 노동 수행에 있어서는 사원들과 고객 사이에 이루어지는 '상호작용의 질(quality)' 그 자체가 바로 고객에게 전달되는 '서비스'라는 상품의 핵심적인 한 부분을 구성하는 경우가 많다. 바로 이러한 이유로 인해, 서비스 노동은 통상적인 제조업 분야의 노동과는 달리 노동의 주체와 제품으로서의 서비스, 그리고 그러한 노동이 수행되는 과정이 명확하게 구분되지 않고 통합되어 있는 특징을 가진다(Leidner, 1999). 또한 상품으로서의 서비스 제공이 원활히 이루어지려면 일정부분 고객의 협력이 필수적인 특징도 있다. 즉, 고객의 일정한 협력 없이는 서비스 제공과정이 언제든 지체되고 중단될 수 있기 때문에, 서비스 직종의 직무수행자는 업무수행과정에서 자신의 감정표현을 전략적으로 조절하여 서비스 수용자로서의 고객이 원하는 심리상태(이를테면, 기쁨과 놀람, 흥겨움 등)를 충족시킴으로써 서비스 제공을 성공적으로 완결시킬 필요가 있다(Mills & Morris, 1986; Steinberg & Figart, 1999). 이처럼 사원들의 적절한 감정표현은 기존 고객의 반복적인 구매와 긍정적인 구전 효과를 유인하고 신규고객을 유치하는 등, 해당 조직으로서는 경쟁우위 확보에 절대적으로 중요할 수 있다. 그렇기 때문에 감정표현은 이제 더 이상 사원들의 사적인 영역에게만 맡겨질 수가 없는, 기업조직의 중요한 관리대상이 되는 것이다.

기업의 감정노동에 대한 통제와 관리는 흔히 사원들의 선발과 교육, 사회화, 보상과 감시 등 여러 관리기제들을 통해 이루어진다(Bowen & Schneider, 1988; Leidner, 1999; 윤세준 외, 2000). 하지만 일상적인 업무수행과정에서는 '감정표현규칙'(emotional display rule)을 통해 사원들의 감정표현을 제어하는 경우가 많다. 감정표현규칙이란, "직무수행을 위해 요구되는 적절한 감정표현의 기준"을 의미한다(Diefendorff et al., 2005, 343). 말이나 표정, 몸짓 등 조직이 요구하는 외적인 감정표현을 연출하기 위한 일종의 각본(script)화된 규범을 뜻하는 개념인 것이다. 이러한 감정표현규칙은 감정노동이 수행되는 맥락에 따라 다양하게 적용될 수 있는데, 기본적으로는 긍정적인 표현규칙과 부정적인 표현규칙, 그리고 중립적인 표현규칙이 있을 수 있다. 먼저, 항공회사나 편의점, 그리고 디즈니랜드와 같은 엔터테인먼트 회사 등에서 근무하는 사원들은 기쁨이나 즐거움, 친절함과 공손함 등 긍정적인 감정을 표출하도록 요구되어진다(Hochschild, 1983; Sutton & Rafaeli, 1988; Van Maanen & Kunda, 1989). 이와는 대조적으로, 연체금 수금회사의 사원들은 채권 대금의 원활한 회수를 위해 채무자들에게 위협이나 분노 등 부정적인 감정을 연출하도록 기대된다(Sutton, 1991). 한편, 의사와 같은 전문직종의 종사자는 개별 환자에 대하여 이른바 '초연한 관심두기'(detached concern)를 통해 감정이입을 절제하고 정서적 중립성(affective neutrality)을 견지하려는 경우가 많은데, 이는 효과적인 진료를 위한 객관적인 심리상태를 유지하고 또 환자의 상태 악화로 인해 입을 수 있는 심리적 상처를 사전에 예방하기 위한 것이 주목적으로 알려져 있다(Forbes & Jackson, 1980; Smith & Kleinman, 1989).

표현규칙을 준수해야 하는 등 조직의 이러한 감정표현요구에 직면하여 사원들은 '심층연기'(deep acting)와 '표면연기'(surface acting) 등 몇 가지 대안적인 감정노동전략(emotional labor strategy)을 구사해 갈 수 있다(Hochschild, 1983). 먼저, 조직이 표현규칙을 통해 요구하는 규범적 감정을 내면화시키고, 이를 자신의 내적 감정으로 동일화 시킨 상태에서 감정노동을 수행하는 경우가 있을 수 있는데, 이것이 바로 '심층연기'이다. 이처럼 심층연기를 수행하는 경우에는 조직이 요구하는 규범적 감정과 본인의 내적 감정 사이에 별다른 괴리가 없기 때문에 감정적 조화(emotional harmony)가 이루어질 수 있다(Rafaeli & Sutton, 1987, 1989). 따라서 심층연기를 수행하는 사람은 많은 경우 업무수행과정에서 심리적 안녕과 자아효능감 등을 키워가질 수 있고, 또 직무만족과 함께 실제 과업성과도 높은 경우가 많다(Ashforth & Humphrey, 1993).[1]

반면, 사원들은 자신의 내적 감정을 변화시키지 않고 외적인 표현만을 조직이 요구하는 표현규칙에 준하여 행하는 경우도 있다. 속마음은 그렇지 않으면서도, 겉으로만 공손하게 고객을 대하는 경우이다. 이는 '표면연기'에 해당한다. 이럴 경우, 사원들은 자신의 내적 감정과 조직이 요구하는 규범적 감정 간의 괴리와 충돌로 인해 '감정적 부조화'(emotional dissonance)를 경험할 가능성이 높다(Rafaeli & Sutton, 1987; Zapf, 2002). 이처럼 표면행위를 수행하면서 감정부조화를 경험하는 사원들은 흔히 스스로를 위선적이라 생각하는 '거짓 자아'(false self) 개념을 키워가지기 쉽고, 심할 경우 자기 비하와 냉소주의에 빠질 위험도 있다(Ashforth & Humphrey, 1993).

이처럼 감정노동이 조직구성원의 심리적 반응에 미치는 영향과 관련하여 감정부조화의 개념은 그간의 연구들에서 많은 주목을 받아왔다. 하지만 지금까지 감정부조화 개념은 논자에 따라 다소 상이하게 개념화되어 오기도 했다(Van Dijk & Kirk-Brown, 2006). 즉, 감정부조화는 때로 감정노동의 선행조건인 직무특성의 하나로서 개념화되기도 했고(Zapf, et al., 1999), 또 감정노동의 일부로 간주되기도 했다(Morris and Feldman, 1997; Schaubroeck & Jones, 2000). 하지만 본 연구에서는 최근의 연구경향을 반영하여, 감정부조화를 감정노동 수행의 결과적 측면을 강조하는 것으로 개념화하고자 한다. 즉, 감정부조화란, 감정노동의 수행의 결과 자신의 순수한 내적 감정과, 조직이 표현규칙을 통하여 요구하는 감정표현내용이 서로 상충할 경우 경험하게 되는 불편한 느낌을 의미한다.

일반적으로, 사람들은 자신이 느끼지 않는 감정을 억지로 표현해야 하거나 혹은 자신이 느끼는 정서를 제대로 표현하지 못하고 억제 당하게 되면 불편한 감정을 느끼게 된다. 또 인지부조화이론에 따르면, 그러한 특정 상

1) 심층연기의 영향에 대해서는 이와 상반된 견해도 존재해 왔다. 이를테면, Hochschild(1983)는 심층연기는 조직이 요구하는 표현규칙에 자신의 내적 감정을 일치시키려고 의식적으로 노력하는 것이기 때문에, 이 역시 자신의 '진정한 자아'(real self)를 기만하는 것이고, 따라서 심각한 자기소외를 낳을 수 있다고 우려하였다.

황을 사람들이 어떻게 인식하느냐가 매우 중요할 수 있는데, 특히 그러한 감정상황이 자신의 자아 개념이나 정체성을 훼손한다고 생각할 경우 감정부조화는 더욱 심해 질 수 있다(Jansz & Timmers, 2002). 하지만 자신이 느끼지 않는 감정을 표현한다고 해도, 그것이 사람들이 갖고 있는 기존 자아나 정체성 개념을 손상시키기 않거나 혹은 지지한다고 판단될 경우 부조화는 일어나지 않거나 최소화될 수도 있다(Van Dijk & Kirk-Brown, 2006).

한편, 조직의 감정표현규칙이 사원들의 이러한 감정노동전략을 예측하는데 유용한 변수일 수 있는가도 많은 실증연구들의 관심사가 되어 왔다. 즉, 표현규칙의 존재가 구성원들의 심층연기를 더 많이 유도할 지 아니면 표면연기를 더 많이 조장할 지에 관한 문제인 것이다. 지금까지의 여러 경험연구들은 이와 관련하여 일관된 결과를 보여주지 못해 왔다. 일부 연구에 따르면, 표현규칙은 표면연기에만 연관이 있었던 반면(Gosserland & Diefendorff, 2005), 다른 연구는 그 반대의 결과를 보여주었다(Grandey, 2003). 또 다수의 다른 연구들은 조직의 감정표현규칙이 사원들의 심층연기와 표면연기 모두에 긍정적인 관련성이 있음을 입증해 주었다(Brotheridge & Grandey, 2002; Brotheridge & Lee, 2003).

이와 연관하여 본 연구에서는 많은 서비스 기업들이 그러하듯, 조직이 감정표현규칙 등을 통해 긍정적인 감정표현요구를 증대시켜 나가는 것이 사원들의 감정부조화에 어떠한 영향을 미칠 것인지에 관하여 확인해 보기로 한다. 일반적으로 감정표현규칙이 존재하고 또 이것이 조직 내에서 강하게 강조될수록, 사원들이 업무수행과정에서 자신의 감정표현을 보다 적극적으로 조절해 갈 필요성은 그만큼 더 커진다고 볼 수 있다. 즉, 사원들은 감정노동 수행과정에서 매 상황마다 자신의 감정표현이 적절한 것인지에 관하여 지속적으로 표현규칙에 준거하고 비교해 보게 될 것이기 때문이다. 물론 이러한 학습과 자기검열(self-discipline) 과정을 통해 사원들이 조직의 규범적 감정과 일치하는 방향으로 자신의 내적 감정을 변화시킴으로써 심층연기를 해 나갈 수도 있겠다. 하지만 심층연기는 그 자체가 매우 많은 노력과 심적 에너지를 요하는(psychologically taxing) 감정노동전략일 뿐만 아니라(Ashforth & Humphrey, 1993; Hochschild, 1983), 인간은 한편으로 조직의 규범을 수용하면서도 다른 한편으로는 자기 정체성을 유지하려고 하는 역설적인 존재이기 때문에 완전한 조직동일시를 기대하는 것은 결코 현실적이지 못한 가정일 수 있다(Mumby & Putnam, 1992; Smith & Berg, 1987).

이러한 견지에서 본다면, 대부분의 서비스 조직에서 긍정적인 감정표현규칙을 규범화하여 강조할 때, 조직의 이러한 감정표현요구를 높게 지각한 사원들일수록 그것이 자신의 감정과 일치되지 않는 경우를 경험할 가능성도 보다 빈번해 질 것으로 가정해 볼 수 있다. 즉, 조직이 감정표현규칙을 강하게 강조하면서 사원들의 감정을 적극적으로 제어하고 통제하려 들수록, 일반적으로 심층연기보다는 표면연기의 발생가능성과 기회가 더 커진다고 볼 수 있고, 또 그에 따라 감정부조화를 경험할 가능성도 더 커진다고 볼 수 있는 것이다. 뿐만 아니라, 세세하게 구체화된 감정표현규칙이 제정되고 또 이의 준수 여부가 엄격히 감시, 평가되어질수록, 조직의 이러한 방침은 사원들로 하여금 업무수행 과정에서 자율적으로 표현가능한 감정의 대안과 범위를 제한시켜 이것이 감정부조화를 가중시키는 또 다른 요인이 될 수도 있다고 지적되어온 바 있다(Diefendorff & Gosserland, 2003; Holman et al., 2002). 이러한 제반 사항들을 감안할 때, 조직의 감정표현요구와 사원들이 감정부조화를 경험하게 될 가능성과 관련하여 다음과 같은 가설을 설정해 볼 수 있다.

가설 1. 조직의 긍정적 감정표현요구가 높게 지각될수록, 구성원이 업무수행과정에서 감정부조화를 느낄 가능성은 커질 것이다.

2.2 감정부조화와 직무소진 및 이직의향 간의 관계

최근 많은 실증연구들이 감정노동의 수행과정에서 사원들이 경험할 수 있는 감정부조화의 영향에 관하여 집중적인 조명을 해 오고 있다. 자신의 순수한 내적 감정과, 조직이 표현규칙을 통하여 요구하는 감정표현내용이 서로 상충할 경우 발생할 수 있는 감정부조화의 부정적 영향에 대해서는, 일찍이 Hochschild(1983)가 표면연기와 관련하여 심각한 우려를 표명한 바 있다. 그 이후 이러한 감정부조화 개념은 감정노동의 수행 맥락에서 조직의 감정표현 기대와 역할수행자의 반응 간에 빚어지는 역할갈등의 한 유형으로 간주되기도 하였다(Rafaeli & Sutton, 1987; Zapf, 2002). 그리하여 역할갈등이 역할 수행자의 직무소진을 가져오는 중요한 한 요인이었던 것처럼, 감정부조화 역시 직무소진의 중요한 한 예측치임을 확인하려는 많은 연구들이 이루어져 왔다. 곧, 역할갈등의 하나로서의 감정부조화는 직무수행자의 소진을 증가시키고 또 이들의 직무만족을 저하시키는 중요한 한 요인임이 확인되었던 것이다(Abraham, 1999a; Brotheridge & Grandey, 2002; Grandey, 2003; Heuven and Bakker, 2003; Holman et al., 2002; Kruml & Geddes, 2000; Morris and Feldman, 1997; Schaubroeck & Jones, 2000; Zapf, et al., 1999, 2001).

또한 감정부조화는 사원들의 이직의향(turnover intention)에도 부정적인 영향을 미침이 입증되어 왔다. 즉, 감정부조화는 사원들의 직무불만족과 조직몰입의 저하를 통하여 종국적으로 이직의향에 부정적인 영향을 미칠 수 있으며(Abraham, 1999b; Côté & Morgan, 2002), 특히 감정부조화의 경험이 초래하는 생리적 긴장과 그로 말미암은 심적 스트레스 역시 이들의 이직의향을 가중시키는 중요한 한 요인임이 지적되기도 하였다(Gross, 1998; Gross & Levenson, 1993).

지금까지 이루어진 이러한 제반 연구들에 기반하여, 본 연구에서는 감정부조화가 직무소진과 이직의향에 미치는 영향과 관련하여 다음과 같은 가설을 설정하였다.

가설 II-1. 업무수행과정에서 감정부조화를 많이 경험하는 구성원들일수록 직무소진을 더 크게 느낄 것이다.

가설 II-2. 업무수행과정에서 감정부조화를 많이 경험하는 구성원들일수록 이직의향을 더 크게 가질 것이다.

아울러 지금까지의 연구들에 따르면, 감정부조화는 감정노동수행과 그에 따른 사원들의 심리적 반응 간에 있어서 좀 더 미묘한 역할을 담당하는 것으로 알려져 왔다. 앞서 지적한 바와 같이, 조직의 감정표현규칙에 준거하여 감정노동을 수행하는 것이 사실 모든 사람들에게 자괴감과 직무소진, 그리고 직무불만족을 가져다주는 것은 아니다. 경우에 따라서는 자아효능감과 직무만족의 제고 그리고 실제 과업성과의 향상 등 여러 가지 긍정적인 효과를 산출하기도 한다. 여기에는 직무수행자가 감정노동수행 상황을 어떻게 인식하고 받아들이도록 만드느냐에 영향을 미치는, 이를테면 정서성(affectivity)이나 자기 통제성(self-monitoring), 그리고 역할요구에의 동일시 정도 등 다양한 개인차 요인들이 많이 작용될 수 있다(Abraham, 1999a; Ashforth & Humphrey, 1993; Diefendorff & Richard, 2003; Diefendorff et al., 2005; Schaubroeck & Jones, 2000 등).

그렇지만 이러한 성격 요인 이외에, 감정노동이 여러 가지 부정적인 결과를 초래하도록 영향을 미치는 또 하나의 중요한 조건으로 지적되어 온 것이 바로 감정부조화의 경험 여부이다. 즉, 감정노동 수행이 직무수행자에게 부정적 영향을 미치도록 결정하는데 있어서는, 단순히 감정노동의 빈도나 지속 정도와 같은 양적인 차원이 중요한 것이 아니라, 직무수행자가 감정노동의 수행과정에서 감정부조화를 경험했는지의 여부와 같은 질적인 차원이 매우 중요한 전제 조건이 된다는 것이다(Lewig & Dollard, 2003; Morris and Feldman, 1997; Zapf & Holz, 2006). 결국, 감정노동의 수행 그 자체 보다는, 감정부조화의 발생 여부가 감정노동의 여러 부정적인 심리적 결과를 초래하는 핵심 관건이라는 주장이다. 그러므로 이러한 주장에 따른다면, 만일 감정노동의 수행과정에서 직무수행자가 긍정적인 감정의 표현을 통해 감정부조화를 느끼지 않고 대신 성취감을 느끼게 된다면, 비록 표면연기를 수행하더라도 직무만족 등 긍정적인 심리적 반응이 야기될 수 있다.

01

이상의 논의와 또 앞서 본 연구의 가설 I과 가설 II 도출하기 위한 이론적 배경의 논의를 종합해 볼 때, 우리는 감정부조화 요인이 조직의 긍정적인 감정표현요구와 직무소진 및 이직의향 등 구성원들이 느끼는 심리적 반응간의 관계에서 매개역할을 할 가능성이 충분히 있다고 판단해 볼 수 있다. 실제로 일부 연구들에서 감정부조화는 긍정적 감정을 표출하는 표면연기의 수행과 정서적 소진간의 관계에서 이러한 매개역할을 수행하는 것으로 확인된 바도 있다(Lewig & Dollard, 2003; Van Dijk & Kirk-Brown, 2006). 그러므로 본 연구에서는 감정부조화 요인의 매개역할을 상정하는 다음과 같은 가설을 추가적으로 확인해 보기로 한다.

가설 III. 지각된 감정표현요구와 직무소진 및 이직의향간의 관계에서 감정부조화는 매개역할을 할 것이다.

지금까지 제시된 일련의 가설들을 연구모형으로 요약하여 도시화하면 [그림 1-1]과 같다.

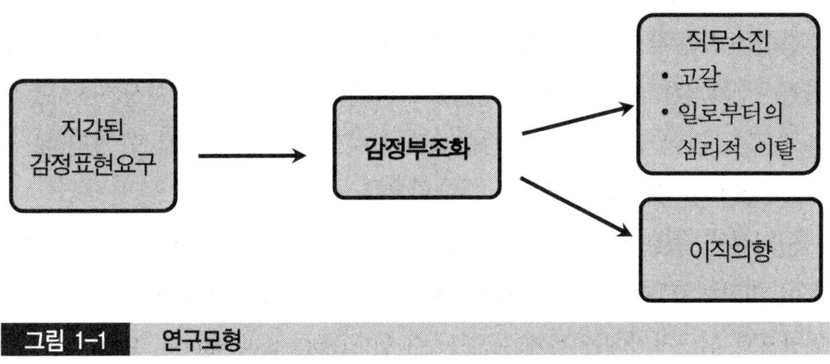

그림 1-1 **연구모형**

Ⅲ. 연구방법

3.1 표본과 자료수집

이상의 가설을 검증하기 위해서, 본 연구에서는 일반 종합병원과 대학부속병원 등 2개의 종합병원에서 근무하고 있는 임상간호사들을 대상으로 인터뷰와 설문조사를 실시하였다.

임상간호사의 경우, 업무수행과정에서 환자와 그 보호자, 그리고 병원내 의사와 행정직 등 다양한 사람들과 빈번한 접촉을 해야 하기 때문에, 감정노동수행의 요구가 많은 대표적인 직무로 익히 지적되어온 바 있다(Bolton, 2001; Smith, 1992; Smith & Gray, 2001). 또 간호사 직무는 과다한 업무에 비해 상대적으로 제한된 직무자율성과 승진 기회, 그리고 간호업무 수행과정에서 직면하게 되는 환자의 고통과 죽음 등 여러 가지 부정적인 심리적 경험으로 인해, 업무수행 중에 높은 스트레스와 직무소진을 경험하는 직무로 평가되어 왔다(MaCraine et al., 1987; Farrington, 1995; 김영옥, 2002; 윤숙희, 2004). 뿐만 아니라, 표본 병원의 간호부장에 대한 사전 인터뷰와 조사에 따르면, 최근 우리나라 종합병원간 경쟁이 더욱 심화됨에 따라 환자와 보호자 등 고객들에 대한 친절한 응대가 전략적으로 한층 더 강조되고 있으며, 또 표본 병원을 위시하여 우리나라 대부분의 종합병원들이 선진국에 비해 간호사 1인이 담당해야 하는 환자 수가 아직도 높은 수준인 반면, 전반적으로 경력 간호사 비율은 그리 높지 않아서 기존 간호사들이 경험하는 노동강도와 업무부담 수준은 비교적 높다는 것이 공통적인 반응이었다. 이러한 여러 특징과 정황을 감안할 때, 종합병원 임상간호사들은 본 연구와 같이 감정노동과 그에 따른 심리적 반응을 주제로 한 연구에 비교적 잘 부합되는 표본이라고 판단되었다.

인터뷰는 주로 사전조사적 차원에서 실시되었다. 기존의 많은 선행연구들이 지적해왔듯이, 감정노동에 관한 연구는 설문조사와 같은 양적 연구방법만으로 접근하기에는 한계가 있을 수 있다(Rafaeli & Sutton, 1989; Sutton,

1991). 감정표현과 그로 인한 조직구성원의 심리적 반응을 고찰함에 있어서는 표준화된 양적 연구 방법이 드러내 주기 어려운 미묘한 느낌과 맥락을 확인해 보는 것이 중요할 수 있기 때문이다. 그러므로 본 연구에서는 연구대상 병원의 간호사들에 대한 인터뷰를 시행하고, 그 결과를 가설검증 결과를 해석하고 토론하는 보조적인 자료로 활용하고자 한다. 인터뷰는 병원의 간호부장과 일반간호사들을 대상으로 시행되었다. 먼저, 간호부장과의 인터뷰는 병원내 간호사들에 대한 관리 현황과 임상간호사의 일반적인 노동과정 및 근무여건에 대한 파악을 위해 시행되었다. 또 일반간호사들을 대상으로 한 인터뷰는 본 연구에서 확인하려는 감정노동과 관련한 연구과제의 타당성을 확인하고, 적합도 높은 설문문항을 개발하기 위한 목적에서 이루어졌다. 따라서 이들에게는 주로 본 연구의 주요 연구변수와 관련된 개인적 느낌에 대하여 준구조화된(semi-structured) 질문이 제시되었다.

한편, 설문조사는 간호사의 직급에 따른 차이를 통제하기 위하여 책임간호사와 수간호사를 제외한 일반(평)간호사들만을 측정대상으로 하였으며, 또한 외래, 수술실 등 근무 장소에 따라서 이들 간호사들의 근무여건과 노동강도에 차이가 있을 수 있다는 점을 고려하여 일반병동에서 근무하는 간호사들만을 연구대상으로 하였다. 편의표집 방법을 통해 배포된 총 290부의 설문 가운데 266부가 회수되었으나, 불성실한 일부 설문지를 제외한 총 234부의 설문지가 실제 분석에 활용되었다. 회수율이 이처럼 높은 이유는, 조사자가 직접 표본 조직을 방문하여 해당 병원의 간호부장과 인사담당자의 협조를 구한 뒤 설문조사를 실시하고 설문지를 직접 회수해 왔기 때문이다.

설문 응답자들의 인구통계적 특성을 간단히 살펴보면, 응답자 전원이 여성이며, 평균 연령은 24.6세였다. 비록 응답자들의 연령대가 20-38세에 걸쳐 분포했지만, 이들 가운데 84%가 22-28세에 집중 분포되어 있었다. 또 평균 재직기간은 2.3년으로 나타났다. 이처럼 평균 재직기간이 상대적으로 짧은 것은, 응답자중 재직기간이 1년 6개월에 미치지 못하는 사람이 109명

(47%)에 달하는 반면, 5년 이상인 자는 16.5%에 불과했기 때문이다. 234명의 응답자들 가운데 전문대 졸은 145명, 대졸은 89명이었다.

3.2 변수의 측정

3.2.1 지각된 감정표현요구(Perceived Display Rule Demands)

지각된 감정표현요구란, 조직이 감정표현규범을 강조해 나가는 정도에 대해 구성원이 어떻게 지각하고 있는 지를 나타내는 개념이다. 일반적으로, 표현규칙 등을 통해 감정표현규범이 조직 내에서 강하게 강조되어 구성원의 지각된 감정표현요구 수준이 높을수록, 해당 조직의 구성원이 감정노동 수행과정에서 자신의 감정표현을 더욱 적극적으로 조절해 갈 가능성 또한 높아진다고 볼 수 있다.

그간 감정표현규칙과 관련해서는 이를 단일차원에서 측정하기도 하고, 또 긍정적 감정을 적극적으로 표현하도록 강조하는 규칙(positive display rules)과 부정적인 감정을 억제하도록 강조하는 규칙(negative display rules)을 구분해서 측정하기도 하였다(Diefendorff et al., 2005; Zapf, et al., 1999, 2001). 하지만 대부분의 서비스 조직에서는 친절봉사를 강조하는 등 긍정적인 감정표현규칙을 공식적으로 표방하는 경우가 많다. 따라서 본 연구에서도 조직의 이러한 긍정적인 감정표현요구에 대해 구성원이 얼마나 잘 지각하고 있는 지를 측정하였다. 설문문항은 Brotheridge & Grandey (2002), Diefendorff et al.(2005), Schaubroeck & Jones(2000) 등이 활용한 것을 참조하여 병원조직의 간호사 직무상황에 맞도록 수정, 작성하였다. "환자나 보호자가 기분 좋은 느낌이나 감정을 갖도록 만드는 것이 내 일의 중요한 한 부분이다", "내 업무를 잘 수행하기 위해서는 환자나 보호자에게 밝은 표정을 짓는 것이 중요하다" 등 4문항을 7점 척도로 측정하였다. 이들 문항간의 신뢰도는 .712로 나타났다.

01

3.2.2 감정부조화(Emotional Dissonance)

감정부조화는 감정노동의 수행과정에서 자신의 순수한 내적 감정과, 조직이 표현규칙을 통하여 요구하는 감정표현내용이 서로 상충할 경우 경험하게 되는 불편한 느낌을 의미한다. 이를 측정하는 문항들은 Kruml & Geddes(2000), Zapf, et al.(1999, 2001) 등 선행연구들에서 활용된 것을, 앞서와 마찬가지로 병원조직의 간호사 직무상황에 적합하도록 연구자가 수정하여 작성하였다. "내가 느끼는 감정과 일치하지 않는 감정을 업무상 표현해야 하기 때문에 힘들 때가 있다" 등 4문항을 7점 척도로 측정하였으며, 문항간 신뢰도는 .780으로 확인되었다.

3.2.3 직무소진(Job Burnout)

직무소진에 대한 측정도구로는 일반적으로 이 개념의 3차원적 구성을 전제로 하여 개발된 MBI(Maslach Burnout Inventory)를 많이 활용해 왔다(Maslach & Jackson, 1981). 하지만 본 연구에서는 직무소진 개념을 '고갈'(exhaustion)과 '일로부터의 심리적 이탈'(disengagement) 등 2가지 핵심 하위 차원을 갖는 구성 개념으로 보는 OLBI(Oldenburg Burnout Inventory)에 의거하여 측정하였다(Demerouti et al., 2001, 2003). 이 측정도구는 특히 '고갈' 차원과 관련하여 비단 '정서적' 차원의 고갈만이 아니라, 피로도 등 '육체적' 및 '인지적' 차원의 고갈 측면을 함께 측정해 주는 이점이 있다(Bakker et al., 2004). 따라서 환자와의 빈번한 대인관계적 접촉으로 인한 정서적 고갈만이 아니라, 1주일에 평균 2일 정도의 심야 교대근무를 수행해야 하는 종합병원 임상간호사들의 육체적 피로도를 함께 반영하여 소진을 측정하는데 있어서는 이 측정도구가 유용할 것으로 판단하였다.

직무소진의 한 차원인 '고갈'은 과로로 인한 정서적, 육체적 소진 정도가 심하여 휴식에 대한 강한 욕구를 느끼는 상태를 의미한다. '나는 퇴근 이후에는 피곤에 지쳐 대개 만사가 귀찮아진다' 등 3개의 문항을 7점 척도로 측정하였고, 이들 문항간 신뢰도는 .803으로 나타났다. 또 과도한 업무부담으로 인해 자신이 하고 있는 일에 대해 회의적이고 냉소적인 태도를 갖게 되는 측면을 의미하는 '일로부터의 심리적 이탈'은, '나는 현재 내가 하고 있는 일이 점점 더 하찮은 일인 것처럼 느껴질 때가 있다' 등 3개의 문항(7점 척도)으로 측정되었고, 신뢰도는 .711로 확인되었다.

〈표 1-1〉은 이러한 직무소진 변수에 대하여 개념의 구성타당도(construct validity)를 확인하기 위해 요인분석을 실시한 결과이다. 요인분석 방법으로는 주성분분석법(principal components analysis)을 사용하였고, 직교회전(varimax) 방식에 의해 고유치(eigen value)가 1 이상인 요인만을 선택하였으며, 요인적재량(factor loading)이 0.5이상이면 유의한 것으로 간주하였다. 그 결과, 소진 변수를 구성하는 두 하위차원들이 각각 2개의 요인들로 적절하게 적재됨을 확인할 수 있었고, 이들 두 요인이 총 분산의 72%를 설명해 주고 있음을 알 수 있다.

표 1-1 직무소진 변수에 대한 요인분석 결과

문 항	요인 1 (고갈)	요인 2 (일로부터의 심리적 이탈)
• 퇴근 이후에는 피곤에 지쳐 대개 만사가 귀찮아진다	**.879**	.047
• 근무를 마칠 즈음이면, 나는 피곤함 때문에 대개 녹초가 되곤 하는 느낌이다.	**.802**	.028
• 나는 업무에 지쳐 심적으로 메마른 느낌이 든다.	**.775**	.224
• 현재 내가 하고 있는 일은 나에게 도전감을 가져다준다.(*)	.043	**.885**
• 나는 현재 내 일이 주는 흥미에 점점 더 빠져들고 있다.(*)	.189	**.835**
• 나는 현재 하고 있는 일이 점점 더 하찮은 일인 것처럼 느껴질 때가 있다.	.305	**.679**
고유치(eigen value)	2.717	1.286
설명분산(%)	45.283	26.438
누적분산(%)	45.283	71.721

(*)는 reverse scale로서, 반대방향으로 recode하였음.

01

3.2.4 이직의향(Turnover Intention)

이직의향은 회사를 그만두고 싶어하는 태도를 의미한다. 본 연구에서는 Brockner et al.(1990)과 Price & Mueller(1986)를 참조하여, '기회만 닿는다면, 나는 이 병원을 그만두고 다른 직장을 구했으면 한다' 등 3문항을 역시 7점 척도로 측정하였다. 이들 문항의 신뢰도는 .789로 나타났다.

3.2.5 통제변수

간호사들의 지각된 감정표현요구, 감정부조화, 직무소진 등 본 연구의 주요 변수 측정치들에 대해 응답자들의 인구통계적 속성들이 일정한 영향을 미칠 수 있다. 하지만 본 연구는 종합병원의 일반병동에서 근무하는 일반 평간호사들(수간호사와 책임간호사는 제외)만을 측정대상으로 제한함으로써, 표본설계 과정에서부터 간호사의 근무장소와 직급에 따른 차이를 일정하게 통제하고 있다. 그 외에도 본 연구에서는 응답자의 연령과 재직기간, 학력을 추가적인 통제변수로 도입하였다. 또 본 연구의 측정대상 조직인 2개의 종합병원은 동일한 광역권 내에 존재하는 일반종합병원과 대학부속병원으로서, 비록 병원의 설립유형이 상이하긴 하지만 병원의 규모(일반종합병원 680병상, 대학종합병원 810병상)나 간호사들의 기본적인 근무조건은 그리 큰 차이가 없다고 볼 수 있었다. 즉, 표본 조직의 일반병동 간호사들은 1개 병동마다 4팀 3교대 방식의 유사한 근무교대제를 실시하고 있었고, 간호사의 급여체계나 급여수준 면에서도 별다른 차이는 없었다. 하지만 이러한 병원조직에 따르는 차이를 통제하기 위해 소속 병원을 통제변수로 활용하였다.

Ⅳ. 분석 결과

가설 검증에 앞서, 본 연구에서 측정된 변수들의 기술통계값과 변수들 간의 상관관계를 살펴보면 〈표 1-2〉와 같다. 먼저, 본 연구의 측정대상 조직인 2개의 종합병원 가운데, 일반종합병원에 속한 간호사들일수록 대학부속병원의 경우보다 평균 연령과 재직기간이 좀 더 길게 나타나고 있다. 이는 일반종합병원(25년)이 대학부속병원(8년)보다 훨씬 더 역사가 오랜 때문으로 추측된다.

한편, 응답자의 연령과 재직기간은 감정표현요구와 감정부조화의 지각에 있어서는 큰 차이가 없었으나, 직무소진과 이직의향에 있어서는 일정한 관계를 나타내고 있다. 즉, 이들 두 인구통계 변수는 직무소진의 두 차원 가운데 '고갈'과는 큰 상관관계가 없었으나, '일로부터의 심리적 이탈' 및 '이직의향'에 있어서는 유의적인 양의 상관관계를 나타내고 있음이 주목된다. 이는 상대적으로 종합병원에서 오래 근무한 간호사들일수록 자신의 일에 대한 염증과 심리적 이탈을 더 많이 느낀다는 것을 시사해 주는 것으로 볼 수 있다. 또 간호사들은 감정표현요구(5.33)와 감정부조화(5.00)를 비교적 높게 지각하고 있었다. 아울러, 이들 간호사들이 느끼는 직무소진의 정도를 보면, 먼저 '고갈'은 평균 4.75로서 어느 정도 높은 수준인데 비해, '심리적 이탈'은 4.19로서 그리 높지 않게 나타나고 있다. 이는 간호사의 직무수행이 주는 정신적, 육체적 피로도가 비교적 높은 수준이지만, 자신의 일에서 느끼는 무감각증이나 심리적 거리두기는 전반적으로 그리 심하지 않다는 것을 의미한다. 이는 본 연구대상 간호사들의 평균 연령이 비교적 낮고 또 평균적인 재직기간이 그리 길지 않은 것과 무관하지 않아 보인다. 또 대학부속병원보다도 일반종합병원에 근무하는 간호사들일수록 직무소진의 두 차원 가운데 '고갈'을 좀 더 많이 느끼는 것으로 나타났다.

표 1-2 연구변수들 간의 상관관계 (N=234)

	평균	표준편차	(1)	(2)	(3)	(4)	(5)	(6)	(7)	(8)	(9)
(1) 연령	24.59	2.847	1.00								
(2) 재직기간	2.30	1.549	.736**	1.00							
(3) 학력	.3803	.4865	.284**	.222**	1.00						
(4) 소속 병원	.5084	.5010	.262**	.287**	.341**	1.00					
(5) 감정표현요구	5.3298	.8814	.060	.010	.134*	-.009	1.00				
(6) 감정부조화	5.0021	.9094	.077	.087	.026	.012	.376**	1.00			
(7) 고갈	4.7507	1.2200	.053	.063	.097	.229**	.192**	.476**	1.00		
(8) 일로부터의 심리적 이탈	4.1870	1.0682	.212**	.309**	.108	.070	-.069	.261**	.278**	1.00	
(9) 이직의향	4.8053	1.2378	.139*	.185**	.075	.099	.151**	.425**	.518**	.502**	1.00

**p〈.01, *p〈.05

1) 학력의 경우 전문대 졸은 0, 대졸은 1로 처리함.

2) 소속 병원의 경우 대학부속병원은 0, 일반종합병원은 1로 처리함.

4.1 가설 Ⅰ의 검증: 감정표현요구에 대한 지각이 감정부조화에 미치는 영향

가설 Ⅰ을 검증해 보기 위해, 구성원들에 의해 지각된 감정표현요구와 감정부조화의 관계를 회귀분석한 결과는 〈표 1-3〉과 같다. 본 연구에서 측정하고 있는 여러 인구통계변수들 중 앞서 〈표 1-2〉의 변수간 상관관계에서 확인할 수 있듯이, 연령과 재직기간은 서로 상관관계가 매우 높게 나타나고 있다(r=.736, p〈.01). 따라서 다중공선성(multicollinearity) 문제를 피하고 또 연구모형의 간명성(parsimony)을 높이기 위해 이 가운데 재직기간 변수만 투입하였다.

〈표 1-3〉에서 보듯이, 재직기간과 학력 그리고 소속 병원 등 인구통계변수들의 영향력을 통제한 가운데, 지각된 감정표현요구는 이들의 감정부조화에 유의한 정(+)의 영향을 미치고 있음을 알 수 있다. 이러한 분석결과

는, 조직이 요구하는 감정표현규칙이 강하게 강조되어 그에 대한 지각 정도가 높을수록 구성원의 감정부조화가 유발될 가능성이 크다는 것을 시사한다. 이로써 가설 Ⅰ은 지지되었다.

표 1-3 감정표현규칙에 대한 지각 정도가 감정부조화에 미치는 영향

	감정부조화
재직기간	-.086 (1.321)
학 력	-.034 (-.509)
소속 병원	-.011 (.170)
지각된 감정표현요구	.383*** (6.156)
R^2	.151
조정 R^2	.136
F값	9.952***

***p<.001, **p<.01, *p<.05

1) 제시된 수치는 표준화된 회귀계수이고, 괄호 안은 t값임.

4.2 가설 Ⅱ의 검증: 감정부조화가 직무소진과 이직의향에 미치는 영향

가설 Ⅱ는 구성원이 느끼는 감정부조화의 정도가 이들의 직무소진과 이직의향에 미치는 영향을 확인해 보는 것이었다. 이를 위해 회귀분석을 수행한 결과는 〈표 1-4〉에 제시되었다. 먼저, 직무소진의 두 차원을 종속변수로 한 분석결과를 보면, 감정부조화는 '고갈'과 '일로부터의 심리적 이탈' 등 직무소진의 모든 차원에 대해 정(+)의 유의적 관계를 나타내고 있다. 하지만 회귀계수를 비교해 보면, 감정부조화의 이러한 영향은 '심리적 이탈'보다는 '고갈' 차원에 대해 더 크게 나타나고 있음을 알 수 있다. 즉, 본 연구의 대상인 종합병원 간호사들에게 있어서는, 감정부조화가 자신의 일에 대해 염증을 느끼는 태도에도 일정한 영향을 미치지만, 특히 이들이 직무 수행과정에서 경험하는 육체적, 정신적 피로도 측면에 대해 더욱 큰 부정적 영향을 미치는 것이다. 또 감정부조화는 간호사들이 지각하는 이직의향과도 상당한 긍정적 영향관계에 있음을 알 수 있다. 이러한 본 연구의 분석결과들은, 조직구성원의 감정노동 수행시 발생되는 감정부조화가 직무소진과 각종 스트레스를 증가시키고 직무만족과 조직몰입은 저하시키는 등, 구성원의 심리적 안녕(well-being)과 생리적 상태에 여러 가지 부정적인 영향을 초래할 수 있다는 기존의 많은 연구결과와도 일치한다(Abraham, 1999a, 1999b; Heuven and Bakker, 2003; Lewig & Dollard, 2003; Zapf, et al., 2001 등). 이로써 가설 II-1과 II-2 역시 지지되었다.

표 1-4 감정부조화가 직무소진과 이직의향에 미치는 영향

	직무소진		이직의향
	고갈	심리적 이탈	
재직기간	-.049 (-.818)	.301*** (4.648)	.154* (2.464)
학 력	.019 (.306)	.051 (.776)	.013 (.204)
소속 병원	.235*** (3.783)	-.046 (-.685)	.053 (.416)
감정부조화	.470*** (8.243)	.242*** (3.945)	.420*** (7.099)
R^2	.277	.163	.221
조정 R^2	.264	.148	.207
F값	21.433***	10.934***	15.918***

***p<.001, **p<.01, *p<.05

1) 제시된 수치는 표준화된 회귀계수이고, 괄호 안은 t값임.

4.3 가설 Ⅲ의 검증: 감정부조화의 매개효과

이제 지각된 감정표현요구와 직무소진 및 이직의향간의 관계에서 감정부조화 변수가 가지는 매개효과를 확인해 보기로 하자. 본 연구에서는 Baron & Kenny(1986)가 추천한 절차를 따라, 계층적 회귀분석(hierarchical regression analysis)을 통해 매개효과를 검증해 보기로 한다. 이를 위해서는 다음과 같은 세 가지 조건이 충족되어야 한다.

첫째, 독립변수와 매개변수는 각각 종속변수와 유의미한 관계가 있음이 입증되어야 한다. 먼저, 독립변수인 지각된 감정표현요구와 종속변수인 직무소진 및 이직의향 변수들 간의 관계에 대한 분석 결과는 〈표 1-5〉의 모형 Ⅰ에서 확인해 볼 수 있다. 이에 의하면, 지각된 감정표현요구는 직무소진의 고갈 차원과 이직의향에 대해 유의적인 관계를 나타내고 있는. 반면, 직무소진의 심리적 이탈 차원에 있어서는 유의적인 영향관계가 나타나지 않고 있다. 또 매개변수인 감정부조화와 종속변수간의 관계는 앞서 가설 Ⅱ의 검증을 위해 제시한 〈표 1-4〉를 통해 확인된 바 있다. 즉, 감정부조화는 3개의 종속변수들에 대해 공히 유의적인 정(+)의 관계를 나타내고 있었다. 이러한 결과를 종합하면, 감정부조화의 매개효과 확인을 위한 첫 번째 조건은 3개의 종속변수 중 '고갈'과 '이직의향'에 대해서만 충족되고 있다고 볼 수 있다.

매개효과를 검증하기 위한 두 번째 조건은 독립변수와 매개변수 간에도 유의적인 관계가 존재하는 것이다. 이는 가설 Ⅰ을 검증하기 위해 제시된 〈표 1-3〉을 통해 이미 확인한 바 있다. 즉, 독립변수인 감정표현요구에 대한 지각 정도는 매개변수인 감정부조화와 정(+)의 유의적 관계를 갖고 있었다. 따라서 두 번째 조건도 충족되었다.

매개효과를 검증하기 위한 마지막 조건은 다음과 같다. 독립변수와 매개변수가 동시에 회귀방정식에 투입되었을 때 매개변수가 종속변수에 여전히 유의적인 영향을 미치는 한편, 독립변수와 종속변수들 간의 관계는 매개변수가 투입되지 않았을 경우보다도 더 약화되거나 혹은 유의하지 않게 나타나야 한다. 이러한 세 번째 조건을 확인하기 위해, 기존의 통제변수들과 독립변수 이외에 매개변수인 감정부조화 변수를 추가 투입한 회귀분석 결과는 〈표 1-5〉의 모형 II와 같다.

01

표 1-5 감정부조화 변수의 매개효과 분석을 위한 계층적 회귀분석 결과

	직무소진				이직의향	
	고갈		심리적 이탈			
	Model I	Model II	Model I	Model II	Model I	Model II
재직기간	-.009 (-.128)	-.048 (-.803)	.319*** (4.796)	.292*** (4.585)	.190** (2.796)	.154* (2.459)
학 력	.001 (.008)	.016 (.264)	.068 (.995)	.079 (1.210)	-.002 (-.028)	.012 (.191)
소속 병원	.242** (3.465)	.236*** (3.784)	-.052 (-.754)	-.056 (-.846)	.058 (.817)	.053 (.816)
지각된 감정표현요구	.195** (3.031)	.017 (.276)	-.079 (-1.243)	-.201** (-3.064)	.165* (2.537)	.005 (.074)
감정부조화		.464*** (7.503)		.318*** (4.882)		.418*** (6.523)
R^2	.095	.277	.111	.197	.073	.221
조정 R^2	.078	.261	.095	.179	.056	.204
F값	5.847***	17.091***	7.016***	10.952***	4.397**	12.679***
$\triangle R^2$		.183***		.086***		.149***

***p〈.001, **p〈.01, *p〈.05

1) 제시된 수치는 표준화된 회귀계수이고, 괄호 안은 t값임.

먼저, 첫 번째와 두 번째 조건을 모두 충족시킨 고갈과 이직의향 변수의 경우, 매개변수인 감정부조화가 투입되었을 때 매개변수는 여전히 유의적인 데 비해, 독립변수인 지각된 감정표현요구가 가지는 영향력은 공통적으로 약화되는 현상을 확인할 수 있다. 즉, 모형 I에서 유의적이었던 독립변수는 매개변수가 함께 투입되었을 경우 종속변수와 더 이상 유의적이지 않은 관계로 전화됨으로써 세 번째 조건도 충족시키고 있는 것이다. 또 모형 I과 비교한 모형 II의 설명력의 증분($\triangle R^2$) 역시 유의적인 것으로 확인되었다. 따라서 본 연구에서는, 감정부조화가 독립변수인 지각된 감정표현요구와 종속변수인 '고갈' 및 '이직의향'에 대해 완전한 매개효과를 가진다고 평가해 볼 수 있다. 그렇지만 앞서 지적한 데로, 직무소진의 다른 한 차원인 '일로부터의 심리적 이탈'에 대해서는 이러한 매개효과가 확인되지 않았다.

V. 분석결과에 대한 토론

본 연구의 분석결과와 관련해서는 다음과 같은 몇 가지 토론을 해 볼 수 있겠다.

먼저 본 연구의 핵심 가설과는 큰 관계가 없었지만, 재직기간이 긴 간호사들일수록 '일로부터의 심리적 이탈'과 '이직의향'이 더 크게 나타나고 있음을 주목해 볼 수 있다. 이는 근무기간이 길수록 간호사들이 자신의 일에 대해 점차 염증과 냉소적인 태도를 갖게 되며 또 환자나 동료 직원들에게 더 기계적이고 무감각하게 대하는 경향이 있음을 시사해 준다고 볼 수 있다. 물론 이는 의사와 간호사 등 병원의 전문직 종사자들이 흔히 그렇듯이, 오랜 기간 동안 환자를 다루는 과정에서 일종의 '초연한 관심두기'(detached concern)를 자연스럽게 체득하게 됨으로써 정서적 중립성(emotional neutrality)을 획득하게 된 결과일 수도 있다(Smith & Kleinman, 1989). 하지만 이러한 경향이 나타나는 이유로는 무엇보다 우리나라 종합병원 임상간호사들의 보편적인 노동조건을 고려해 보지 않을 수 없다.

종합병원의 일반병동에서 근무하는 간호사들의 경우 대개 1개 병동마다 4팀 3교대 방식에 의거하여 근무하는데, 팀당 보통 3-4명의 간호사들이 많게는 40-50명의 환자를 돌보아야 할 뿐만 아니라, 주당 평균 2회에 가까운 심야근무를 감당해야 하기 때문에 이들의 노동조건이 결코 만만치 않은 것이 현실이라 할 수 있다. 그렇지만 근무기간이 늘어날수록 업무와 관련된 숙련도도 함께 높아지기 때문에 육체적 피로도와 같은 '고갈'은 근속년수가 늘어나더라도 특별히 더 증대될 이유는 없다고 볼 수 있다. 그렇지만 의료처치 준비과정, 실제 환자처치, 라운딩, 병실관리 등으로 이루어지는 간호사의 업무가 실제로 상당히 반복적인 성격을 갖기 때문에(강현아, 2002), 이러한 특성을 가진 노동조건에 장기간 노출될 경우 자신의 일에 대해 일종의 염증을 느끼는 '일로부터의 심리적 이탈'이 얼마든지 가중될 수 있을 것으로 짐작해 볼 수 있다. 또한 장기근속에도 불구하고 다른 직종에 비해 수간호사 등으로의 승진 기회 자체가 현저히 적은 현실도 대부분 임상간호사들의 주요한 직무불만족 요인인 것으로 알려져 왔는데(손행미 외, 2001; 권덕화·고효정, 2003; 윤숙희, 2004), 이 역시 근속기간이 긴 간호사들의 심리적 이탈과 이직의향을 증대시킨 또 다른 한 요인일 것으로 추정해 볼 수 있다. 본 연구의 인터뷰에 응했던 한 간호사의 다음과 같은 진술은 이러한 추정을 뒷받침해 준다.

> *"간호사 생활은 대개 한 4-5년이 고비예요. 그 때쯤 많이들 그만두죠. 결혼을 하게 되거나 뭐, 그런 이유도 있지만, 그 정도 하면 대개 이력이 나지요.... 처음에는 나름대로 꿈도 있고, 다들 설레는 마음으로 시작하지만, 몇 년 하다보면 이 일도 참 견디기 어려워요. 사실, 하는 일이 1년 365일 똑같거든요."*

이제 본 연구의 가설검증 결과에 대한 토론을 해 보기로 하자. 먼저, 본 연구에서는 조직의 긍정적인 감정표현요구가 높게 지각될수록 간호사들이 경험하는 감정부조화의 정도도 더 큰 것으로 나타났다(가설 Ⅰ). 사실, 최근 종합병원을 둘러싼 여러 가지 경영여건의 변화는 간호사들이 제공하는 '보살핌'(caring)이라는 서비스의 질 자체가 병원의 중요한 경쟁무기가 될 수밖에 없도록 만들고 있다. 즉, 종합병원 간 경쟁이 날로 치열해지고 있고, 그에 따라 병원경영에 있어서도 이른바 경영원리(managerialism)가 적극 도입되기 시작하면서, 거의 모든 병원들이 이제 친절한 서비스와 환자 중심주의를 조직의 경쟁력 제고를 위한 핵심 관리요인으로 강조하고 있는 것이다(Bolton, 2001). 이에 따라 병원조직이 간호사들에게 부과하는 각종 감정노동에의 요구 역시 갈수록 커지고 있다고 볼 수 있다.

본 연구의 대상인 두 종합병원도 예외가 아니어서, 이들 병원에서는 고객감동을 위해 '용모단정', '화사한 화장하기', '항상 미소 띤 응대', '혐오감을 줄 수 있는 색깔있는 매니큐어 금지' 등 간호사의 외모와 말투, 행동을 규제하는 많은 표현규칙을 적용하고 있었다. 또 그 중 한 병원에서는 심지어 백화점과 할인마트를 무색하게 하는 강도 높은 예절교육을 실시하기도 하였는데, 이를테면 매일 아침 업무개시 전 약 20분 동안 모든 간호사와 행정직원들이 병원 현관에 모여 90도 이상 허리 굽혀 인사하기 등 판매서비스 직종에서 흔히 볼 수 있는 인사법 교육을 매일 실시하기도 하였던 것이다. 뿐만 아니라, '친절 직원상'을 제정하여 매달 1회 수여하기도 하고, 간호부장이 매일 병동순회를 하면서 환자불만사항을 점검해 가기도 하였다.

이처럼 병원조직에서 강조되고 있는 새로운 감정표현요구는 간호사들에게 있어서 환자 보살핌과 처치 등 기존 업무내용에 더하여 이들에게 항상 웃음 띤 얼굴을 연출해 나가는 것을 새로운 직무요구로 강제하고 있다. 다음과 같은 인터뷰 내용은 이러한 감정표현요구의 증대가 실제 간호사들에게 상당한 감정부조화를 가져다 줄 수 있음을 재확인시켜 준다.

"아침부터 백화점 판매원처럼 90도로 절하기를 십 여 차례 반복하다 보면, 가끔씩 내가 진짜 간호사인가 의심스러울 때가 있어요.... 지금은 그래도 좀 익숙해져 괜찮은 편인데요, 처음에는 큰 소리로 구호 외치듯 인사하는 게 얼마나 이상했는지 몰라요."

"내가 기분 좋고 또 환자분이 고마워하고 뭐, 그래서 보람을 느낄 때는 그래도 괜찮아요. 뭐 친절하게 인사해서 나쁠 것은 없잖아요... 그렇지만 제 기분이 그렇지 않을 때는 좀 괴롭지요.... 특히 한꺼번에 일이 닥쳐서 정신없이 바쁠 때면 인사고 뭐고 힘들어 울고 싶을 때가 많아요."

다음으로, 본 연구에서는 여러 선행연구들에서와 마찬가지로 간호사들이 느끼는 감정부조화가 이들의 직무소진과 이직의향에 부정적인 영향을 미치는 것으로 나타났다(가설 II). 감정부조화의 이러한 부정적 영향은 직무소진의 두 차원 가운데서 특히 육체적, 심리적 피로도를 의미하는 '고갈' 차원에서 더 현저히 나타나는 것으로 확인되었는데, 이러한 영향관계는 다음과 같은 인터뷰 내용에서도 뒷받침되었다.

"환자분들로 인해 생기는 짜증이 왜 없겠어요. 그런 날은 진짜 더 피곤해져요. 하지만 참아야지요, 뭐. 환자분들과 어떤 문제가 생기면 저희들 인사고과에도 불이익이 있어요. 간호부장님의 귀찮은 추궁도 당해야 하구요.... 그러니 엄청 스트레스 받더라도 참고, 화장실에 가서 우는 한이 있어도 다들 쉬쉬하면서 빨리 덮어버리려고 하지요. 괜히 말썽이 생겨봐야 결국 우리만 더 피곤해 지거든요."

"가장 힘들 때가 환자분이나 혹은 그 보호자 분들이 하대나 막말을 할 때지요. 심하면 화도 내고 폭언을 할 때도 있어요. 그러면 솔직히 엄청 회의가 들지요. 사실 간호대학 갈려고 노력도 많이 했는데... 그럴 땐 정말 그만두고 싶어집니다."

한편, 가설 III의 검증 결과에 따르면, 본 연구에서는 감정부조화가 간호사들의 지각된 감정표현요구와 이들이 느끼는 '고갈' 및 '이직의향'의 관계를 매개하는 것으로 확인되었다. 즉 본 연구에 따르면, 지각된 감정표현요구는 독립적으로도 어느 정도 고갈과 이직의향을 증대시키는 효과가 있지만, 간호사들이 업무수행과정에서 감정부조화를 함께 느낄 경우에는 지각된 감정표현요구 그 자체보다 감정부조화가 이들의 고갈과 이직의향의 증대를 가져오는 주요 요인이라는 사실을 시사해 준다. 본 연구의 이러한 분석결과는, 감정노동 수행 그 자체보다, 감정노동 수행과정에서 감정부조화를 느끼는 가의 여부가 사원들의 정서적 고갈과 직무불만족에 기여하는 주요인이라는 선행연구들의 결과와도 유사한 양상을 보여주고 있다(Brotheridge

& Lee, 2003; Lewig & Dollard, 2003; Zapf, et al., 1999).

그렇지만, 본 연구에서는 직무소진의 '이탈' 차원의 경우 이러한 감정부조화의 매개효과가 관찰되지 않았는데, 이는 〈표 1-5〉의 분석결과에서도 볼 수 있듯이 간호사의 지각된 감정표현요구가 이들의 일로부터의 심리적 이탈에 대해 별다른 유의적 관계를 보이지 않고 있기 때문이다. 이는 조직의 감정표현요구 그 자체가 간호사들이 자신의 일에 대해 염증을 느끼거나 혹은 냉소적 태도를 가지도록 유인하지는 않는다는 뜻으로 해석해 볼 수 있다. 사실, 대다수 간호사들에게 있어서 자신의 직업에 대한 인식은 어느 정도 이중적인 성격을 갖는 것으로 확인된 바 있다. 즉, 간호사들은 자신의 일과 관련하여 의사의 명령에 의해 이루어지며 또 반복적인 성격이 강한 업무특성으로 말미암아 힘들어 하기도 하지만, 또한 간호사라는 자신의 직업에 대해 전문 직종으로서의 자부심을 함께 느끼고 있다고 보고되고 있다(강현아, 2002). 또 환자에 대한 따뜻한 보살핌 노동으로서의 성격을 갖는 간호사 직무는 상대적으로 많은 감정노동이 수반되어 힘들기도 하지만, 또 바로 그 보살핌 노동으로서의 성격 때문에 다른 직업들이 쉽게 가져다주지 못하는 고유한 내재적 직무만족과 직업적 긍지를 함께 제공한다는 것이 간호사들 스스로에 의해 평가되기도 했다(Henderson, 2001).

따라서 이러한 논의들에 기초해 볼 때, 간호사들은 간호사 직무의 고유한 업무특성과 또 그 직무수행 과정에서 요구되는 많은 감정노동적 요소들로 인해 힘들어 하기도 하지만, 다른 한편으로 간호사라는 자신의 직업에 대해 나름의 자부심과 긍지를 함께 느끼고 있다고 볼 수 있다. 추정컨대, 간호사들이 자신의 직업에 대해 갖고 있는 이러한 자부심과 긍지가 바로 본 연구에서처럼 지각된 감정표현요구와 직무소진의 '이탈' 차원 간에 별다른 유의적인 관계가 나타나지 않도록 만든 한 요인이었을 가능성도 있다. 즉, 앞서 〈표 1-5〉에서 확인할 수 있듯이, 조직의 감정표현요구는 간호사들이 느끼는 육체적, 정신적 피로도를 나타내는 '고갈' 차원과는 어느 정도 상관이 있었지만, 이들이 자신의 직업이나 일에 대해 냉소적인 태도를 가지는 것을 의미하는 '심리적 이탈' 차원과는 별다른 부정적인 관계가 나타나지 않았던 것이다.

Ⅵ. 마무리

결론적으로 본 연구의 결과는, 간호사의 감정노동 수행이 이들의 심리적 반응에 미치는 영향에 있어서 감정부조화의 경험 유무가 매우 중요한 구실을 한다는 사실을 재확인해 주고 있다. 따라서 감정노동의 수행이 노동과정에 통합되어 있는 많은 서비스 직종의 경우, 현실적으로 감정부조화의 발생을 원천적으로 예방할 수 있는 방도는 없겠지만, 가능하면 이를 낮출 수 있는 관리방안을 모색해 보는 것이 개인의 심리적 안녕과 조직의 성과 제고를 위해 중요할 것이다. 이를 위해서는 우선, 개인-직무 적합성을 확보할 수 있는 모집과 선발과정을 설계, 운영하는 것이 한 방안일 수 있다. 감정노동수행이 요구되는 직무에는 그러한 직무요구에 대한 수용성이 좋은 사람을 선발, 배치하는 것이 효과적이라는 것이다(Morris & Feldman, 1996; Grandey, 2003). 또 감정노동 수행으로 말미암은 스트레스와 소진 완화를 위해 가능한 한 여러 가지 관리적 조치를 강구해 볼 수도 있겠다. 적절한 직무순환(job rotation)과 함께, 사적인 휴식 공간을 제공하는 것도 고려해 볼만한 한 방안일 것이다.[2)]

또한 그간의 여러 연구들에 따르면 감정부조화는 높은 직무요구 수준에서 더욱 더 직무소진을 가중시킨다는 사실이 밝혀져 왔다(Lewig & Dollard, 2003; Zapf, et al., 2001). 그러므로 가능한 한 사원들의 업무부담

---

2) 놀이공원을 운영하고 있는 한 엔터테인먼트 회사가 고객을 상대하는 현장직 사원들에게 1인 1실 배정을 기본 원칙으로 기숙사를 배정, 운영하고 있는 경우를 예로 들어볼 수 있겠다. 낮에 많은 고객들을 상대하면서 감정노동에 시달린 만큼, 적어도 기숙사에 돌아와 쉬는 밤 시간만큼은 혼자서 자신의 개인적 감정을 추스릴 수 있는 사적 공간을 제공할 필요가 있다고 보았기 때문이다.

이 지나치게 과중하지 않을 수 있도록 배려하는 한편, 적절한 사회적 지원과 함께, 감정노동 수행 측면에 대한 별도의 보상책을 마련하는 것도 한 방안일 수 있겠다. 아울러, 지금까지 많은 연구들은 감정부조화를 줄이고 또 그로 인한 정서적 소진을 완화시킴에 있어서 개인의 직무자율성 혹은 업무재량권을 확대하는 것이 중요할 수 있다는 지적을 해 왔다(Morris & Feldman, 1996; Wharton, 1993; Zapf, 2002 등). 하지만 조직의 최 일선인 고객 접점에서 활동하는 서비스 직무들일수록 이들 직무수행 과정이 더욱 더 표준화, 일상화되어 있어서, 현실적으로 이러한 직무담당자들이 재량권을 가지기가 더 어렵다는 데에 문제가 있다(Leidner, 1999). 어쩌면 여기에 바로 감정노동 관리의 딜레마가 있는 지도 모를 일이다.

본 논문은 감정노동수행이 조직구성원의 심리적 반응에 어떠한 영향을 미치는가를 실증해 본 연구이다. 앞서 지적한 데로, 그간 이러한 내용을 갖는 국내 경험연구가 별로 없었다는 점에서 나름의 연구 의의를 찾아볼 수 있을 것이다. 하지만 본 연구는 다음과 같은 몇 가지 한계점을 내재하고 있다. 무엇보다 본 연구의 설문조사에서는 독립변수와 매개변수, 그리고 종속변수를 동일한 정보원천으로부터 측정하였기 때문에, 이른바 동일방법사용문제(common method variance)가 개재되었을 가능성이 있다. 아울러, 본 연구가 불과 2개 종합병원의 간호사들을 연구대상으로 하고 있는 점 역시 또 다른 제약이라고 할 수 있다. 이러한 여러 한계점들 때문에 본 연구의 결과를 일반화하는 데는 세심한 주의가 필요할 것이다. 따라서 향후에는 간호사 이외의 다양한 서비스 직종에 대해 연구가 확대될 필요가 있을 것이며, 또 감정노동 수행 상황과 관련하여 보다 다양한 변수들 간의 관계를 확인하는 추가 연구들이 필요할 것으로 생각된다.

Reference 참고문헌

강현아 (2002), 간호전문직 노동의 변화: 감정노동의 강화, 『경제와 사회』, 55: 142-168.

권덕화·고효정 (2003), 종합병원 일반간호사의 근무지 이동과 관련된 직무스트레스 및 이직의도, 『간호행정학회지』, 9(1): 141-150.

김상표 (2007), 개인특성, 고객과의 상호작용 특성 그리고 관리기제가 감정노동 수행전략에 미치는 효과, 『경영학연구』, 36(2): 355-384.

김상표·윤세준 (2002), 감정노동: 인간감정의 상업화에 대한 평가와 대안의 모색, 『연세경영연구』, 39(2): 205-234.

김영옥 (2002), 병원 일반간호사의 소진에 대한 영향요인 분석, 『성인간호학회지』, 14(4): 591-601.

박동수·전명구·정성한 (2005), 감성노동의 개념화와 선행요인, 『인사관리연구』, 29(4): 133-167.

박상언 (2009), 감정부조화의 영향과 그 조절요인에 관한 실증연구: 직무자율성과 사회적 지원의 조절효과를 중심으로, 『경영학연구』, 38(2): 379-405.

손행미·고문희·김춘덕·문진하 (2001), 신규간호사의 직무적응 경험, 『대한간호학회지』, 31(6): 988-1011.

윤세준·김상표·김은민 (2000), 감정노동: 조직의 감정표현규범에 관한 질적 연구, 『산업노동연구』, 6(1): 215-254.

윤숙희 (2004), 조직관리특성과 직무특성이 직무스트레스 및 조직효과성에 미치는 영향: 임상간호사를 중심으로, 『한국심리학회지: 산업 및 조직』, 17(3): 451-466.

이동명·김강식·김수련 (2007), 정서노동과 소진의 관계에서 정서부조화의 매개효과, 『인사관리연구』, 31(3): 133-155.

Abraham, R. (1999a), Negative affectivity: Moderator or confound in emotional dissonance-outcome relationships?, *The Journal of Psychology,* 133(1): 61-72.

Abraham, R. (1999b), The impact of emotional dissonance on organizational commitment and intention to turnover, *The Journal of Psychology,* 133(4): 441-455.

Ashforth, B. E. & Humphrey, R. H. (1993), Emotional labor in service roles:

The influence of identity. *Academy of Management Review*, 18: 88-115.

Ashkanasy, N. M., Hartel, C. E. J. & Daus, C. S. (2002), Diversity and emotion: The new frontiers in organizational behavior research. *Journal of Management*, 28(3): 307-338.

Ashkanasy, N. M., Zerbe, W. J. & Hartel, C. E. J. (Eds.) (2005), *The Effect of Affect in Organizational Settings.* San Diego: Elsevier.

Bakker, A. B., Demerouti, E., & Verbeke, W. (2004), Using the job demand resources model to predict burnout and performance, *Human Resource Management,* 43: 83-104.

Baron, R. M. & Kenny, D. A. (1986), The moderator-mediator variable distinction in social psychological research: Conceptual, strategic, and statistical considerations. *Journal of Personality & Social Psychology*, 51(6): 1173-1182.

Bolton, C. S. (2001), Changing faces: Nurses as emotional jugglers, *Sociology of Health & Illness*, 23(1): 85-100.

Bowen, D. E. & Schneider, B. (1988), Service marketing and management: Implications for organizational behavior. In B. M. Staw & L. L. Cummings (Eds.), *Research in Organizational Behavior*, vol. 10: 43-80. Greenwich, CT: JAI Press.

Brockner, J., DeWitt, R. L., Grover, S. L. & Reed, T. F. (1990), When it is especially important to explain why: Factors affecting the relationship between managers' explanations of a layoff and survivors' reactions to a layoff. *Journal of Experimental Social Psychology*, 26: 389-407.

Brotheridge, C. M. & Grandey, A. A. (2002), Emotional labor and burnout: Comparing two perspectives of people work? *Journal of Vocational Behavior*, 60: 17-39.

Brotheridge, C. M. & Lee, R. T. (2003), Development and validation of an emotional labor scale. *Journal of Occupational and Organizational Psychology*, 76: 365-379.

Côté, S. & Morgan, L. M. (2002), A longitudinal analysis of the association between emotion regulation, job satisfaction, and intention to quit. *Journal of Organizational Behavior*, 23: 947-962.

Demerouti, E., Bakker, A. B., Nachreiner, F. & Schaufeli, W. (2001), The Job Demands-Resources Model of Burnout. *Journal of Applied Psychology*,

86(3): 499-512.

Demerouti. E., Bakker, A. B., Vardkou, I. & Kantas, A. (2003), The Convergent Validity of Two Burnout Instruments: A Multitrait-multimethod Analysis. *European Journal of Psychological Assessment*, 19: 12-23.

Diefendorff, J. M., Croyle, M. H., & Gosserand, R. H. (2005), The dimensionality and antecedents of emotional labor strategies. *Journal of Vocational Behavior*, 66(2): 339-357.

Diefendorff, J. M. & Gosserand, R. H. (2003), Understanding the emotional labor process: a control theory perspective *Journal of Organizational Behavior*, 24: 945-959.

Diefendorff, J. M. & Richard, E. M. (2003), Antecedents and consequences of emotional display rule perceptions. *Journal of Applied Psychology*, 88: 284-294.

Farrington, A. (1995), Stress and nursing. *British Journal of Nursing*, 4(10): 574-578.

Forbes, R. J. & Jackson, P. R. (1980), Non-verbal behavior and the outcome of selection interviews. *Journal of Occupational Psychology*, 53: 65-72.

Gosserand, R. H. & Diefendorff, J. M. (2005), Emotional display rule and emotional labor: The moderating role of commitment. *Journal of Applied Psychology*, 90(6): 1256-1264.

Grandey, A. A. (2000), Emotional regulation in the workplace: A new way to conceptualize emotional labor. *Journal of Occupational Health Psychology*, 5: 95-110.

Grandey, A. A. (2003), When "the show must go on": Surface and deep acting as determinants of emotional exhaustion and peer-rated service delivery. *Academy of Management Journal*, 46: 86-96.

Gross, J. J. (1998), Antecedent- and response-focused emotion regulation: Divergent consequences for experience, expression, and physiology. *Journal of Personality and Social Psychology*, 74: 224-237.

Gross, J. J. & Levenson, R. W. (1997), Hiding emotions: The acute effects of inhibiting negative and positive emotions. *Journal of Abnormal Psychology*, 106: 95-103.

Henderson, A. (2001), Emotional labor and nursing: An under-appreciated aspect of caring work. *Nursing Inquiry*, 8(2): 130-138.

Heuven, E. & Bakker, A. B. (2003), Emotional dissonance and burnout among cabin attendants. *European Journal of Work and Organizational Psychology*, 12: 81-100.

Hochschild, A. R. (1983), *The Managed Heart: Commercialization of Human Feeling*. Berkeley, CA: University of California Press.

Holman, D., Chissick, C. & Totterdell, P. (2002), The effects of performance monitoring on emotional labor and well-being in call centers. *Motivation and Emotion*, 26(1): 57-81.

Jansz, J. & Timmers, M. (2002), Emotional dissonance: When the experience of an emotion jeopardizes an individual's identity. *Theory and Psychology*, 12(1): 79-95.

Kruml, S. M. & Geddes, D. (2000), Exploring the dimensions of emotional labor: The heart of Hochschild's work. *Management Communication Quarterly*, 14(1): 8-49.

Leidner, R. (1999), Emotional labor in service work. In Steinberg, R. J. & Figart, D. M. (Eds.). *The Annals of the American Academy of Political and Social Science*: 81-95. Thousand Oaks, CA: Sage.

Lewig, K. A. & M. F. Dollard (2003), Emotional dissonance, emotional exhaustion and job satisfaction in call centre workers. *European Journal of Work and Organizational Psychology*, 12(4): 366-392.

MaCraine, E. W., Lambert, V. A. & Lambert, C. E. (1987), Work stress, hardiness and burnout among hospital staff nurses, *Nursing Research*, 36(6): 374-378.

Maslach, C., & Jackson, S. E. (1981), *The Maslach Burnout Inventory*, Palo Alto, CA: Consulting Psychologists Press.

Mills, P. K. & Morris, J. H. (1986), Clients as "partial" employees of service organizations: Role development in client participation, *Academy of Management Review*, 11: 726-735.

Morris, J. A. & Feldman, D. C. (1996), The dimensions, antecedents, and consequences of emotional labor. *Academy of Management Review*, 21: 986-1000.

Morris, J. A. & Feldman, D. C. (1997), Managing emotions in the workplace. *Journal of Managerial Issues*, 9: 257-274.

Muchinsky, P. M. (2000), Emotions in the workplace: The neglect of organizational behavior. *Journal of Organizational Behavior*, 21: 801-805.

Mumby, D. K. & Putnam, L. L. (1992), "The politics of emotion: A feminist readings of bounded rationality", *Academy of Management Review*, 17, 465-486.

Price, J. L. & Muller, C. W. (1986), *Handbook of Organizational Measurement*, Marshfield, MA: Pitman Publishing Inc.

Putnam, L. L. & Mumby, D. K. (1993), "Organization, emotion and the myth of rationality", In Fineman, S. (Ed.), *Emotion in Organizations*, Thousand Oaks, CA.: Sage Publications, 36-57.

Rafaeli, A. & Sutton, R. I. (1987), The expression of emotion as part of the work role, *Academy of Management Review*, 12: 23-37.

Rafaeli, A. & Sutton, R. I. (1989), The expression of emotion in organizational life. In Cummings, L. L. & Staw, B. M. (Eds.). *Research in Organizational Behavior*, 11: 1-42. Greenwich, CT: JAI Press.

Schaubroeck, J. & Jones, J. R. (2000), Antecedents of workplace emotional labor dimensions and moderators of their effects on physical symptoms. *Journal of Organizational Behavior*, 21: 163-183.

Smith, P. (1992), *The Emotional Labor of Nursing*, London: Macmillan.

Smith, P. & Gray, B. (2001), Emotional labor of nursing revisited: Caring and learning 2000, *Nurse Education In Practice*, 1: 42-49.

Smith, K. K. & Berg, D. N. (1987), *Paradoxes of Group Life: Understanding Conflict, Paralysis and Movement in Group Dynamics*, San Francisco: Jossey-Bass.

Smith, A. C. & Kleinman. (1989), Managing emotions in medical school: Students' contacts with the living and the dead. *Social Psychology Quarterly*, 52: 56-69.

Snyder, C. R. & Lopez, S. J. (2005), *Handbook of Positive Psychology*, NY: Oxford Univ. Press.

Staw, B. M., Sutton, R. I., & Pelled, L. H. (1994), Employee positive emotion and favorable outcomes at the workplace. *Organization Science*, 5(1): 51-71.

Steinberg, R. J. & Figart, D. M. (1999), Emotional labor since The Managed Heart. In Steinberg, R. J. & Figart, D. M. (Eds.). *The Annals of the American Academy of Political and Social Science*: 8-26. Thousand

Oaks, CA: Sage.

Sutton, R. I. (1991), Maintaining norms about expressed emotions: The case of bill collectors. *Administrative Science Quarterly*, 36: 245-268.

Sutton, R. I. & Rafaeli, A. (1988), Untangling the relationship between displayed emotions and organizational sales: The case of convenience store. *Academy of Management Journal*, 31: 461-487.

Van Dijk, P. A. & Brown, A. K. (2006), Emotional labour and negative job outcomes: An evaluation of the mediating role of emotional dissonance. *Journal of Management and Organization*. 12(2): 101-115.

Van Maanen, J. & Kunda, G. (1989), Real feelings: Emotional expression and organiational culture. In L. L. Cummings & B. M. Staw (Eds.), *Research in Organizational Behavior*, vol. 11: 43-104. Greenwich, CT: JAI Press.

Wharton, A. S. (1993), The affective consequences of service work. *Work and Occupations*, 20: 205-232.

Wharton, A. S. (1999), "The psychological consequences of emotional labor", In Steinberg, R. J. & Figart, D. M. (Eds.). *The Annals of the American Academy of Political and Social Science*: 158-176. Thousand Oaks, CA: Sage.

Wharton, A. S. & Erickson, R. J. (1993), Managing emotions on the job and at home. *Academy of Management Review*, 18: 457-486.

Zapf, D. (2002), Emotion work and psychological strain: A review of the literature and some conceptual considerations. *Human Resource Management Review*, 12: 237-268.

Zapf, D. & Holz, M. (2006), On the positive and negative effects of emotion work in organizations. *European of Work and Organizational Psychology*, 15 (1): 1-28.

Zapf, D., Seifert, C., Schmutte, B., Mertini, H. & Holz, M. (2001), Emotion work and job stressors and their effects on burnout. *Psychology and Health*, 16: 527-545.

Zapf, D., Vogt, C., Seifert, C., Mertini, H., & Isic, A. (1999), Emotion work as a source of stress: The concept and development of an instrument. *European Journal of Work and Organizational Psychology*, 8(3): 371-400.

2장 감정노동과 직장-가정 갈등[3)]

Ⅰ. 머리말

여성의 사회적 진출과 맞벌이 직장인의 증가 등 노동시장내 인력구성의 추세 변화를 배경으로, 최근 학계는 물론 기업계에서도 이른바 '직장-가정 균형'(work-family balance) 이슈에 관한 관심이 증가하고 있다. 그만큼 대부분의 직장인들이 직장과 가정에서 역할 갈등을 경험하는 경우가 많아지고 있고, 이것이 개인의 심리적 안녕에는 물론, 심지어 조직의 성과에도 일정하게 부정적인 영향을 미칠 수 있다고 보기 때문일 것이다. 또한 서비스 산업의 확대로 말미암아 고객접점을 갖는 일자리가 점차 많아지고 있는데, 이러한 직무들에서는 조직의 성과에 영향을 주게 될 고객의 만족과 감동을 유인해 내기 위해 대개 감정노동(emotional labor)이 새로운 필수 직무요구(job demand)로 부과되게 된다. 하지만 많은 경우 감정노동의 수행 역시 해당 직무수행자에게 여러 가지 스트레스와 직무소진 등을 안겨주는 등 이들의 심리적 안녕과 건강에 부정적인 영향을 미칠 수 있음이 지적되어 오고 있다.

이렇듯, 서비스 직종에 종사함으로 인해 감정노동을 병행해야 하는 조직

3) 이 글은 신다혜와 함께 썼다.

구성원의 경우, 감정노동의 수행과 직장-가정 갈등(work-family conflict)의 경험으로 말미암아 가중된 스트레스와 직무소진을 경험할 가능성이 충분히 있다고 볼 수 있다. 하지만 이 분야의 선행연구들을 고찰하고 있는 한 연구의 지적과도 같이, 지금까지 감정노동과 직장-가정 갈등 문제를 함께 고찰해 본 연구는 의외로 매우 드물다고 할 수 있다(Bono & Vey, 2004). 하지만 몇 몇 기존 연구에 따르면, 직장과 가정 영역에서의 감정적 전이(emotional spill-over)로 말미암아 감정부조화 등 감정노동 수행과정에서 경험하는 부정적인 감정과 그에 따른 스트레스는 직장-가정 갈등을 더욱 심화시킬 수도 있고, 또 직무요구로서의 감정노동과 직장-가정 갈등 경험이 서로 상호작용하여 구성원이 지각하는 직무 스트레스와 소진을 더욱 악화시킬 가능성도 충분히 존재한다고 볼 수 있다(Montgomery et al., 2006; Wharton & Erickson, 1993, 1995).

이러한 취지에서, 본 연구는 종합병원에서 근무하는 임상간호사들을 대상으로, 이들이 수행하는 감정노동과 직장-가정 갈등, 그리고 이것이 직무소진에 미치는 영향관계를 실증적으로 고찰해 보고자 한다. 얼마 전, 2만 명이 넘는 조합원들을 대상으로 보건의료노조가 시행한 한 조사결과에 따르면, 간호사 등 병원노동자들의 감정노동 수행정도가 80% 이상으로 응답되는 등 간호사의 감정노동은 이제 이들의 필수적인 한 직무요소가 되고 있다(『헬스코리아 뉴스』, 2010. 5. 2). 또한 간호사의 절대 다수가 여성들임으로 인해, 간호사는 흔히 직장-가정 갈등을 경험하는 전형적인 한 직종으로 간주되어 왔다. 그러므로 본 연구에서는 종합병원의 기혼 여성 임상간호사들을 대상으로 하여, 업무 중 감정노동을 수행할 때 느끼는 감정부조화와 평소 지각하고 있는 직장-가정 갈등 등, 이들이 경험하는 대표적인 두 가지 선행 요인들이 그들의 직무소진에 어떠한 차별적 영향관계를 갖는지를 실증적으로 확인해 보고자 한다.

Ⅱ. 이론적 배경

2.1 감정노동과 직무소진

서비스 부문의 비중이 날로 커짐에 따라, 다양한 직무 현장에서 사원들에 의해 수행되는 감정노동의 질이 해당 조직의 경쟁력을 좌우하는 새로운 핵심 요인으로 주목되고 있다(Philips et al., 2006; Pugh, 2001). 적절한 감정노동을 통해 고객의 감동과 만족을 유인해 내는 것이 조직의 성과를 결정하는 핵심 성공요인 중의 하나로 간주되기 시작한 것이다. 이러한 감정노동에 대한 본격적인 연구는 일찍이 사회학자 Hochschild(1983)로부터 제기되었다. 그녀는 자신이 사례로 삼은 항공기 승무원과 연체금 추심원(bill collectors)의 직무 특성에 대한 질적 분석을 통해, 서비스 분야의 종사자들이 기존의 육체노동이나 정신노동뿐만 아니라, 감정노동을 함께 수행하고 있음을 주목하였다. 그 이후, 이러한 감정노동에 대한 일련의 개념적, 실증적 연구들이 활발하게 진행되면서, 감정노동은 통상 '대인적 상호작용과정에서 조직이 요구하는 감정을 표현하기 위해 자신의 어조, 표정, 몸짓 등을 조절하려는 노력'으로 정의되어져 왔다(Grandey, 2003; Morris & Feldman, 1996).

오늘날 대부분의 서비스 부문 조직들은 구성원의 감정노동 수행과 관련한 일련의 감정표현규칙(emotional display rules)을 정하고 이를 시행하는 것이 보편적이다. 이처럼, 조직의 일정한 감정표현규칙에 직면한 구성원은, 그러한 표현규칙이 요구하는 감정과 자신의 원래 감정 간의 차이에 따라 두 가지 종류의 감정노동 수행전략을 택하게 된다(Hochschild, 1983). 먼저, 조직이 표현규칙을 통해 요구하는 규범적 감정을 내면화시키고, 이를 자신의 내적 감정으로 동일화 시킨 상태에서 감정노동을 수행하는 '심층연기'(deep acting)를 행할 수 있다. 반면, 자신의 내적 감정을 변화시키지 않은 채 외적인 표현만을 조직이 요구하는 표현규칙에 준하여 행하는 '표면연기'(surface acting)를 수행할 수도 있다. 속마음은 그렇지 않으면서도, 겉으로만 공손하게 고객을 대하는 경우가 그 한 예이다. 이럴 경우, 사원들은 자신의 내적 감정과 조직이 요구하는 규범적 감정 간의 괴리와 충돌로 인해 대개 '감정적 부조화'(emotional dissonance)를 경험할 가능성이 높아진다(Rafaeli & Sutton, 1987; Van Dijk & Kirk-Brown, 2006; Zapf, 2002).

감정부조화는 '감정노동 수행 이후, 자신의 순수한 내적 감정과, 조직이 표현규칙을 통하여 요구하는 감정표현내용이 서로 상충할 경우 경험하게 되는 불편한 느낌이나 갈등상태'로 흔히 정의되어진다(Lewig & Dollard, 2003; Van Dijk & Kirk-Brown, 2006). 이러한 감정부조화의 경험은 감정노동을 수행하는 조직구성원의 심리적 반응과 안녕에 일반적으로 부정적인 영향을 미친다고 알려져 왔다. 우선, 감정노동 수행자가 감정부조화를 경험할 경우, 그에 따라 이중성(duplicity)과 비진정성(in-authenticity)의 느낌이 수반될 가능성이 크다는 점을 들 수 있다. 즉, 자신이 경험하지 않은 감정을 억지로 표현하는 표면연기를 수행함으로써 오는 감정부조화는, 곧 스스로를 속이고 있다는 이중적이고 위선적인 느낌을 주게 되기 쉽고, 이는 자기 비하는 물론, 자신과 타인에 대한 냉소주의적 태도를 키울 수 있는 것이다(Abraham, 1998; Ashforth & Humphrey, 1993; Rafaeli & Sutton, 1987).

한편, 고객과의 접촉과정에서 감정부조화를 빈번하게 경험하는 것은 감정노동 수행자의 직무소진(job burnout)을 촉발, 심화시키는 주요 원인인 것으로 지적되어 왔다(Brotheridge & Grandey, 2002; Zapf et al., 2001). 일반적으로 직무소진은 '대인관계 접촉이 잦은 직무들에서 직무수행자가 장시간 스트레스 요인에 노출됨으로 인해 겪게 되는 부정적인 심리적 경험'을 의미한다(Maslach & Schaufeli, 1993). 이런 점에서, 많은 고객을 상대하면서 감정노동을 수행하는 직무담당자일수록 직무소진에 노출될 가능성은 그만큼 더 커진다고 볼 수 있다.

그간 직무소진은 고갈, 탈인격화, 자아성취감 저하 등 세 가지 하위요인으로 구성된 다차원적 개념으로 받아들여져 왔다(Maslach & Jackson,

1981; Lee & Ashforth, 1996). 먼저, '고갈'(exhaustion)은 대인접촉 업무를 수행하는 데 지나치게 많은 정서적 자원을 소모함으로써 심리적, 육체적으로 피폐해진 상태를 뜻한다. 서비스 접점에 있는 구성원들은 항상 고객의 요구사항 및 감정 상태에 민감해야 하기 때문에 늘 상당한 수준의 정서적 몰입을 필요로 하게 되는데, 이러한 직무요구에 상시적으로 직면하게 되면 정서적 자원의 고갈 상태를 초래하기 쉽다. 직무소진의 두 번째 차원인 '탈인격화'(depersonalization)는 흔히 '일로부터의 심리적 이탈'(disengagement)로도 칭해진다. 일, 사람, 혹은 조직으로부터 심리적으로 이탈되어, 이에 대해 냉소적이고 냉담한 태도를 보이는 것을 말한다. 정서적 고갈에 직면한 사원은 이에 대응하기 위한 방어기제의 하나로 자신의 진정성 있는 감정표현을 최대한 억제하면서, 매사에 기계적인 대응을 보이면서 일에 대한 염증적 태도를 보일 수 있다. 세 번째 차원은 '자아성취감의 저하'(diminished personal accomplishment)로서 자기 자신을 부정적으로 평가하는 경향성을 말한다. 이는 업무를 효과적으로 수행할 수 있다는 자신감이 떨어지고, 업무수행에 있어서 성취감이나 발전가능성을 느끼지 못하는 현상을 가리킨다.

이러한 직무소진 개념은 애초에 Karasek(1979)의 '직무요구-통제 모형'(Job Demand-Control Model) 등에 기반하여, 과도한 업무부하와 같은 양적 차원의 직무요구들의 영향을 실증하기 위한 연구들에서 종속변수로서 주로 연구되어져 왔다. 하지만 최근에는 감정노동과 같은 질적인 차원의 직무요구를 가지는 서비스 직무에 대한 연구관심이 커지면서, 이러한 맥락에서도 점차 많이 연구되어지고 있다. 지금까지 이루어진 감정노동과 직무소진에 관한 연구와 논의들을 종합해 볼 때, 감정노동을 수행하는 것은 구체적으로 다음과 같은 이유들 때문에 직무소진을 유발할 가능성이 커진다고 볼 수 있다. 먼저, 감정노동을 수행하는 것 자체가 대개 상당한 수준의 정서적 몰입과 노력을 요구하기 때문에, 감정노동 수행자들일수록 정서적, 육체적 고갈 상태에 노출될 가능성이 크다고 볼 수 있다. 특히 고객과 지속적이고 강도 높은 상호작용을 해야 하는 경우이거나 혹은 감정노동 수행자가 자신의 내적인 감정상태 까지도 바꾸는 심층연기를 행하는 경우라면, 일반적으로 상당한 수준의 주의 집중과 노력이 요구되어진다(Grandey, 2003; Trougakos et al., 2008; Zapf, 2002). 그 결과, 감정노동 수행자는 정서적 자원의 고갈로 말미암아 직무소진을 경험할 가능성이 커지는 것이다.

아울러, 감정노동 수행자가 표면연기를 수행하면서 감정부조화를 경험하게 된다면, 직무소진의 가능성은 더 커질 수 있다. 감정부조화는 감정노동의 수행 맥락에서 조직의 감정표현 기대와 역할수행자의 반응 간에 빚어지는 역할갈등의 한 유형이기도 하다(Rafaeli & Sutton, 1987; Zapf, 2002). 그러므로 일반적으로 역할갈등이 역할 수행자의 스트레스와 소진을 가져오는 중요한 한 요인이었던 것처럼, 감정부조화 역시 그 해소를 위해서는 상당한 심리적 에너지와 노력을 요함으로써 결국 정서적 고갈과 직무소진을 초래하는 중요한 원인이 될 수 있다(Giardini & Frese, 2006; Grandey, 2003). 여기에 더하여, 표면연기는 고객과의 상호작용에서 자신의 감정표현을 위장하는 것이기 때문에, 자신의 행동에 대해 진정성(authenticity)의 느낌을 결여하게 되기 쉽다. 그 결과, 스스로와 자신의 일, 그리고 주변 사람들에 대해 일정한 '거리두기'와 기계적 반응, 그리고 냉소주의적 태도를 키움으로써 결국 일로부터의 심리적 이탈을 심화시킬 수 있는 것이다. 실제로 지금까지 이루어진 많은 국내외 연구들은, 감정노동 과정에서 감정부조화를 경험하는 것이 직무소진 등 사원들의 심리, 생리적인 안녕에 부정적인 영향이 있을 수 있음을 입증해 왔다(Brotheridge & Lee, 2002; Bakker & Heuven, 2006; Holman et al., 2002, 2009; Zapf, et al., 1999, 2001; 박상언, 2008; 이동명 외, 2007 등).

본 연구의 대상인 종합병원 임상간호사 역시 본연의 간호 업무수행 중에 감정노동을 병행해야 하는 전형적인 한 직무로 볼 수 있다(Bolton, 2001; 강현아, 2002). 또 간호사 직무는 환자나 그 보호자, 그리고 의사와 병원 행정직 등 병원의 다양한 관계자들을 대상으로 잦은 대인관계 접촉을 가지기 때문에, 직무소진에 빈번하게 노출될 수 있는 직무로 간주되어 왔다(Bakker & Heuven, 2006; Farrington, 1995; 김영옥, 2002; 윤숙희, 2004). 따라서 지금까지의 논의와 선행연구들에 기초하여, 본 연구에서는 이들이 업무수행 중 경험하게 되는 감정부조화와 직무소진간의 관계에 대해 다음과 같은 가설을 설정하였다.

가설 I. 조직구성원이 업무수행과정에서 느끼는 감정부조화는 이들의 직무소진과 정(+)의 영향관계에 있을 것이다.

2.2 직장-가정 갈등과 직무소진

최근 학계는 물론 기업 현장에 있어서도 '직장-가정 균형'과 또 이를 도모할 수 있는 가정친화적인 인사 프로그램 운용에 대한 관심이 크게 증대하고 있다. 이와 같은 관심은, 서비스 직종의 확대와 여성의 경제활동 참여 증대 등 관련 노동시장 여건의 변화에 기업조직이 적절히 대응해 갈 필요성이 커지고 있음과 동시에, 가정친화적인 여러 인사 프로그램과 제도 운용이 직무만족과 조직몰입 등 사원들의 직무태도를 개선하고 또 실제 조직의 성과에도 긍정적인 영향을 미칠 수 있다는 증거가 속속 제기되고 있기 때문일 것이다(Allen, 2001; Konrad & Mangel, 2000; Ngo et al., 2009; Osterman, 1995; Perry-Smith & Blum, 2000; 김효선·차운아, 2009; 박상언·최민오, 2013; 유규창·김향아, 2006 등).

조직행동 연구영역에서는 직장-가정 균형에 대한 이러한 연구 관심이 직무스트레스 연구의 일환으로 시작되었다고 볼 수 있다. 즉 조직구성원의 심리적 안녕과 건강에 위협을 주는 각종 스트레스는 비단 공식적인 직무요구만이 아닌, 개인적이고 사적인 여러 요구에 의해서도 비롯될 수 있다고 보았기 때문이다(Brough & Kalliath, 2009). 또한 이전과는 달리, 직장의 요구뿐만 아니라 가정의 요구를 마찬가지로 중요하게 고려하게 된 데에는, 여성의 사회활동 참여가 증대하면서 맞벌이 직장인이 많아져, 전통적인 성

역할관념과는 달리 결혼한 남성 직장인들도 이제는 일정하게 가사 역할을 분담해야 하는 사회적인 변화가 큰 배경 역할을 했다고 볼 수 있다.

이런 맥락에서, 처음 주목된 개념이 바로 '직장-가정 갈등'(work-family conflict)이다. 직장-가정 달등은 '직장과 가정 영역으로부터의 역할 압력이 여러 측면에서 서로 양립할 수 없을 때 발생되는 역할 갈등의 한 형태'로 정의된다(Greenhaus & Beutell, 1985). 즉 직장에서의 역할로부터 비롯되는 여러 요구가 가정에서의 역할로부터 나오는 요구와 갈등을 일으킴으로써 생기는 일종의 역할갈등으로 보는 것이다. 스트레스의 발생 원인을 설명해 온 역할갈등이론과 희소성이론(scarcity theory) 등에 따르면, 이러한 갈등은 무엇보다 사람들이 가진 시간적, 인지적, 정서적 자원들이 제한되어 있음으로 인해 생긴다. 즉 직장과 가정 영역의 여러 요구에 대처하고 주어진 역할을 수행하기 위해 사용할 수 있는 자원의 제약이 생기기 때문에 발생되는 것이다(Edwards & Rothbard, 2000; Frone et al., 1992). 한정된 자신의 자원을 직장과 가정에서 비롯되는 상충되는 요구에 조화롭게 배분하고 활용하기 어려워질 때 사람들은 대개 갈등을 경험하게 되고, 이러한 갈등은 결국 관련 스트레스와 소진을 야기하게 되기 쉽다.

직장-가정 갈등과 관련한 연구들은 그간 크게 두 방향에서 진행되어 왔다고 볼 수 있다. 먼저, 직장-가정 갈등에 영향을 미치는 선행조건이나 요인에 대한 관심을 들 수 있다. 많은 연구자들이 근무시간이나 역할 특성과 같은 상황적 변수와 개인 성격변수, 그리고 각종 인구통계적 변수들에 주목해 왔다(Aryee, 1992; Byron, 2005; Eby et al., 2005; Frone, 2003 등). 이 가운데 인구통계적 변수들로는 성별과 미취학 자녀의 수, 배우자 취업 여부, 고용불안정성 등이 직장-가정 갈등에 유의한 영향을 미치는 변수들로 확인되어 왔다. 특히 성별과 관련해서는 여성이 남성보다 직장-가정 갈등을 더 많이 경험하는 것으로 보고된 경우가 많은데, 이는 일반적으로 여성이 남성에 비해 가정 일에 더 많은 책임감을 느끼고 또 실제로 더 많은 시간을 할애하기 때문인 것으로 해석되고 있다(Gutek et al., 1991; Frone et al., 1992; Duxbury et al., 1994). 아울러, 최근에는 조직구성원이 직장과 가정의 두 역할에 두고 있는 상대적인 중요성과 개인적인 가치 성향이 직장-가정 갈등과 직무태도 간의 관계를 어떻게 조절하는가에 대한 연구도 제기된 바 있다(Carlson & Kacmar, 2000; Carr et al., 2008).

또한 직장-가정 갈등이 미치는 영향이나 결과적 측면에 대한 연구성과도 그간 많이 제기되어 왔다. 이에는, 먼저 개인 차원의 건강과 안녕에 미치는 부정적 영향을 들 수 있다. 직장-가정 갈등은 일반적으로 직장과 가정 역할에서 비롯되는 여러 가지 요구에 적절히 부응할 시간과 에너지가 부족해서 발생되는 경우가 많다. 따라서 이러한 시간적인 제약과 부족으로 인해, 대개는 자신의 건강에 보탬이 되는 적절한 운동과 음식물 섭취에 소홀하게 됨으로써 개인 건강을 해치게 되는 수가 많다(Allen & Armstrong, 2006; Van Steenbergen & Ellemers, 2009). 아울러, 직장-가정 갈등 역시 긴장(strain)이나 스트레스를 초래하게 되는 역할 갈등의 일환이기 때문에, 이러한 직장-가정 갈등을 지속적으로 경험하게 될 경우 직무수행과 연관된 스트레스는 물론, 이러한 스트레스로 인해 유발되는 소진 등 심리, 생리적인 안녕의 저해가 초래될 가능성이 많다고 지적된 바 있다(Allen et al., 2000; Demerouti et al., 2005; Frone et al., 1997; Kinnunen & Mauno, 1998). 또 직장-가정 갈등은 개인이 느끼는 일반적인 생활만족도 면에도 결코 긍정적이지 않다는 보고가 제기되어 왔다. 측정대상이나 연구대상인 직업집단에 따라 다소 다른 결과가 나오기도 했지만, 지금까지의 연구들은 대체로 직장-가정 갈등이 개인이 느끼는 결혼생활 만족이나 가족생활 만족에 대해 부정적인 영향을 미치는 요인임을 확인해 주고 있다(Frone et al., 1992; Netemeyer et al., 1996).

한편, 직장-가정 갈등이 직장생활 영역에 미치는 영향에 대해서는 더 많은 연구가 축적되어 왔다. 그간의 연구에 따르면, 직장-가정 갈등은 직무만족이나 조직몰입, 그리고 이직의향 등 개인의 직무관련태도에는 물론, 실제 성과에도 부정적인 영향을 미친다는 결과가 지배적이라고 할 수 있다

(Adams et al., 1996; Carlson & Kacmar, 2000; Carr et al., 2008; Frone et al., 1992, 1997; Gray, 1989; Kossek & Ozeki, 1998 등). 또한 이와 비슷한 변수를 차용하여 측정해 본 국내의 연구들 역시 전반적으로 이와 크게 다르지 않은 연구결과를 보여주고 있다(강혜련·최서연, 2001; 이은희, 2000; 임효창 외, 2005; 장재윤·김혜숙, 2003 등).

비록 남성에게도 문호가 열려있기는 하지만, 본 연구의 대상인 간호사 직무는 거의 대부분 여성이 담당하고 있는 것이 현실이다. 이 가운데 특히 기혼인 여성 간호사들은 대개 종합병원에서 3교대제로 근무하고 있기 때문에, 절대적인 시간적 제약 속에서 직장-가정 갈등을 경험하는 대표적인 경우라고 볼 수 있다. 앞서 검토해 본 여러 선행연구 결과들에 의하면, 이들이 겪는 직장-가정 갈등은 직무 및 가정 역할 수행과 관련한 스트레스를 증대시켜 직장생활 속에서 직무소진을 경험하게 만들 가능성이 크다고 볼 수 있다. 이런 점에서, 본 연구에서는 다음과 같은 가설을 설정하고 이를 실증해 보기로 한다.

가설 II. 조직구성원이 지각하는 직장-가정 갈등(WFC)은 이들의 직무소진과 정(+)의 영향관계에 있을 것이다.

그간 직장-가정 갈등에 대한 많은 연구들은 직장이 가정에 미치는 영향이나 가정이 직장에 미치는 영향을 구분하지 않거나, 혹은 암묵적으로 직장이 가정에 영향을 미치는 측면에만 주로 초점을 맞추어 연구해 온 경향이 있었다. 하지만 최근에는 직장-가정 갈등을 양방향적인 특성을 갖는 개념으로 분화시켜 연구하는 경우가 늘어나고 있다. 즉 직장-가정 갈등을, 직장생활이 가정생활에 영향을 미치는 직장〉가정 갈등(work-to-family conflict 또는 work interfering family)과, 가정생활이 직장생활에 영향을 미치는 가정〉직장 갈등(family-to-work conflict 또는 family interfering work)이라는 양방향성을 갖는 개념으로 보고, 이를 구분하여 연구하기 시작한 것이다

(Frone, 2003; Gutek et al., 1991; Netemeyer et al., 1996, 2005 등). 최근의 한 메타연구에 따르면, 직장〉가정 갈등(WIF)과 가정〉직장 갈등(FIW)은 질적으로 서로 다른 갈등으로서 서로 간 변별타당성을 갖는 개념들이라는 사실이 재차 확인됨으로써, 이러한 개념 구분이 의미가 있음을 뒷받침해주기도 했다(Mesmer-Magnus & Viswesvaran, 2005).

한편, 이 두 갈등 개념은 실제로 어느 한 쪽이 다른 쪽에 일방적으로 영향을 주기보다는 상호 영향을 주는 부정적인 전이관계에 있는 것으로 보고되고 있다(Anderson et al., 2002; Frone et al., 1992). 또 많은 연구에서 직장〉가정 갈등이 일반적으로 가정〉직장 갈등보다 더 크게 지각되는 경우가 많아, 두 영역간의 전이가 비대칭적이라는 사실을 보여주기도 했다(Eagle et al., 1997; Frone et al., 1992; Gutek et al., 1991 등). 아울러, 개인 건강이나 직무태도 등 결과변수를 예측함에 있어서도 직장〉가정 갈등은 대개 가정〉직장 갈등보다 더 많은 분산을 설명해 주는 것으로 확인되었을 뿐만 아니라(Frone et al., 1992; Kinnunen & Mauno, 1998), 가정〉직장 갈등은 주로 가족관련 변수들과 상관을 보이는 반면, 직장〉가정 갈등은 직장관련 변수들과 더 큰 연관성을 갖는 것으로 보고된 바도 있다(Mesmer-Magnus & Viswesvaran, 2005). 또한 Rothbard(2001)의 실증연구에 따르면, 조직구성원이 직장과 가정에서의 다중 역할 수행과정에서 경험하게 되는 부정적인 정서와 심리적 고갈(depletion) 현상은 가정〉직장 갈등 요인보다도 직장〉가정 갈등 요인들로부터 주로 초래되는 것으로 확인되었는데, 이러한 결과는 특히 남성보다도 여성 응답자들에게서 유의하게 나타났다.

이상의 논의들에 기반하여, 본 연구에서는 직장-가정 갈등이 직무소진에 미치는 영향을 확인함에 있어서 직장〉가정 갈등과 가정〉직장 갈등을 구분하여 측정하고, 이들 두 갈등 중 직무소진에 미치는 영향에 있어서는 직장〉가정 갈등이 가정〉직장 갈등보다 더 큰 영향을 미칠 것이라는 가설을 설정해 보고자 한다.

가설 III. 직장-가정 갈등이 직무소진에 미치는 영향에 있어서는 직장〉가정 갈등(WIF)이 가정〉직장 갈등(FIW)보다 더 크게 나타날 것이다.

2.3 감정부조화와 직장-가정 갈등의 상호작용

이제, 직무요구의 일환으로 조직구성원이 감정노동을 수행하는 맥락에서 경험할 수 있는 감정부조화의 느낌과, 그들이 평소 지각하는 역할갈등인 직장-가정 갈등이 서로 상호작용하여 직무소진에 미치게 될 영향관계에 대해 살펴보기로 하자. 앞서 논한 바와 같이, 지금까지 직장-가정 갈등에 관한 기존 연구들은 주로 직장-가정 갈등에 영향을 미치는 선행요인들과 직장-가정 갈등의 결과적 측면에만 주로 치중하여 연구해 왔다고 볼 수 있다. 하지만 경우에 따라서는 직장-가정 갈등이 가지는 이러한 주 효과적 영향뿐만 아니라, 그것이 수행하는 상호작용효과도 충분히 관찰될 수 있을 것으로 짐작해 볼 수 있다.

대표적인 한 경우가 바로 본 연구의 대상인 종합병원 임상간호사들일 수 있다. 즉 이들은 본연의 과업인 간호업무 이외에, 병원이 요구하는 공식, 비공식적인 표현규칙에 의거하여 환자나 그 보호자들을 대상으로 감정노동을 병행해야 하는 사람들이다. 따라서 많은 경우 이들은 업무수행 중에 불가피하게 자아정체감과 과업역할간의 갈등을 의미하는 감정부조화를 경험하기 쉽다. 또한 이들 중 이미 결혼한 간호사들은 또 다른 성격의 역할 갈등인 직장-가정 갈등을 경험할 가능성이 크다. 종합병원의 일반 병동에서 근무하는 임상간호사의 경우, 대개 3교대제 방식에 의거한 근무형태 때문에 주기적으로 심야근무를 수행해야 하고, 또 근무시간대가 일정하지 않아 특히 기혼 여성 간호사들의 경우 무엇보다 육아에 대한 부담을 크게 느끼는 것으로 보고되고 있다(강현아, 2002). 그래서 간호사들 중 상당수는 향후 결혼이나 출산을 예상하여 보건직 공무원이나 다른 직종으로의 이직의향을 많이 가지고 있는 것으로 알려져 있다(권혜림 외 12인, 2004).

따라서 이러한 상황을 감안해 볼 때, 앞서 설정한 가설들에서처럼, 간호사가 경험하는 감정부조화와 직장-가정 갈등 등 두 종류의 역할갈등은 각기 간호사의 직무소진에 독립적으로 일정한 영향을 미칠 수도 있겠지만, 이들 두 요인은 서로 상호작용하여 직무소진에 영향을 미칠 수도 있을 것으로 생각된다. 즉 감정부조화로 말미암아 자아정체감의 훼손을 경험하고 그에 따라 직무소진을 느끼는 정도는, 아무래도 평소 직장-가정 갈등을 크게 지각하여 가중된 역할갈등을 경험하고 있는 사람에게서 더 크게 나타날 가능성이 많을 것이기 때문이다. 따라서 본 연구에서는, 감정부조화와 직장-가정 갈등이 상호작용하여 직무소진에 더 큰 영향을 미치게 될 가능성에 유념하여, 다음과 같은 가설을 추가로 설정하고 이를 확인해 보기로 한다.

가설 IV. 조직구성원이 지각하는 직장-가정 갈등(WFC)의 정도는 그들이 느끼는 감정부조화와 상호작용 효과를 가질 것이다. 즉, 직장-가정 갈등(WFC)을 크게 경험하는 사람일수록, 감정부조화가 직무소진에 미치는 영향은 더 크게 나타날 것이다.

Ⅲ. 연구방법

3.1 표본조직과 자료수집

이상의 가설을 검증하기 위해서, 본 연구에서는 9개의 국내 종합병원에서 근무하고 있는 임상간호사들을 대상으로 자료를 수집하였다. 앞서 지적한 바와 같이, 종합병원 임상간호사는 업무수행과정에서 환자와 보호자, 의사 등 다양한 사람들과 빈번한 접촉을 해야 하기 때문에, 대인관계 및 감정노동과 연관된 업무요구가 많은 대표적인 한 직무로 알려져 왔다. 또 간호사들은 담당 환자에 대한 검사와 체크, 투약, 수술 준비 등 정해진 기본 업무 이외에도, 돌발적으로 발생되는 위급상황이 많아 이것이 주요한 직무스트레스로 작용하기도 한다. 뿐만 아니라, 팽팽한 긴장 속에 예민해져 있는 의사와 환자 등 여러 사람들과의 접촉에서 오는 스트레스는 물론, 사소한 실수가 곧 환자의 생명과도 직결될 수 있는 위험성과 그에 따른 불안감 등으로 인해, 일반적으로 간호사는 업무수행 중에 직무소진과 스트레스를 많이 경험하는 대표적인 직무로 평가되어져 왔다(Farrington, 1995; 김영옥, 2002).

아울러, 일반 병동에서 근무하는 임상간호사들의 경우, 기본적으로 과도한 업무량과 휴일이 없는 교대 근무형태, 빈번히 돌아오는 심야근무와 일정하지 않은 근무시간대 등으로 인해, 특히 자녀가 있는 기혼 간호사들은 육아나 가사에 애로를 많이 느낄 수밖에 없는 근무조건을 가지고 있다. 따라서 간호사 직무가 가진 이러한 여러 특징과 근무여건을 감안할 때, 종합병원 임상간호사들은 감정노동과 직장-가정 갈등을 주제로 한 본 연구에 잘 부합되는 표본이라 판단되었다.

한편, 본 연구는 특히 직장-가정 갈등을 핵심 연구변수로 삼고 있기 때문에, 종합병원 임상간호사들 가운데서도 기혼 여성 간호사들만을 연구대상으로 한정하였다. 미혼 간호사들보다는 이미 결혼하여 가정을 꾸리고 있는 여성 간호사들일수록 직장과 가정의 상충된 요구와 역할간 갈등을 더 많이 경험할 가능성이 크기 때문이다. 또한 종합병원내 외래, 수술실 등 근무 장소에 따라서도 이들 간호사들의 근무여건과 노동강도에 일정한 차이가 있을 수 있다는 점을 고려하여, 본 연구에서는 일반 병동에서 근무하는 임상간호사들만을 연구대상으로 하였다.

자료수집은 설문조사와 인터뷰를 통해 실시되었다. 먼저, 설문조사는 국내 9개 종합병원 임상간호사들을 대상으로 약 4개월간 병원을 직접 방문하여 시행되었다. 그렇지만 기존의 많은 선행연구들이 지적해왔듯이, 감정노동과 직장-가정 갈등에 관한 연구는 설문조사와 같은 양적 연구방법만으로 접근하기에는 한계가 있을 수 있다(Casper et al., 2007; Hochschild, 2001;

Sutton, 1991). 즉 표준화된 설문지 조사로 드러내기 어려운 응답자의 미묘한 감정과 갈등 경험 그리고 그들의 심리적, 행위적 대응방식을 확인하기 위해서는 심층적인 인터뷰와 참여관찰이 필요할 수 있는 것이다. 따라서 본 연구에서는 설문지에 응답한 연구대상 병원의 간호사들 일부에 대한 인터뷰를 시행하고, 이 인터뷰 자료를 가설검증 결과를 해석하고 토론하는 보조적인 자료로 활용하였다. 이러한 인터뷰 자료는 실증분석 결과에 대해 단조롭고 건조한 기계적 해석을 하는데 그치지 않고, 종합병원과 임상간호사들의 실제 근무상황과 경험에 배태된(embedded) 좀 더 풍요로운 해석과 토론을 수행하기 위해 기획되었다. 인터뷰는 피면접자들에게 감정부조화와 직장-가정 갈등 등 본 연구의 핵심 연구변수와 관련된 개인적 느낌과 경험을 묻는 준구조화된(semi-structured) 질문이 주로 제시되었다.

3.2 변수의 측정

3.2.1 감정부조화(Emotional Dissonance)

앞서 정의한 것처럼, 본 연구에서는 '감정노동의 수행과정에서 자신이 느끼는 순수한 내적 감정과 조직이 표현규칙을 통하여 요구하는 감정표현내용이 서로 상충할 경우, 해당 직무수행자가 경험하게 되는 불편한 느낌과 상태'를 감정부조화로 개념화하고자 한다. 따라서 본 연구에서는 이러한 감정부조화의 개념을 비교적 잘 반영하고 있다고 볼 수 있는 Van Dijk & Kirk-Brown(2006)과 박상언(2009) 등 선행연구들에서 예시된 설문문항들을 본 연구의 대상인 종합병원 맥락에 적합하도록 연구자가 부분적으로 수정하여 작성하였다. '업무상 환자를 대할 때, 내가 느끼는 진심을 그대로 표현할 수 없기 때문에 불편한 심기를 느끼게 된다', '환자와 접촉할 때, 실제로 느껴지는 감정을 속이고 항상 밝은 모습으로 표정관리를 해야 하는 것이 힘들 때가 있다' 등 5문항을 5점 척도로 측정하였으며, 문항간 신뢰도는 .807로 나타났다.

3.2.2 직장-가정 갈등(Work-Family Conflict, WFC)

본 연구에서 직장-가정 갈등은 직장과 가정에서 일어나는 역할요구를 상호 양립시키기 어려울 때 일어나는 역할 간 갈등으로 파악하였다. 이러한 역할갈등은 일반적으로 '시간'과 '긴장'(strain) 그리고 '행동'에 기반한 갈등으로 구분될 수 있다(Greenhaus & Beutell, 1985). 하지만 본 연구의 측정 대상인 여성 간호사는 가정과 직장에서 기본적으로 '보살핌'(caring) 노동을 주로 한다고 볼 수 있으므로(강현아, 2002; Bolton, 2001), 한 역할에서 기대되는 행동이 다른 역할에서의 기대 행동과 불일치함으로 인해 생기는 '행동'에 기반한 역할갈등은 그리 크지 않다고 볼 수 있다. 따라서 본 연구에서 직장-가정 갈등은 주로 '시간'에 기반한 역할갈등과, 그로 인해 유발되는 '긴장'에 기반한 역할갈등을 중심으로 측정되었다. 이러한 직장-가정 갈등을 측정하기 위하여 Frone 등(1992)과 Gutek 등(1991), 그리고 Netemeyer 등(1996, 2005)이 개발한 문항들을 병원 조직의 맥락에 적합하도록 수정하여 활용하였다. 앞서 지적한 바와 같이, 본 연구에서는 직장-가정 갈등을 그 방향성을 고려하여 직장〉가정 갈등과 가정〉직장 갈등으로 구분하여 각 5문항씩 측정하였는데, 신뢰도는 각각 .785와 .790으로 확인되었다.

〈표 2-1〉은 직장-가정 갈등을 측정하는 문항들에 대한 요인분석 결과를 요약해 주고 있다. 요인분석방법으로는 주성분분석법(principal components analysis)을 사용하였으며, 직교회전(varimax) 방식에 의해 아이겐 값(eigen value)이 1 이상인 요인만을 선택하였고, 요인적재치(factor loading)는 0.5 이상인 경우를 유의적인 것으로 판단하였다. 요인분석 결과, 설문문항들은 직장〉가정 갈등과 가정〉직장 갈등의 두 차원으로 묶여 잘 적재되었으며, 이들 요인적재치는 모든 문항들에서 0.6 이상으로 나타나 두 하위개념간 구성타당도가 있는 것으로 확인되었다.

표 2-1 직장-가정 갈등(WFC)에 대한 요인분석 결과

문 항	〈요인 1〉 가정〉직장 갈등(FIW)	〈요인 2〉 직장〉가정 갈등(WIF)
FIW1: 가족이나 배우자의 요구 때문에, 병원 일에 집중하기가 힘듦.	.762	.128
FIW4: 가족이나 배우자가 요구하는 것이 너무 많아, 내가 직장에서 하기 원하는 것들을 제대로 할 수가 없음.	.752	-.055
FIW2: 가정에서의 책임을 이행하는 시간 때문에, 직장과 관련된 활동들에 방해를 받음.	.735	.002
FIW5: 가정을 돌보기 위한 시간 때문에, 병원 업무를 위한 시간을 충분히 확보하기 어려움.	.721	-.086
FIW3: 가정생활로 인한 긴장과 근심이 직장내 업무수행능력을 떨어뜨림.	.713	.030
WIF5: 직장 일 때문에, 가족들에 대한 책임을 제대로 수행하지 못함.	-.111	.809
WIF1: 과도한 업무로 인하여, 가족과 많은 시간을 보내지 못함.	.057	.765
WIF4: 병원 일로 인한 압박감 때문에, 가족과 함께 하고 싶은 취미활동을 제대로 할 수가 없음.	.105	.706
WIF3: 직장 일 때문에, 가족행사나 가족과 함께 하는 활동에 제대로 참여할 수가 없음.	-.186	.706
WIF2: 병원 일에 쏟아야 하는 시간 때문에, 집안 일을 제대로 돌보기 힘듦.	.108	.698
고유치(Eigen Value)	2.787	2.749
설명된 변량(Percentage of Variance; %)	27.867	27.494
누적 변량(Cumulative Percentage; %)	27.867	55.362

3.2.3 직무소진(Job Burnout)

본 연구에서는 직무소진 개념을 '고갈'(exhaustion)과 '심리적 이탈'(disengagement) 등 2가지 핵심 하위 차원을 갖는 구성 개념으로 보는 OLBI

(Oldenburg Burnout Inventory)에 의거하여 측정하였다(Demerouti et al., 2001). 이 측정도구는 특히 '고갈' 차원과 관련하여 비단 '정서적' 차원의 고갈만이 아니라, 피로도 등 '육체적' 및 '인지적' 차원의 고갈 측면을 함께 측정해 주는 이점이 있다(Bakker et al., 2004). 따라서 환자와의 빈번한 대인관계적 접촉으로 인한 정서적 고갈만이 아니라, 1주일에 평균 2일 정도 심야 교대근무를 수행해야 하는 종합병원 임상간호사들의 육체적 피로도를 함께 반영하여 소진을 측정하는데 있어서는 이 측정도구가 유용할 것으로 판단하였다. '고갈'과 '일로부터의 심리적 이탈' 등 두 차원 모두 각 4문항씩으로 측정되었으며, 신뢰도는 각기 .856 .743로 나타났다.

표 2-2 직무소진에 대한 요인분석 결과

문 항	〈요인 1〉 고갈	〈요인 2〉 일로부터의 심리적 이탈
고갈3: 근무를 마칠 즈음이면, 나는 피곤함 때문에 대개 녹초가 되곤 하는 느낌임.	.896	-.027
고갈4: 퇴근 이후에는 피곤에 지쳐 대개 만사가 귀찮아짐.	.876	.015
고갈2: 업무에 지쳐 심적으로 메마른 느낌이 듦.	.815	.138
고갈1: 아침에 일어나면 피곤함 때문에 하루 정도 쉬었으면 하는 느낌임.	.782	.276
이탈2: 현재 하고 있는 일이 점점 더 지겹고 신물이 나는 것을 느낌.	.136	.849
이탈1: 현재 하고 있는 일이 점점 더 하찮은 일인 것처럼 느껴짐.	-.044	.811
이탈3R: 현재 하고 있는 일은 나에게 도전감을 가져다 줌.(*)	.049	.733
이탈4R: 현재 내 일이 주는 흥미에 점점 더 빠져들고 있음.(*)	.187	.614
고유치(Eigen Value)	2.903	2.388
설명된 변량(Percentage of Variance; %)	36.289	29.848
누적 변량(Cumulative Percentage; %)	36.289	66.138

(*)표시는 역척도 문항으로서, 반대 방향으로 recode하여 처리하였음.

〈표 2-2〉는 직무소진에 대한 요인분석 결과이다. 그 결과, 고갈과 일로부터의 심리적 이탈 등 두 하위차원과 일치하는 2개의 요인이 확인되었다.

3.2.4 통제변수

본 연구의 주요 변수 측정치들에 대해 응답자들의 인구통계적 속성들이 일정한 영향을 미칠 수 있으므로 이를 통제할 필요가 있다. 하지만 앞서 언급한 바와 같이, 본 연구에서는 표본을 '기혼 여성' 간호사로서 '일반 병동'에서 근무하는 임상간호사들로 한정하였기 때문에, 이러한 표본설계로 인해 간호사의 성별, 결혼여부, 근무여건 등에 따른 차이를 사전 통제하고 있는 셈이다. 표본설계 과정에서 사전 통제된 이러한 변수들 이외에, 본 연구에서는 응답자의 연령과 재직기간, 미취학 자녀여부, 직급, 그리고 고용형태를 통제변수로 도입하였다. 직급의 경우, 책임간호사와 수간호사, 그리고 간호부장 등 팀장급 이상은 관리직 간호사로, 그리고 나머지를 일반 평간호사로 구분하였으며, 고용형태는 정규직과 비정규직으로 구분하였다.

Ⅳ. 분석 결과

4.1 기초통계 분석

가설검증에 앞서, 본 연구에서 측정된 변수들의 평균과 표준편차, 그리고 변수들 간의 상관관계를 살펴보면 〈표 2-3〉과 같다. 먼저, 총 109명의 표본 집단에 대한 인구통계적 특성을 간단히 살펴보면, 응답자의 평균 연령은 33.1세, 평균 재직기간은 7.6년으로 나타났다. 연령의 경우, 24세부터 50세까지 폭넓게 분포했지만, 그 중 29-36세가 84명(77.1%)에 해당할 정도로 20대 후반부터 30대 중반의 기혼 여성이 대부분을 차지하고 있다. 또 본 연구가 기혼자들만을 대상으로 하고 있기 때문에, 응답자의 평균 재직기간이 7년 이상으로 어느 정도 길게 나타나고 있는 것으로 보인다. 또한 이들 중 약 53%가 미취학 자녀를 1명 이상 두고 있었다. 전체 응답자 중 책임간호사 이상 관리자급은 27명(24.8%)으로 나타났으며, 정규직은 94명(86.2%)으로서 다수를 차지했다.

표 2-3 연구변수들 간의 상관관계 (N=109)

	평균	표준편차	(1)	(2)	(3)	(4)	(5)	(6)	(7)	(8)	(9)	(10)	(11)
(1) 연령	33.08	4.63	1.00										
(2) 재직기간	7.63	4.96	.808**	1.00									
(3) 미취학자녀유무	.53	.50	-.063	-.050	1.00								
(4) 직급	.25	.43	.387**	.353**	-.101	1.00							
(5) 고용형태	.86	.35	.146	.280**	-.161	.229*	1.00						
(6) 감정부조화	3.44	.53	-.060	.017	-.099	.152	.029	1.00					
(7) 직장〉가정 갈등(WIF)	3.10	.57	-.275**	-.149	-.107	.008	.132	.392**	1.00				
(8) 가정〉직장 갈등(FTW)	2.60	.56	-.145	-.268**	-.033	-.027	-.165	.072	.007	1.00			
(9) 직장-가정 갈등(전체)	2.85	.40	-.297**	-.293**	-.099	-.013	-.021	.330**	.718**	.701**	1.00		
(10) 고갈	3.31	.77	-.205*	-.015	-.137	.063	.163	.447**	.761**	-.034	.519**	1.00	
(11) 일로부터의 심리적 이탈	3.12	.55	-.041	-.054	-.010	-.075	.086	.223*	.370**	-.139	.167	.227*	1.00

**p〈.01, *p〈.05

1) 미취학자녀유무: 없음 = 0, 있음 = 1

2) 직급: 평간호사 = 0, 팀장 또는 관리자급(책임간호사, 수간호사, 간호부장 등) = 1

3) 고용형태: 비정규직 = 0, 정규직 = 1

한편, 응답자들이 느끼고 있는 감정부조화의 정도는 평균 3.44로서, 이들이 업무수행과정에서 보통을 상회하는 수준의 감정부조화를 경험하고 있다는 것을 보여주고 있다. 또한 가정〉직장 갈등은 비교적 낮게 나타난 반면, 직장〉가정 갈등은 이보다 더 크게 나타나고 있어서, 응답자인 기혼 여성 간호사들의 경우 직장〉가정 갈등을 가정〉직장 갈등보다 더 크게 느끼고 있음을 보여준다. 또한 이들이 경험하는 직무소진의 정도에 있어서는 '고갈'이 '일로부터의 심리적 이탈'보다 상대적으로 좀 더 크게 나타나고 있다.

4.2 가설검증

본 연구는 감정부조화와 직장-가정 갈등이 직무소진에 미치는 주 효과와 함께, 감정부조화와 직장-가정 갈등 간의 상호작용효과를 확인하는 것을 주요 연구가설로 설정하였다. 이러한 가설검증을 위해 시행된 계층적 회귀분석(hierarchical regression analysis)의 결과는 〈표 2-4〉에 요약되어 있다. 본 연구에서 측정하고 있는 여러 인구통계변수들 중 〈표 2-3〉의 변수 간 상관관계에서 확인할 수 있듯이, 연령과 재직기간은 서로 상관관계가 매우 높게 나타나고 있다($r=.808$, $p<.01$). 따라서 다중공선성(multicollinearity) 문제를 피하고 또 연구모형의 간명성(parsimony)을 위해 이 가운데 재직기간 변수만 투입하였다. 또한 본 연구에서처럼 상호작용 항목을 회귀방정식에 포함된 변수들의 곱으로 생성하는 경우, 이들 상호작용 항목들은 기존의 독립변수들과 다중공선성의 문제를 야기할 가능성이 있다(Aiken & West, 1991). 그러므로 이러한 문제를 피하기 위하여, 본 연구에서는 모든 변수들의 원자료를 중심화(centering)시킨 후 상호작용 항을 구성하고 이를 분석에 투입하였다. 아울러, 회귀분석을 실시할 때 변수들의 변량증폭요인(variance inflation factor, VIF)을 점검해 본 결과, 그 값이 모두 5 이하로 확인되어 다중공선성 문제는 발생하지 않는 것으로 확인되었다.

이제 가설검증 결과를 살펴보면 다음과 같다. 먼저 〈표 2-4〉의 모형 II에서 보듯이, 재직기간과 미취학자녀 유무, 직급과 고용형태 등 일련의 인구통계변수들의 영향력을 통제한 이후, 간호사들이 업무수행 중 느끼는 감정부조화는 직무소진의 고갈 차원에서 유의적인 정(+)의 영향관계가 확인되었다. 하지만 일로부터의 심리적 이탈 차원에서는 회귀계수가 비록 정

(+)의 영향관계를 보여주고 있기는 하지만 그 정도가 유의적이지 않았다. 따라서 감정부조화가 직무소진에 미치는 영향에 관한 가설 I 은 고갈 차원에서만 지지되었다.

표 2-4 직무소진에 대한 계층적 회귀분석 결과

	고갈			일로부터의 심리적 이탈		
	모형 I	모형 II	모형 III	모형 I	모형 II	모형 III
재직기간	-.081	.067	.010	-.059	-.027	-.062
미취학자녀유무[1]	-.111	-.037	-.036	-.001	.029	.058
직 급[2]	.044	-.006	.028	-.082	-.100	-.115
고용형태[3]	.158	.039	.028	.121	.051	.071
감정부조화(ED)		.172*	.189**		.127	.116
직장〉가정 갈등(WIF)		.695***	.762***		.315**	.156
가정〉직장 갈등(FIW)		-.028	-.104		-.151	-.070
ED × WIF			-.015			.327**
ED × FIW			.115			-.026
WIF × FIW			.094			.021
F값	1.227	23.155***	17.333***	.522	3.146**	3.310**
R^2	.045	.616	.639	.020	.179	.252
ΔR^2	.045	.571***	.023	.020	.159***	.073*

*p〈.05, **p〈.01, ***p〈.001

1) 미취학자녀유무: 없음 = 0, 있음 = 1

2) 직급: 평간호사 = 0, 팀장 또는 관리자급(책임간호사, 수간호사, 간호부장 등) = 1

3) 고용형태: 비정규직 = 0, 정규직 = 1

4) 표에 제시된 수치는 표준화된 회귀계수(standardized regression coefficient)임.

01

또한 모형 II를 통해서 직장〉가정 갈등과 가정〉직장 갈등 등 양 방향의 직장-가정 갈등이 직무소진에 미치는 영향력을 비교해 볼 수도 있다. 분석 결과, 직무소진의 두 차원 모두에서 직장〉가정 갈등은 정(+)의 영향을 미치고 있는 반면, 가정〉직장 갈등은 이렇다 할 유의적 영향을 미치지 못하고 있다. 따라서 본 연구의 대상인 임상간호사들의 경우, 가정〉직장 갈등보다는 직장〉가정 갈등이 직장-가정 갈등의 주 양상이 되고 있음을 알 수가 있다. 특히 이들의 직무소진에 미치는 직장〉가정 갈등의 영향은 감정부조화의 영향을 통제한 이후에도 상당한 수준으로 나타났는데(고갈: b=.695, p〈.001; 심리적 이탈: b=.315, p〈.01), 이로써 기혼 여성 간호사의 직무소진에 미치는 영향 면에 있어서는 감정부조화보다도 직장〉가정 갈등이 미치는 영향이 전반적으로 훨씬 더 크다는 사실을 알 수 있다. 그러므로 직장-가정 갈등이 직무소진에 미치는 영향을 확인하는 가설 II에 있어서는 직장〉가정 갈등에 한하여 가설이 지지되었다고 볼 수 있으며, 직장〉가정 갈등과 가정〉직장 갈등의 상대적인 영향력을 비교하는 가설 III 역시 지지되었다고 볼 수 있다.

다음으로, 감정부조화와 직장-가정 갈등의 상호작용효과에 관한 가설 IV의 검증 결과를 살펴보자. 〈표 2-4〉의 모형 III이 그 결과를 보여주고 있다. 이에 따르면, 직무소진의 두 차원 가운데 고갈에는 이렇다 할 상호작용효과가 관찰되지 않은 반면, 심리적 이탈의 경우 감정부조화와 직장〉가정 갈등 간에 유의적인 상호작용효과가 나타나고 있다. 즉 감정부조화 및 직장〉가정 갈등의 상호작용 항목 계수가 p〈.01 수준에서 유의적이었고, 또 이처럼 상호작용 항목이 추가됨에 따라 회귀분석 모형의 설명력(R^2)이 일정하게 증가하였을 뿐만 아니라(17.9% → 25.2%), 그 설명력의 증분($\triangle R^2$)에 대한 F검증 결과 역시 유의한 것으로 나타났다(p〈.05). 이로써, 가설 IV는 본 연구에서 직장〉가정 갈등과 일로부터의 심리적 이탈 차원에 한해 부분적으로 지지되었다고 볼 수 있겠다.

한편, 이처럼 유의적으로 확인된 상호작용의 양상을 좀 더 자세히 파악해 보기 위해, 응답자들 가운데 직장>가정 갈등이 상대적으로 더 높게 나타난 집단과 그렇지 않은 집단을 구분하여 감정부조화와 일로부터의 심리적 이탈 간의 관계를 추가적으로 비교분석해 보았다. 즉, 직장>가정 갈등이 평균보다 표준편차 1단위 이상 높거나 낮은 두 집단을 대상으로(M+1SD; M-1SD), 감정부조화와 심리적 이탈 간의 관계를 단순 회귀분석하여 그 기울기를 비교해 보는 것이다(Aiken & West, 1991). [그림 2-1]은 그 결과를 도시화해주고 있다. 이에 따르면, 상대적으로 직장>가정 갈등을 낮게 지각하고 있는 집단은 감정부조화와 심리적 이탈이 비록 정(+)의 관계를 나타내고 있지만 그 정도가 유의적이지 않은 반면(b=.100, t=.063, n.s.), 직장>가정 갈등이 높게 지각된 집단에서는 감정부조화가 증가됨에 따라 일로부터의 심리적 이탈이 유의적으로 증가하는 것을 확인해 볼 수 있다(b=.455, t=3.244, p=.002). 즉, 직장>가정 갈등을 더 크게 지각하는 사람일수록, 감정부조화가 심리적 이탈에 미치는 영향은 더 심각하게 나타나고 있는 것이다. 결국 이러한 분석결과에 따르면, 간호사들이 업무 중에 경험할 수 있는 두 가지 종류의 역할 갈등인 감정부조화와 직장>가정 갈등은 직무소진의 두 차원 가운데 특히 일로부터의 심리적 이탈에 대해 상승적인 성격의 상호작용효과를 가진다는 것을 시사해 준다.

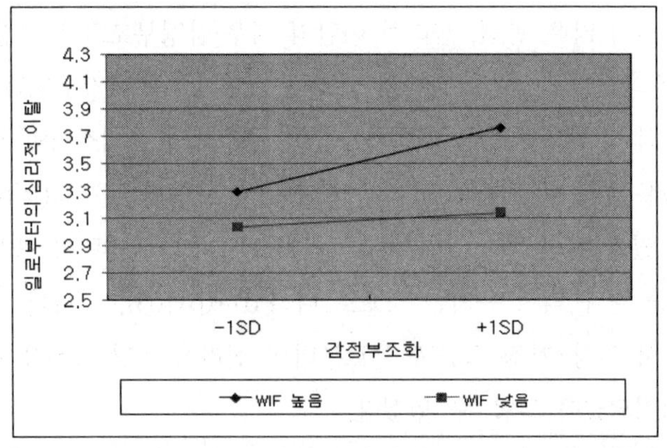

그림 2-1 일로부터의 심리적 이탈에 대한 감정부조화와 직장>가정 갈등(WIF) 간의 상호작용

Ⅴ. 분석결과에 대한 토론

본 연구가 검증하고자 했던 첫 번째 가설은 감정부조화가 직무소진에 미치는 주 효과였다. 분석결과, 종합병원 임상간호사들을 대상으로 한 본 연구에서 간호사들이 업무수행 중에 경험하는 감정부조화는 특히 직무소진의 고갈 차원과 유의적인 정(+)의 영향관계를 보여주고 있었다. 심리적 이탈 차원 역시 비록 유의적인 수준은 아니었으나, 감정부조화와 정(+)의 영향관계에 있음을 알 수 있었다. 따라서 본 연구의 이러한 분석결과는, 감정노동 수행시 경험하는 감정부조화가 조직구성원의 각종 스트레스와 직무소진을 증가시킴으로써, 이들의 심리적 안녕과 건강에 부정적인 영향을 줄 수 있음을 보여주었던 국내외의 많은 선행 연구들과 크게 다르지 않은 결과라고 할 수 있다(Bakker & Heuven, 2006; Lewig & Dollard, 2003; Zapf, et al., 2001; 박상언, 2008; 이동명 외, 2007 등).

사실, 임상간호사 직무는 환자에 대한 체크와 투약, 병실관리, 검사와 수술준비 등 다양한 업무를 수행하는 과정에서 환자 및 보호자들과 계속적으로 접촉하고 상호작용해야 하기 때문에, 장시간의 감정노동 수행으로 인한 감정자원의 고갈 가능성이 큰 직무라고 볼 수 있다. 또한 종합병원 간 경쟁이 날로 치열해 지면서, 거의 모든 병원들이 고객 마인드 제고와 및 환자만족을 병원의 경쟁력 제고를 위한 최우선적인 관리요인으로 강조하고 있기 때문에, 친절과 미소 띤 응대 등 간호사들이 수행하는 감정노동은 예전과 비교할 수 없을 정도로 중요한 직무요구의 한 구성부분을 차지하고 있다. 이러한 감정노동 수행과정에서, 자신의 감정과 느낌을 솔직하게 표현하지 못하고 억누르거나 혹은 진심과 거리가 있는 감정표현을 수행함으로 인해 느끼는 감정부조화는, 여러 면에서 이들에게 심리적인 압박감을 주고 직무소진을 심화시키는 한 선행요인이 되고 있는 것으로 짐작된다. 인터뷰 조사에 응했던 한 간호사의 다음과 같은 진술은 이러한 추정을 뒷받침해 주고 있으며, 실제로 이와 유사한 취지의 진술은 여러 간호사들로부터 반복적으로 청취된 바 있다.

"기본적인 업무만으로도 빡빡한 일정에 매일 수술과 검사 스케줄까지 정신없이 바쁜데, 환자 한명 한명을 웃으며 대한다는 것은 사실 굉장히 어려운 일이죠. 하지만 병원에서는 항상 미소와 친절을 강조하고, 컴플레인이 들어오면 하던 일을 중단하고 최우선적으로 그걸 먼저 처리하라고 하죠. 안 그러면 찍혀요... 하지만 할 일이 쌓여있는 상태에서 환자들의 모든 컴플레인을 간호사들이 모두 감당해야 한다는 건 현실적으로 불가능해요. 그래서 간호사로서의 초심은 잊은 지 오래고 거의 억지로 웃으며 일할 때가 많아요... 그럴 때면 정말 이 일을 선택한 것이 너무 후회가 되고, 대학시절 간호사가 되려고 힘들게 공부했던 순간들이 허망하게 느껴질 때가 있어요."

또한 임상간호사들과의 인터뷰에 따르면, 간호사에 대한 일반적인 사회적 인식과 병원 조직 내에서 간호사가 차지하는 독특한 위치와 역할로 인해 간호사가 겪는 직무소진이 심화되는 경우도 많이 찾아볼 수 있었다. 즉 환자에 대해 절대적인 권위를 가지고 거의 일방적인 의사소통을 진행하거나 혹은 그래도 무방한 의사들과는 달리, 병원 내에서 같은 전문직으로 종사하면서도 대부분의 간호사들은 고객접점에서 많은 근무시간을 할애하면서, 환자의 불만과 요구를 들어주거나 혹은 이를 일방적으로 감내해야만 하는 입장에 흔히 처하게 된다. 병원 조직 내에서 간호사가 차지하고 있는 이러한 독특한 위치와 역할은 이들에 대해 일부 환자들이 내보이는 폄하된 사회적 인식과 결부되어, 간호사들이 스스로에 대해 가지는 사회적 정체성을 훼손시키고, 그 결과 이들의 직무소진을 가중시키는 경우가 흔히 발생되고 있었던 것이다. 다음과 같은 진술이 그 한 예이다.

"환자나 그 가족들 중에는 불만 사항이 있어도 의사에겐 아무 말도 하지 않고 있다가, 꼭 저희 같은 간호사들에게만 험한 소리를 마구 내뱉는 경우가 있습니다. 의사 선생님 중에도 심지어 저희 간호사를 자신의 보조 인력으로만 생각하는 이들이 많고, 환자들 역시 간호사를 시중드는 사람 정도로 인식하는 경우가

많아요... 환자나 보호자들이 저희를 '아가씨'라고 부르는 경우는 허다 하구요, 심지어는 막말을 하는 사람도 있어요. 그럴 때는 바로 사직서를 내고 내게 막말을 한 사람을 찾아가 똑같이 막말을 해 주고 싶지요... 하지만 어떻게 하겠어요. 컴플레인이 들어오면 저희만 손핸데... 환자들 컴플레인 때문에 경력이 상당히 많은 간호사들 중에서도 심지어 안 울어 본 사람이 없을 정도예요."

한편, 가설 II와 III은 직장〉가정 갈등과 가정〉직장 갈등 등 양 방향의 직장-가정 갈등이 직무소진에 미치는 주 효과를 확인해 보고, 또 직장〉가정 갈등과 가정〉직장 갈등 간의 상대적인 영향력을 비교해 보는 내용이었다. 분석결과, 본 연구의 대상인 기혼 여성 임상간호사들에게 있어서 가정〉직장 갈등은 유의적인 영향요인이 아니었음에 비해, 직장〉가정 갈등은 직무소진에 큰 영향을 미치는 선행요인인 것으로 확인되었다. 또 앞서 〈표 2-4〉의 모형 II에서 확인할 수 있었듯이, 간호사의 직무소진에 미치는 영향력 면에서 직장〉가정 갈등은 감정부조화보다 훨씬 더 큰 것으로 나타났다. 즉 기혼 여성 간호사들에게 있어서는 업무 중 경험하는 감정부조화도 직무소진을 가져오는 한 요인이긴 하지만, 이보다는 직장〉가정 갈등이 훨씬 더 중요한 직무소진 유발 요인임을 시사해 주는 결과라 하겠다.

이처럼, 결혼한 임상간호사들에게 있어서 직장〉가정 갈등이 직무소진을 초래하는 매우 큰 영향 요인이라는 사실은, 이들의 일반적인 근무여건과 노동과정상의 특성을 생각하면 일면 충분히 이해가 갈 수 있다. 많은 경우, 종합병원 임상간호사들은 1개 병동마다 4팀 3교대 방식에 의거하여 근무하는데, 보통 3-4명의 간호사들이 한 팀을 이루어, 1인당 평균 15-25명 가량의 입원환자들을 돌보는 것이 보통이다. 오전과 오후 두 차례의 병실 라운딩과 투약 및 체크, 하루에도 여러 차례 수행해야 하는 수술과 검사 준비, 그리고 수시로 응대해 주어야 하는 환자들의 요구와 불편사항 등으로 인해, 이들의 업무는 반복적인 내용을 가지면서 육체적으로도 상당히 힘든 수준인 것으로 지적되어 왔다(강현아, 2002; 김영옥, 2002). 또 주 2회 정도 돌아오는 심야근무를 포함하여, 3교대제로 인해 출퇴근 시간이 일정치 않다는 것도 직장-가정 균형을 기하기 어렵도록 만드는 한 요인이다. 그러므로 특히 미취학 자녀가 있는 경우라면 가족의 지원이 없이는 근무 자체가 불가능하고 또 정기적으로 학원수강을 하는 등 자기계발을 위한 시간투자는 엄두도 내기 어려운 것이 현실이다. 뿐만 아니라, 비록 '대박환자'[4]가 많은 응급실보다는 형편이 나은 편이지만, 자신이 담당하는 환자의 상태가 갑자기 나빠지는 등 돌발적인 응급상황이 수시로 발생해 '오버타임'(초과근무)을 하는 경우가 많고, 이런 경우 미처 다른 환자들을 제대로 돌보지 못해 교대시 업무 인수인계를 할 때 동료 간호사의 '한 눈치'를 견뎌야 하는 육체적, 심리적 압박감도 상당한 것으로 알려져 있다(권혜림 외 12인, 2004).

이처럼 여러모로 부담이 큰 종합병원 조직의 일반적인 근무여건 이외에, 본 연구에서처럼 가정〉직장 갈등보다 직장〉가정 갈등이 직무소진에 대해 훨씬 더 큰 영향요인으로 나타난 것에 대해서는 다른 해석을 시도해 볼 수도 있겠다. 즉 앞서 지적한 바와 같이, 본 연구의 대상인 임상간호사의 경우 병원에서의 직무요구와 그로부터 오는 역할 압력(role pressure)이 그만큼 압도적으로 크기 때문인 것으로 추정해 볼 수도 있다. 즉 직장 역할이 가정에서의 역할보다 이들에게 주는 역할 압력이나 역할 현저성(role salience)이 훨씬 더 클 뿐만 아니라, 육아와 가사 등 가정에서의 역할은 배우자로부터 어느 정도 역할 지원(role support)을 받을 수 있는 반면, 직장(병원)에서의 자신의 역할은 현실적으로 이를 대체하기가 쉽지 않다고 느끼기 때문일 수 있다(Greenhaus & Powell, 2003). 아래 인터뷰 내용은 이러한 해석과 토론을 뒷받침해주고 있다. 간호사들의 인터뷰 내용 중에 직장〉가정 갈등 인식은 많이 드러나 있는 반면, 상대적으로 가정〉직장 갈등과 관련한 인식이나 걱정은 그렇게 두드러지지 않고 있음을 알 수가 있다.

---

4) 생명의 위급을 다투는 정도의 응급환자를 칭하는 병원의 속어. 권혜림 외 12인 (2004), 10쪽 참조.

01

"일을 하려면 일단 아이를 어린이집에 맡겨야 하는데, 3교대 근무라 직업을 가진 다른 엄마들보다도 저희는 아이에게 신경을 써줄 여유가 거의 없어요. 바쁜 간호사 업무로 인해 남편이 아이들 뒷바라지를 해야 하는 실정이고, 병원에서는 업무 외의 오버타임이나 수시로 있는 교육 등으로 스트레스를 많이 받기 때문에, 막상 나에게 가장 소중한 가족에게는 소홀하게 되는 경우가 많지요. 정말 미안한 마음이 많아요."

"가끔은 왜 직장일 때문에 내 아이들이나 가정이 이렇게 희생당하고 손해를 입어야 되나 하는 생각도 들고요... 그래서 퇴근해서 집에 들어 왔을 때 해야 할 일들이 막 쌓여 있으면 짜증부터 먼저 나요. 이러다 보면 결국 병원일이나 가정일, 둘 중 하나에 소홀하게 되고, 신경이 너무 예민해져서 둘 중 하나를 포기하고 싶은 마음까지 들지요."

"병원 일이 힘든 거야 제가 혼자서 얼마든지 참을 수도 있는데요, 제가 일을 하기 때문에 내 식구들에게 민폐를 끼친다고 생각하면 참 마음이 많이 힘들어요. 지금은 우리 애를 어린이집에 맡기고 있어서 그나마 다행입니다만, 나중에 학교에 가게 되면 정말 걱정이에요. 학부모회다 급식당번이다 해서 엄마들이 수시로 학교에 가 봐야 하는 모양이던데..."

아울러, 많은 여성 간호사들이 공유하고 있는 전통적인 성 역할 관념 역시 이들이 직장>가정 갈등을 주된 스트레스 및 직무소진 요인으로 지각하게 된 한 원인으로 추정해 볼 수 있다. 일반적인 성 역할 사회화(gender role socialization) 과정으로 말미암아, 남성들은 대개 직장과 가정 영역간의 분리(segmentation)가 상대적으로 용이하고 또 직장 생활에 실제로 더 많은 시간적, 정신적 관여를 해도 쉽게 양해가 될 수 있는 경우가 많다(Rothbard, 2001). 하지만 기혼 직장 여성들에게는 이러한 대응이 현실적으로 결코 쉽지 않을 수 있다. 많은 직장 여성들이 가사와 육아 등 가정에서 주어지는 역할수행을 위해 실제로 남성보다 훨씬 더 많은 시간을 할애하고 있는 현실에서 볼 수 있듯이, 이들은 직장과 가정 영역을 남성처럼 쉽게 분리할 수 없는 입장에 처할 경우가 많다. 더욱이 우리 사회에는 아직도 많은 여성들이 심지어 직장을 가지고 있는 경우에도 가정 영역에서의 역할에 대해 남성보다도 더 큰 책임감을 느끼는 경우가 많다(장재윤, 2004). 따라서 이들은 직장에서 일로 인해 느끼는 부담(직장〉가정 갈등)은 이를 직무소진을 가져오는 한 요인으로 받아들이지만, 가정으로부터의 역할 요구에 충실하지 못함으로 인해 느끼는 부담(가정〉직장 갈등)은 이를 도리어 가족에 대한 미안함과 죄책감으로 바꾸어 받아들이는 경우가 적지 않다. 앞서 제시한 인터뷰 내용 중에서도 이러한 증거를 여러 군데서 확인해 볼 수 있다.

그렇지만, 본 연구에서 감정부조화보다 직장〉가정 갈등이 직무소진에 더 큰 영향을 미친 요인으로 나타난 데에는, 이들 변수를 측정하는 측정도구상의 문제와도 무관하지 않을 수 있다고 생각된다. 특히 본 연구에서는 직무소진의 고갈 차원을 측정한 문항들이 응답자의 육체적 피로도에 주안점을 두고 이를 측정하고 있는데, 그 결과 주로 양적인 차원의 업무부하로 인해 발생되는 역할 갈등에 초점을 두고 측정된 직장〉가정 갈등과 실제보다 더 큰 영향관계를 나타낼 수도 있었을 것으로 추정된다. 따라서 추후 연구에서는 이러한 점을 보완하여 이들 변수를 측정해 볼 필요가 있을 것이다.

끝으로, 본 연구에서 설정한 마지막 분석과제는 직무소진에 미치는 감정부조화와 직장-가정 갈등의 상호작용효과를 확인해 보는 가설이었다. 분석결과, 기대했던 상호작용효과 역시 직장〉가정 갈등에서만 확인되었고, 또 직무소진의 두 하위차원 가운데 일로부터의 심리적 이탈에 대해서만 관찰되었다. 고갈 차원에서 이러한 상호작용효과가 나타나지 않은 것은, 앞서 〈표 2-4〉의 회귀계수 값에서 확인할 수 있듯이 고갈에 대한 직장〉가정 갈등의 주 효과적 영향이 감정부조화에 비해 월등히 더 컸던 것이 한 이유로 생각된다. 결론적으로, 가설 IV에 대한 본 연구의 검증결과에 따르면, 감정부조화가 심리적 이탈에 미치는 영향, 즉 감정부조화로 인해 자신의 일과 주변 사람들에 대해 염증을 느끼고 냉소적 태도를 취하게 되는 것은, 특히 직장이나 업무로부터 비롯되는 역할 갈등(직장〉가정 갈등)을 많이 경험하는 사람에게서 더 크게 나타날 수 있음을 짐작해 볼 수가 있다.

Ⅵ. 연구의 시사점

지금까지 본 연구의 가설검증 결과와 그에 대한 토론 내용은 다음과 같이 함축될 수 있을 것이다. 먼저, 임상간호사의 직무소진에 영향을 미칠 수 있는 대표적인 두 선행요인들 가운데, 직장>가정 갈등은 주 효과 면에서 감정부조화 요인보다 월등히 더 큰 것으로 확인되었다. 아울러, 본 연구에서는 감정부조화와 직장>가정 갈등간의 상호작용효과도 부분적으로 확인해 볼 수 있었다. 이러한 본 연구의 분석결과는, 임상간호사의 경우 그들이 수행하는 감정노동 요구와 그로 인해 빚어지는 감정부조화보다는, 이들이 겪는 직장>가정 갈등을 적절히 관리하는 것이 직무소진의 경감을 위해 더욱 시급하고 중요하다는 사실을 시사해 준다고 볼 수 있다. 앞서 언급한 바와 같이, 지금까지 직장-가정 갈등의 선행 영향요인과 직장-가정 갈등의 결과를 다룬 연구는 익히 있어 왔지만, 감정노동 관련 요인과 직장-가정 갈등을 함께 다루면서 이들 두 요인간의 상호작용효과를 다룬 연구는 거의 없어 왔다. 이런 점에서, 비록 탐색적인 수준이긴 하지만, 본 연구의 실증분석 결과는 나름의 의의를 가질 수 있을 것이라 생각된다.

이상의 연구결과는 다음과 같은 경영관리적 시사점을 제기해 준다고 볼 수 있다. 우선, 감정노동의 수행이 노동과정에 통합되어 있는 많은 서비스 직종의 경우, 조직구성원들이 일정부분 감정부조화를 경험하는 것은 불가피한 일일 수 있다. 하지만 가능하면 감정부조화를 낮출 수 있는 관리방안을 모색해 보는 것이 구성원의 심리적 안녕은 물론, 이들의 직무관련 태도를 긍정적으로 개선하는데 중요할 수 있다. 이를 위해서는 우선, 개인-직무 적합성을 확보할 수 있는 모집과 선발과정을 설계, 운영하는 것이 한 방안일 수 있다(Morris & Feldman, 1996; Grandey, 2003). 심지어 종합병원에서 간호사를 선발하고 배치함에 있어서도, 감정노동수행이 요구되는 직무에는 그러한 직무요구에 대한 수용성이 좋은 사람을 선발하여 배치하는 것이 효과적일 수 있을 것이다. 또 감정노동 수행으로 말미암은 스트레스와 소진 완화를 위해, 가능한 여러 가지 관리적 조치를 강구해 볼 수도 있겠다. 적절한 직무순환(job rotation) 정책의 실시와 함께, 업무수행 중 고갈된 감정자원을 재충전할 수 있도록 직장 내 일정한 사적 휴식 공간을 제공하는 것도 고려해 볼만한 한 방안일 것이다.

또한 조직구성원이 느끼는 직장-가정 갈등, 그 중에서도 특히 직장〉가정 갈등을 경감시킬 수 있는 일련의 조치를 적극적으로 고려해 볼 필요가 있다. 특히 본 연구의 대상조직인 종합병원처럼, 여성이 다수의 핵심 인력을 차지하는 조직일수록 이러한 조치는 더욱 필요로 될 것이다. 여러 선행연구들에 따르면, 이를 위해서는 무엇보다 경영관리자의 의식 전환이 필요하다(Netemeyer et al., 2005). 사원들이 직장에서 고객에 대한 마인드를 철저히 가지고 이를 진심으로 실천해 주기를 바라는 만큼, 경영관리자들은 직장-가정 관계(work-family interface)에서 비롯되는 이들의 고충과 문제들에 대해 적극적인 관심을 기울여 줄 필요가 있다. 가정친화적인 일터의 조직분위기와 이에 대한 경영층의 지속적인 관심은 구성원의 직장-가정 갈등을 낮추고, 이들의 직장-가정 균형을 도모하는데 매우 중요한 역할을 한다는 사실이 이미 많은 연구를 통해 밝혀져 왔기 때문이다(Allen, 2001; Kossek et al., 2001; Ngo et al., 2009; Tayler et al., 2009 등).

아울러, 최근 강조되고 있는 가정친화적인 인사제도와 프로그램들을 적극 도입, 활용해 볼 필요도 있다. 앞서도 소개한 바 있듯이, 가정친화적인 인사 프로그램이 가져다주는 개인 및 조직차원의 성과 개선효과에 대해서는 지금까지 많은 증거가 축적되어 오고 있다. 또한 이러한 가정친화적인 인사 프로그램은 구성원들의 교육 수준이 높고 또 이들이 전문직에 종사하는 경우일수록 더 효과적이라는 증거도 있다(Konrad & Mangel, 2000). 이렇게 볼 때, 본 연구의 대상인 종합병원 역시 이러한 프로그램을 통해 적지 않은 효과를 기대해 볼 수 있는 경우일 수 있다. 또한 이러한 프로그램의 일환으로, 정기적인 미팅이나 관련 워크숍 개최 등을 통해 조직구성원이 경험하고 있는 직장-가정 갈등에 대해 경영진과 사원들이 함께 의견을 공유하고 개선방안을 찾아보는 소통의 장을 마련하는 것도 좋은 출발일 수 있다. 한 연구에 따르면, 이러한 소통의 기회를 통해 경영진이 구성원의 직장-가정 관련 문제에 대해 관심을 갖고 있다는 것을 보여주기만 해도, 사원들의 직장-가정 갈등 관련 스트레스가 줄어들고 또 자신들이 회사로부터 존중받고 있다는 느낌을 가지면서 조직에 대한 태도를 긍정적으로 변화시키는 계기가 되기도 하였다(Kossek et al., 2001).

이러한 시사점들에도 불구하고, 본 연구는 다음과 같은 한계점을 내재하고 있어서 추후 연구에서는 이러한 점을 보완해 갈 필요가 있다고 생각된다. 우선, 본 연구는 모든 연구변수들을 응답자의 자기보고(self-report)식 설문에 의존하여 측정한 한계가 있다. 물론 연구대상인 임상간호사와의 인터뷰를 통해 이들이 느끼고 있는 주관적 경험을 좀 더 풍부하게 반영하려 했지만, 본 연구에서 이는 어디까지나 보조적인 방법으로 활용되었을 뿐이다. 향후에는 좀 더 심층적인 인터뷰와 참여관찰 방법을 동원한 질적 연구도 기획해 볼 필요가 있다고 생각된다. 다음으로, 횡단적(cross-sectional) 연구설계에 의거하여 획득된 현재의 자료와 분석결과로는 변수간 인과적 해석에 한계가 있다는 점을 지적할 수 있다. 본 연구에서는 감정부조화와 직장-가정 갈등이 직무소진에 영향을 미친다는 전제 하에서 가설 검증을 시행하였다. 그렇지만 이와는 반대로 직무소진의 결과로 인해 직장-가정 갈등과 감정부조화가 더 심해질 수도 있을 것이다. 따라서 변수간 인과적 해석을 보다 타당하게 하기 위해서는 통시적 연구(longitudinal study) 등 대안적 연구설계가 필요할 것이다.

아울러, 본 연구에서는 직장-가정 영역에서의 역할과 관련하여 직장-가정 갈등 변수만 고려하고 있다는 한계가 있다. 사실, 직장-가정 관계와 관련한 그간의 연구들이 주로 직장-가정 갈등처럼 두 영역의 영향이 부정적으로 전이되는 측면만을 강조한 경향이 없지 않았다(Casper et al., 2007; Parasuraman & Greenhaus, 2002; Poelmans et al., 2009). 하지만 최근의 연구들은, 직장-가정에서의 다중 역할 수행이 오히려 각 영역에서의 대처 자원을 증대시키고 또 각 역할의 수행을 더 원활하게 만드는 긍정적 측면도 있다고 보고, 이를 '직장-가정 촉진'(work-family facilitation) 혹은 '직장-가정 비옥화'(work-family enrichment)와 같은 개념으로 다루고 있다(Greenhaus & Powell, 2006; Rothbard, 2001; Van Steenbergen et al., 2007; Wayne et al., 2007 등). 따라서 향후의 연구에서는 이러한 변수들을 도입하여 좀 더 균형있고 풍요로운 연구모형을 설정해 보는 것도 바람직할 것이다. 끝으로, 본 연구는 종합병원 임상간호사라는 다소 특수한 직종에 종사하는 사람들이 연구대상이었다. 연구결과의 일반화를 위해서는 감정노동을 수행하는 다양한 서비스 직종을 대상으로 연구대상이 확대될 필요도 있을 것이다.

01

Reference 참고문헌

강현아 (2002), 간호전문직 노동의 변화: 감정노동의 강화, 『경제와사회』, 55: 142-168.

강혜련·최서연 (2001), 기혼여성 직장-가정 갈등의 예측변수와 결과변수에 관한 연구, 『한국심리학회지: 여성』, 6(1): 23-42.

권혜림 외 12인. (2004), 『간호사가 말하는 간호사』, 서울: 부·키.

김영옥 (2002), 병원 일반간호사의 소진에 대한 영향요인 분석, 『성인간호학회지』, 14(4): 591-601.

김효선·차운아 (2009), 직장-가정 간 상호작용과 가족친화적 조직지원이 근로자의 조직몰입과 이직의도에 미치는 효과, 『한국심리학회지: 산업 및 조직』, 22(4): 515-540.

박상언 (2008), 감정표현요구와 감정부조화, 그리고 심리적 반응 간의 관계에 관한 연구, 『인사관리연구』, 32(1): 25-53.

박상언 (2009), 감정부조화의 영향과 그 조절요인에 관한 실증연구: 직무자율성과 사회적 지원의 조절효과를 중심으로, 『경영학연구』, 38(2): 379-405.

박상언·최민오 (2013), 가정친화제도의 효과성과 직장-가정 상호작용의 매개효과, 『경영학연구』, 42(2): 355-381.

유규창·김향아 (2006), 모성보호제도 도입의 결정요인과 기업 성과에 미치는 영향에 관한 연구, 『노동정책연구』, 6(3): 97-129.

윤숙희 (2004), 조직관리특성과 직무특성이 직무스트레스 및 조직효과성에 미치는 영향: 임상간호사를 중심으로, 『한국심리학회지: 산업 및 조직』, 17(3): 451-466.

이동명·김강식·김수련 (2007), 정서노동과 소진의 관계에서 정서부조화의 매개효과, 『인사관리연구』, 31(3): 133-155.

이은희 (2000), 일과 가족 갈등의 통합모형: 선행변인, 결과변인과의 관계, 『한국심리학회지: 일반』, 19(2): 1-42.

임효창·이봉세·박경규 (2005), 기혼직장인의 직장-가정 갈등의 원인과 결과에 관한 연구, 『경영학연구』, 34(5): 1417-1443.

장재윤 (2004), 직무특성과 직장-가정간 갈등이 조직에 대한 애착 및 조직시민행동에 미치는 효과: 성차를 중심으로, 『한국심리학회지: 산업 및 조직』, 17(1): 107-127.

장재윤·김혜숙 (2003), 직장-가정간 갈등이 삶의 만족 및 직무태도에 미치는 효과

에 있어서의 성차: 우리나라 관리직 공무원들을 대상으로, 『한국심리학회지: 사회문제』, 9(1): 23-42.

Abraham, R. (1998), Emotional dissonance in organizations: Antecedents, consequences and moderators. *Genetic, Social, and General Psychology Monographs*, 124: 229-246.

Adams, G. A., King, L. A. & King, D. W. (1996), Relationships of job and family involvement, family social support, and work-family conflict with job and life satisfaction, *Journal of Applied Psychology*, 81(4): 411- 420.

Aiken, L. S. & West, S. G. (1991), *Multiple regression: Testing and interpreting interactions*, Beverly Hills, CA: Sage.

Allen, T. D. (2001), Family-supportive work environment: The role of organizational perceptions, *Journal of Vocational Behavior*, 58: 414-435.

Allen, T. D. & Armstrong, J. A. (2006), Further examination of the link between work-family conflict and physical health, *American Behavioral Scientist*, 49: 1204-1221.

Allen, T. D., Herst, D.E.L., Bruck, C. S. & Sutton, M. (2000), Consequences associated with work-to-family conflict: A review and agenda for further research, *Journal of Occupational Health Psychology*, 5: 278-308.

Anderson, S. E., Coffey, B. S. & Byerly, R. T. (2002), Formal organizational initiatives and informal workplace practices: Links to work-family conflict and job-related outcomes, *Journal of Management*, 28: 787-810.

Aryee, S. (1992), Antecedents and outcomes of work-family conflicts among married professional women: Evidence from Singapore, *Human Relations*, 54: 813-837.

Ashforth, B. E. & Humphrey, R. H. (1993), Emotional labor in service roles: The influence of identity. *Academy of Management Review*, 18: 88-115.

Bakker, A. B. & Heuven, E. (2006), Emotional dissonance, burnout, and in-role performance among nurses and police officers. *International Journal of Stress Management*, 13(4): 423-440.

Bakker, A. B., Demerouti, E., & Verbeke, W. (2004), Using the job demand resources model to predict burnout and performance, *Human Resource Management*, 43: 83-104.

Bolton, C. S. (2001), Changing faces: Nurses as emotional jugglers. *Sociology of Health & Illness*, 23(1): 85-100.

Bono, J. E. & Vey, M. A. (2004), Toward understanding emotional labor at work: A quantitative review of emotional labor research, in Ashkanasy, N. & Hartel, C. (Eds.), *Understanding Emotions in Organizational Behavior*, 212-233, Mahwah, NJ: Erlbaum.

Brotheridge, C. M. & Grandey, A. A. (2002), Emotional labor and burnout: Comparing two perspectives of people work? *Journal of Vocational Behavior*, 60: 17-39.

Brotheridge, C. M. & Lee, R. T. (2002), Testing a conservation of resources model of dynamics of emotional labor, *Journal of Occupational Health Psychology*, 7(1): 57-67.

Brough, P. & Kalliath, T. (2009), work-family balance: Theoretical and empirical advancements, *Journal of Organizational Behavior*, 30: 581-585.

Byron, K. (2005), A meta-analytic review of work-family conflict and its antecedents, *Journal of Vocational Behavior*, 67: 169-198.

Carlson, D. S. & Kacmar, K. M. (2000), Work-family conflict in the organization: Do life role values make a difference? *Journal of Management*, 26(5), 1031-1054.

Carr, J. Boyar, S. L. & Gregory, B. T. (2008), The moderating effect of work-family centrality on work-family conflict, organizational attitudes and turnover behavior, *Journal of Management*, 34(2), 244-262.

Casper, W. J., Eby, L. T., Bordeaux C., Lockwood, A. & Lambert, D. (2007), A review of research methods in IO/OB work-family research, *Journal of Applied Psychology*, 92: 28-43.

Cordes, C. L. & Dougherty, T. W. (1993), A review and an integration of research on job burnout, *Academy of Management Review*, 18: 621-656.

Demerouti, E., Bakker, A. B. & Schaufeli, W. B. (2005), Spillover and crossover of exhaustion and life satisfaction among dual-earner parents, *Journal of Vocational Behavior*, 67: 266-289.

Demerouti, E., Bakker, A. B., Nachreiner, F. & Schaufeli, W. (2001), The Job Demands-Resources Model of Burnout. *Journal of Applied Psychology*, 86(3): 499-512.

Duxbury, L., Higgins, C. & Lee, C. (1994), Work-family conflict: A comparison by gender, family type and perceived control, *Journal of Family Issues*,

15: 449-466.

Eagle, B. W., Miles, E. W. & Icenogle, M. L. (1997), Interrole conflicts and the permeability of work and family domains: Are there gender differences? *Journal of Vocational Behavior*, 50: 168-184.

Eby, L. T., Casper, W. J., Lockwood, A., Bordeaux, C. & Brinley, A. (2005), Work and family research in IO/OB: Content analysis and review of the literature(1980-2002), *Journal of Vocational Behavior*, 66(1): 124-197.

Edwards, J. R. & Rothbard, N. P. (2000), Mechanisms liking work and family: Clarifying the relationship between work and family constructs, *Academy of Management Review*, 25(1): 178-199.

Farrington, A. (1995), Stress and nursing. *British Journal of Nursing*, 4(10): 574-578.

Frone, M. R. (2003), Work-family balance, in Campbell, J. (Ed.), *Handbook of Occupational Health Psychology*, 143-162. Washington D. C.: American Psychological Association.

Frone, M. R., Russell, M. & Cooper, M. L. (1992), Antecedents and outcomes of work family conflict: Testing a model of the work-family interface, *Journal of Applied Psychology*, 77: 65-78.

Frone, M. R., Russell, M. & Cooper, M. L. (1997), Relation of work-family conflict to hearth outcomes: A four year longitudinal study of employed parents, *Journal of Occupational and Organizational Psychology*, 70: 325-335.

Giardini, A. & Frese, M. (2006), Reducing the negative effects of emotion work in service occupations: Emotional competence as a psychological resource. *Journal of Occupational Health Psychology*, 11(1): 63-75.

Grandey, A. A. (2003), When "the show must go on": Surface and deep acting as determinants of emotional exhaustion and peer-rated service delivery. *Academy of Management Journal*, 46: 86-96.

Gray, D. E. (1989), Gender and organizational commitment among hospital nurses, *Human Realtions*, 42: 801-813.

Greenhaus, J. H. & Beutell, N. (1985), Sources of conflict between work and family roles, *Academy of Management Review*, 10: 76-88.

Greenhaus, J. H. & Powell, G. N. (2003), When work and family collide: Deciding between competing role demands, *Organizational Behavior &*

Human Decision Processes, 90(2): 291-303.

Greenhaus, J. H. & Powell, G. N. (2006), When work and family are allies: A theory of work-family enrichment, *Academy of Management Review*, 31: 72-92.

Gutek, B. A., Searle, S. & Klepa, L. (1991), Rational versus gender role explanations for work-family conflict, *Journal of Applied Psychology*, 76: 560-568.

Hochschild, A. R. (1983), *The Managed Heart: Commercialization of Human Feeling*. Berkeley, CA: University of California Press.

Hochschild, A. R. (2001), *The Second Shift*, PenguinBooks.

Holman, D., Chissick, C. & Totterdell, P. (2002), The effects of performance monitoring on emotional labor and well-being in call centers. *Motivation and Emotion*, 26(1): 57-81.

Holman, D., Martinez-Inigo, D. & Totterdell, P. (2009), Emotional labor, well-being, and performance, in Cartwright, S. & Cooper, C. L. (Eds..), *The Oxford Handbook of Organizational Well-being*, 331-355, NY: Oxford Univ. Press.

Karasek, R. A. (1979), Job demands, job decision latitude, and mental strain: Implications for job redesign, *Administrative Science Quarterly*, 24: 285-311.

Konrad, A. M. & Mangel, R. (2000), The impact of work-life programs on firm productivity, *Strategic Management Journal*, 21(2): 1225-1237.

Kossek, E., ColquIIt, E.J.A. & Noe, R. A. (2001), Care-giving decisions, well-being, and performance: The effects of place and provider as a function of dependent type and work-family climates, *Academy of Management Journal*, 44(1): 29-44.

Kossek, E. & Ozeki, C. (1998), Work-family conflict, policies, and the job-life satisfaction relationship: A review and directions for organizational behavior-human resources research, *Journal of Applied Psychology*, 83: 139-149.

Kinnunen, U. & Mauno, S. (1998), Antecedents and outcomes of work-family conflict among employed women and men in Finland, *Human Relations*, 51: 157-177.

Lee, R. T. & Ashforth, B. E. (1996), A meta-analytic examination of the correlates of the three dimensions of job burnout, *Journal of Applied Psychology*, 81: 123-133.

Lewig, K. A. & Dollard, M. F. (2003), Emotional dissonance, emotional exhaustion and job satisfaction in call centre workers. *European Journal of Work and Organizational Psychology,* 12(4): 366-392.

Maslach, C., & Jackson, S. E. (1981), *The Maslach Burnout Inventory*, Palo Alto, CA: Consulting Psychologists Press.

Maslach, C. & Schaufeli, W. B. (1993), Historical and conceptual development of burnout, in W. B. Schaufeli, C. Maslach & T. Marek (Eds.), *Professional Burnout: Recent Development in Theory and Research*, 1-18, New York: Taylor & Francis.

Maslach, C., Schaufeli, W. B. & Leiter, M. P. (2001), Job burnout, *Annual Review of Psychology,* 52, 397-422.

Mesmer-Magnus, J. R. & Viswesvaran, C. (2005), Convergence between measures of work-to-family and family-to-work conflict: A meta-analytic examination, *Journal of Vocational Behavior*, 67: 215-232.

Montgomery, A. J., Panagopolou, E., de Wildt, M. & Meenks, E. (2006), Work-family interference, emotional labor and burnout, *Journal of Managerial Psychology*, 21(1): 36-51.

Morris, J. A. & Feldman, D. C. (1996), The dimensions, antecedents, and consequences of emotional labor. *Academy of Management Review*, 21: 986-1000.

Netemeyer, R. G., Boles, J. S. & McMurrian, R. (1996), Development and validation of family-work conflict scales, *Journal of Applied Psychology*, 81(4): 400-410.

Netemeyer, R. G., Maxham III, J. G. & Pullig, C. (2005), Conflicts in the work-family interface: Links to job stress, customer service employee performance, and customer purchase intent, *Journal of Marketing,* 69: 130-143.

Ngo, H., Foley, S. & Loi, R. (2009), Family friendly work practices, organizational climate, and firm performance: A study of multinational corporations in Hong Kong, *Journal of Organizational Behavior*, 30: 665-680.

Osterman, P. (1995), Work-family programs and the employee relationship, *Administrative Science Quarterly*, 40(4): 681-701.

Parasuraman, S. & Greenhaus, J. H. (2002), Toward reducing some critical gaps in work-family research, *Human Resource Management Review*, 12: 299-312.

Perry-Smith, J. E. & Blum, T. C. (2000), Work-family human resource bundles and perceived organizational performance, *Academy of Management Journal*, 54: 1107-1117.

Phillips, B., Tan, T. T. W. & Julian, C. (2006), The theoretical underpinnings of emotional dissonance: A framework and analysis of propositions. *Journal of Services Marketing*, 20(7): 471-478.

Poelmans, S., Odle-Dusseau, H. & Beham, B. (2009), Work-life balance: Individual and organizational strategies and practices, in Cartwright, S. & Cooper, C. L. (Eds..), *The Oxford Handbook of Organizational Well-being*, 180-213, NY: Oxford Univ. Press.

Pugh, S. D. (2001), Service with smile: Emotional contagion in the service encounter. *Academy of Management Journal,* 44(5): 1018-1027.

Rafaeli, A. & Sutton, R. I. (1987), The expression of emotion as part of the work role, *Academy of Management Review*, 12: 23-37.

Rothbard, (2001), Enriching or depleting? The dynamics of engagement in work and family roles, *Administrative Science Quarterly*, 46: 655-684.

Sutton, R. I. (1991), Maintaining norms about expressed emotions: The case of bill collectors. *Administrative Science Quarterly*, 36: 245-268.

Tayler, B. L., Delcompo, R. G. & Blancero, D. M. (2009), Work-family conflict/facilitation and the role of workplace supports for U.S. Hispanic professionals, *Journal of Organizational Behavior*, 30: 643-664.

Trougakos, J. P., Beal, D. J., Green, S. G. & Weiss, H. M. (2008), Making the break count: An episodic examination of recovery activities, emotional experiences, and positive affective displays, *Academy of Management Journal*, 51(1): 131-146.

Van Dijk, P. A. & Kirk-Brown, A. (2006), Emotional labour and negative job outcomes: An evaluation of the mediating role of emotional dissonance. *Journal of Management and Organization*. 12(2): 101-115.

Van Steenbergen, E. F. & Ellemers, N. (2009), Is managing the work-family interface worthwhile? Benefits for employee health and performance, *Journal of Organizational Behavior*, 30: 617-642.

Van Steenbergen, E. F. & Ellemers, N. & Mooijaart, A. (2007), How work and family can facilitate each other: Distinct types of work-family facilitation and outcomes for women and men, *Journal of Occupational Health Psychology*, 12: 279-300.

Wayne, J. H., Grzywacz, J. G. Carlson, D. S. & Kacmar, K. M. (2007), Work-family facilitation: A theoretical explanation and model of primary antecedents and consequences, *Human Resource Management Review*, 17: 63-76.

Wharton, A. S. & Erickson, R. J. (1993), Managing emotions on the job and at home. *Academy of Management Review*, 18: 457-486.

Wharton, A. S. & Erickson, R. J. (1995), The consequences of caring: Exploring the links between women's job and family emotion work, *Sociological Quarterly,* 36: 273-296.

Zapf, D. (2002), Emotion work and psychological well-being: A review of the literature and some conceptual considerations. *Human Resource Management Review*, 12: 237-268.

Zapf, D., Seifert, C., Schmutte, B., Mertini, H. & Holz, M. (2001), Emotion work and job stressors and their effects on burnout. *Psychology and Health*, 16: 527-545.

Zapf, D., Vogt, C., Seifert, C., Mertini, H., & Isic, A. (1999), Emotion work as a source of stress: The concept and development of an instrument. *European Journal of Work and Organizational Psychology*, 8(3): 371-400.

3장 감정부조화와 감성지능의 영향[5)]

Ⅰ. 머리말

조직구성원의 '비과업행동'(non-task behavior) 또는 '역할외 행동'(extra-role behavior)에 관한 연구관심이 점차 커지고 있다. 그간 조직행동 분야의 주요 연구관심중의 하나가 조직구성원의 직무성과에 영향을 미치는 제반 요인들을 규명하는 것이었다면, 최근 이러한 직무성과 범주에 비단 공식적인 차원의 과업행동 뿐만 아니라 구성원의 자발적이고 재량적인(discretionary) 차원의 비과업행동에 대해 주목하는 연구가 많이 제기되어 오고 있는 것이다.

이처럼 비과업행동에 주목해 온 연구들은 크게 두 가지 흐름으로 구분해 볼 수 있다. 먼저, 조직의 성과 증진에 보탬이 될 수 있는 긍정적 행동으로서, 공식적으로 규정된 과업행동을 넘어서 자발적으로 행해지는 이타적인 도움행위에 대한 관심을 들 수 있다. 그간 조직시민행동(organizational citizenship behavior, OCB)이라는 개념 하에 이루어진 많은 연구들이 이에 해당한다(Bateman & Organ, 1983; Organ, 1988, 1990; Smith et al., 1983 등).

5) 이 글은 우정훈과 함께 썼다.

하지만 최근에는 조직구성원과 조직성과에 대해 부정적인 영향을 미칠 수 있는 다른 유형의 비과업행동에 대한 연구 관심이 점차 커지고 있다. 대표적인 한 예가 바로 반생산적 행동(counterproductive work behavior, CWB)에 대한 연구이다(Bechtoldt et al., 2007; Fox et al., 2001; Marcus & Schuler, 2004; 한광현, 2004 등). 반생산적 행동이란, 조직구성원에게 모욕을 주거나 해를 끼치고 또 조직의 자원을 훼손하거나 낭비시킬 수 있는 부정적인 행동을 의미하는데, 이 역시 조직구성원에 의해 자발적으로 빚어질 수 있는 역할외 행동이라는 점에서는 조직시민행동과 유사하다. 반생산적 행동 역시 실제로 조직 내에서 광범하게 발생되고 있어서, 조직의 성과에 미치는 여러 가지 부정적인 폐해가 막대할 것으로 추정되어 왔다(Spector & Fox, 2002). 따라서 조직의 입장에서는 구성원의 조직시민행동은 적절히 장려해 가는 반면, 이들의 반생산적 행동은 적극적으로 예방하고 줄여 나갈 수 있도록 비과업행동을 관리해 가는 것도 조직의 성과 제고를 위해 중요한 과제가 된다고 할 것이다.

한편, 최근의 연구에 따르면, 이러한 비과업행동의 발생 요건 중의 하나로서, 조직구성원이 경험하는 감정의 중요성이 강조되고 있다(Miles et al., 2002; Spector & Fox, 2002). 즉 직무수행과정에서 경험하게 되는 긍정적인 감정은 이들로 하여금 조직시민행동과 같은 긍정적인 차원의 비과업행동을 촉발시키기 쉬운 반면, 과중한 업무부담에 직면하거나 불공정한 대우를 받음으로써 경험하게 되는 부정적인 감정은 반생산적 행동과 같은 부정적인 행동을 유발하기 쉽다는 것이다. 주지하듯이, 대인접촉이 많은 서비스직종에 속한 사원들은 고객의 마음을 사로잡기 위한 차원에서 여러 가지 감정노동을 수행하게 되는데, 이 과정에서 자신의 본연의 감정과 조직이 요구하는 감정표현이 서로 상충될 경우 흔히 감정부조화(emotional dissonance)를 경험하게 된다. 이러한 감정부조화 역시 직무수행과정 중에 느낄 수 있는 일종의 부정적인 감정이라는 점에서, 감정부조화는 조직시민행동과 반생산적 행동 등 구성원의 비과업행동에 일정한 영향을 미칠 가능성이 크다고 볼 수 있다.

반면, 조직구성원의 감성지능(emotional intelligence)에 관심을 기울여 온 일련의 연구들은 감성지능이 수행하는 여러 가지 긍정적인 역할에 주목해 왔다. 즉 감성지능이 높은 사원들일수록 자신과 타인의 감정에 대한 이해도가 높고, 특히 자신의 감정에 대한 적절한 표현 및 조절 능력이 좋아서, 이들이 보여주는 리더십 효과성은 물론, 자발적인 이타적 행동 등 과업 및 비과업 차원의 여러 성과에 긍정적인 영향을 미칠 수 있다는 것이다(Abraham, 1999a, 2000; Cartwright & Pappas, 2008; van Rooy & Viewesvaran, 2004 등). 또한 감성지능은 조직구성원이 가진 일종의 심리적 자원(psychological resource)이기 때문에, 이들이 직무수행상황에서 겪을 수 있는 여러 가지 스트레스 상황을 보다 잘 감내할 수 있도록 도와주는 완충요인으로 작용할 수 있다는 주장도 있다(Giardini & Frese, 2006).

이러한 일련의 선행연구들에 기반하여, 본 연구에서는 서비스직에 종사하는 사원들을 대상으로 이들의 비과업행동에 미치는 감정부조화와 감성지능의 영향을 실증해 보고자 한다. 즉 서비스직 종사자의 감성지능과 또 이들이 감정노동을 수행할 때 경험하는 감정부조화는, 그들의 조직시민행동과 반생산적 행동 등 긍정적 및 부정적인 차원의 비과업행동에 어떠한 영향을 미치며, 또한 이 과정에서 감성지능은 감정부조화와 비과업행동 간의 관계를 어떻게 조절하는지를 확인해 보고자 한다.

Ⅱ. 이론적 배경

2.1 비과업행동으로서의 조직시민행동과 반생산적 행동

일반적으로 직무행동이란 '조직목표에 유관한(relevant) 행동'을 의미한다(Campbell et al., 1990). 즉 직무행동은 대개 조직내 공식적인 직무나 직위 또는 주어진 역할과 관련하여 발생되며, 또 조직의 목표달성에 기여하는 행동을 말한다. 이러한 직무행동은 통상 과업행동(task behavior) 또는 역할내 행동(in-role behavior)과 동일시되어 왔다. 하지만 이처럼 공식적인 과업수행과 관련한 직무행동이 조직구성원이 수행하는 직무성과를 온전하게 대변하기 어렵다는 인식이 커지면서, 직무행동을 비과업행동 또는 역할외적인 맥락 성과(contextual performance)를 포함하는 개념으로 확대시키려는 시도가 이루어져 왔다(Borman & Motowidlo, 1993; Motowidlo, 2000; Werner, 2000 등). 이러한 비과업행동 또는 역할외 행동의 주요 특징 중의 하나는, 그것이 재량적이고 자발적인 성격의 행동이라는 것이다. 즉 이는 특정 직무나 직위, 또는 역할과 관련하여 공식적으로 요구되지 않는 행동이기 때문에, 조직구성원이 스스로의 판단에 따라 행할 수도 있고 또 행하지 않을 수도 있는 행동인 것이다.

이러한 비과업행동은 크게 두 가지 유형으로 분류될 수 있다. 바로 긍정적인 행동과 부정적인 행동이다. 긍정적인 차원의 행동은 대개 조직시민행동(OCB, Organ, 1988, 1990; Smith et al., 1983)이란 개념으로 연구되어 왔으나, 그밖에도 친사회적 행동(prosocial behavior, Brief & Motowidlo, 1986) 혹은 맥락적 성과(Borman & Motowidlo, 1993) 등이 사실상 거의 유사한 범주의 행동을 지칭하는 개념으로 활용되어져 왔다. 그 중 조직시민행동은 '조직의 공식적 보상시스템에 의해서 명백히 그리고 직접적으로 인정되는 것은 아니지만, 총체적으로 볼 때 조직의 효과적인 기능을 촉진하는 개인들의 재량적인 행동'으로 정의된다(Organ, 1988). 주지하듯이, 조직의 성공적인 운영을 위해 필요로 되는 모든 행동들을 일일이 공식적으로 규정할 수는 없기 때문에, 협력과 솔선, 봉사와 혁신추구 등 조직구성원에 의해 행해지는 여러 가지 형태의 자발적인 조직시민행동들은 비록 비과업적인 행동이긴 하지만 조직의 성과 제고를 위해 필수불가결한 것으로 지적되어왔다(Bateman & Organ, 1983; Podsakoff et al., 1996; Borman & Motowidlo, 1993). 따라서 조직으로서는 추가적인 비용 투입을 요하지 않는 이러한 긍정적인 자발적 행동을 조직구성원들로부터 많이 유인할 수 있을 경우, 이는 일종의 조직 여유자원(organizational slack)으로 기능하면서 조직효과성을 제고시키는데 크게 기여할 수 있게 된다.

그동안 많은 연구들이 조직시민행동 개념을 구성하는 여러 하위 차원들을 규명해 왔다(LePine et al., 2002). 일찍이 Organ(1988)은 이 개념을 이타성, 양심성, 예의성, 스포츠맨십, 그리고 시민정신이라는 5가지 하위차원을 가진 것으로 주장한 바 있으며, 그 후 많은 실증연구에서 이러한 개념구성을 차용해 왔다. 또 McNeely & Meglino(1994)는 조직시민행동 개념을 그 행동의 지향 대상을 기준으로 하여, 개인지향 조직시민행동과 조직지향 조직시민행동으로 구분하였다. 동료에게 자발적인 도움을 주는 행위 등을 의미하는 개인지향 조직시민행동에는 특히 감정이입(empathy)이 중요한 연관변수인 반면, 조직을 위해 솔선하는 행동을 의미하는 조직지향 조직시민행동에는 무엇보다 공정성에 대한 지각이 매우 중요한 영향요인인 것으로 밝혀져 왔다. 아울러, 조직시민행동을 위시한 여러 긍정적인 차원의 비과업행동 개념들은 조직성과에 기여하는 그 긍정적인 기능과 역할로 인하여, 그동안 조직행동 분야의 연구에 있어서 결과변수인 직무성과 변수를 확장하고 다양화시키는데도 크게 기여해 온 것으로 평가되고 있다(Staw, 1984).

이에 비해, 부정적인 차원의 비과업행동도 있다. 최근 들어 많이 주목되고 있는 이러한 차원의 비과업행동은 주로 반생산적 행동(CWB)이라는 용어로 개념화되고 있지만, 그 외에도 연구자가 취하고 있는 이론적 관점과 배경에 따라 직장내 비행(organizational misbehavior, Vardi & Wiener, 1996), 일탈행동(deviant behavior, Robinson & Bennett, 1995), 공격행동(aggression, Neuman & Baron, 1998), 보복행동(retaliation, Skarlicki & Folger, 1997) 등 다양한 이름으로 유사한 행동들이 연구되어져 왔다. 그 가운데서 반생산적 행동이란 일반적으로 '조직이나 그 구성원에게 해를 입히기 위해 의도된 행동'을 의미한다(Spector & Fox, 2002, 271). 그간의 여러 경험연구들에 따르면, 이러한 반생산적 행동은 조직시민행동과 마찬가지로 조직과 대인관계라는 두 가지 하위 차원을 갖는 것으로 밝혀져 왔다(Bennett & Robinson, 2000; Gruys & Sackett, 2003; O'Brien & Allen, 2008; Robinson & Bennett, 1995). 먼저, 조직을 대상으로 한 반생산적 행동인 '조직일탈'은 작업의 의도적인 회피나 태업, 고의적인 지각이나 결근 등 생산상의 일탈행동 뿐만 아니라, 회사의 자산이나 설비에 대한 오용과 절도 등 재산상의 손망실을 초래하는 재산상의 일탈행동을 모두 포함한다. 또 대인관계 수준의 반생산적 행동을 의미하는 '대인관계일탈'은 동료 사원들에 대해 모욕적인 언사나 힐난을 주는 행동으로부터, 위협을 가하거나 물리적인 폭력을 쓰는 등 보다 적극적인 차원의 공격 행동이 포함된다.

반생산적 행동과 같은 부정적인 차원의 비과업행동은 조직시민행동 등 긍정적인 비과업행동에 비해 상대적으로 최근에 들어와서야 본격적으로 연구되기 시작하였다. 하지만 조직 실제에 있어서는 다양한 형태의 반생산적 행동이 광범하게 발생되고 있어서, 조직의 성과에 미치는 부정적인 폐해가 막대할 것으로 추정되어 왔다. 한 예로, 독일의 경우 2000년과 2002년 사이에 절도와 같은 화이트칼라 범죄에 의해 빚어진 회사의 총 손실이 무려 230억 유로에 달하는 것으로 추산되고 있고(Bechtoldt et al., 2007), 미국 역시 한 해에 종업원 절도로 인한 손실이 거의 2천억 달러에 이를 것으로 추정되고 있다(Spector & Fox, 2002). 추산이 용이한 절도의 경우만도 이러한 형편이니, 단순하게 비용화하기 힘든 다양한 반생산적 행동의 부정적 영향을 모두 고려한다면 상황은 더욱 심각해 질 수 있다. 그러므로 사원들의 반생산적 행동에 대한 원인을 규명하고, 이를 예방할 수 있는 적절한 관리적 방안을 강구하는 것 역시 조직시민행동을 장려하는 것 못지않게 중요한 경영 과제라 할 수 있다.

한편, 조직시민행동과 반생산적 행동 간의 개념적 연관성과 관련하여 지금까지 다소 상반된 의견이 제기되어 왔다. 먼저 조직시민행동과 반생산적 행동은 비과업행동을 구성하는 독립적인 두 개념이라기보다, 한 연속선상의 양 극단을 대변하는 개념일 뿐이라는 주장이 있다(Collins & Griffin,

01

1998). 이를테면 직무만족과 같은 선행변수 및 다른 외생변수들이 이들 두 개념과 반대방향의 영향관계에 있을 뿐만 아니라, 이들 두 개념을 측정해 온 그간의 선행연구들에서 조직시민행동과 반생산적 행동 간에는 비교적 분명한 역상관관계를 나타내고 있었다는 것이 그 이유이다. 하지만 이들 두 개념이 서로 독립적이라고 보는 견해도 다수 존재한다(Gruys & Sackett, 2003; Kelloway et al., 2002; Sackett et al., 2006). 이들에 따르면, 이 두 변수는 상당수 연구들에서 확인적 요인분석을 통해 서로 다른 요인으로 구분될 수 있었을 뿐만 아니라, 직무만족처럼 양극적(bipolar) 속성을 가지지 않는 다른 변수들과는 다소 독립적인 관계 양상을 가지는 것으로 확인되었다. Big Five와 같은 성격 변수가 그 한 예이다. Big Five의 여러 구성요인 중, 친화성과 개방성은 조직시민행동을 예측해 주는 의미있는 설명 요인들이었음에 비해, 정서적 안정성과 성실성 등은 반생산적 행동과 강한 부정적 관계에 있는 요인임이 확인된 바 있다(Sackett et al., 2006). 곧, 조직시민행동과 반생산적 행동은 Big Five의 여러 하위차원과 어느 정도 독립적인 관계양상을 나타내고 있었던 것이다.

또 조직의 입장에서 본다면, 조직시민행동과 반생산적 행동은 조직성과에 상반된 결과를 초래하는 반대 개념으로 여겨질 수 있겠지만, 조직과 상호교환관계에 있는 개별 구성원으로서는 조직과의 교환적 형평성을 추구하는 과정에서 이들 두 행동을 어느 정도 독립적으로 선택할 수 있다고 본다. 즉 이 두 행동은 조직구성원이 상황에 따라 선택가능한 다양한 적응적 행동사양들일 수 있으므로, 두 개념간의 연관성을 고정적으로 상정할 이유가 크지 않다는 주장도 제기된 바 있다(Dalal, 2005; 김경석·문형구, 2005).

2.2 감정부조화와 비과업행동

감정노동은 '대인적 상호작용과정에서 조직이 요구하는 감정을 표현하기 위해 자신의 어조, 표정, 몸짓 등을 조절하려는 노력'을 의미한다(Grandey, 2000; Morris & Feldman, 1996). 서비스 산업의 비중이 날로 확대되어 감에 따라, 고객 접점에서 수행되어지는 적절한 감정노동의 수행은 고객의 구전효과와 반복 구매를 유도하고, 서비스 품질에 대한 긍정적인 평가를 이끌어냄으로써 서비스 부문 조직의 경쟁력 제고와 성과를 좌우하는 핵심 성공요인으로 주목되고 있다(Grandey, 2003; Pugh, 2001). 이러한 이유로, 고객과의 서비스 접점을 가지는 거의 모든 조직들은 이제 사원들의 '표정'과 '마음'에 대한 전략적 관리를 통하여 고객 만족과 고객 감동을 이끌어내기 위한 경쟁을 치열하게 전개하고 있다.

일찍이 Hochschild(1983)로부터 처음 제기된 이후, 감정노동에 관한 그간의 연구는 감정노동 수행자가 취하는 감정조절전략에 초점을 맞추어 왔다. 조직이 요구하는 일정한 감정표현규칙에 직면한 구성원은, 그러한 표현규칙이 요구하는 감정과 자신의 원래 감정 간의 차이에 따라 두 가지 종류의 감정조절전략을 선택할 수 있다. 먼저, 조직이 표현규칙을 통해 요구하는 규범적 감정을 내면화시키고, 이를 자신의 내적 감정으로 동일화 시킨 상태에서 감정노동을 수행하는 전략을 택할 수 있다. 이는 바로 '심층연기'(deep acting)이다. 이처럼 심층연기를 수행하는 경우에는 조직이 요구하는 규범적 감정과 본인의 내적 감정 사이에 별다른 괴리가 존재하지 않기 때문에 일반적으로 감정적 조화가 이루어질 수 있다. 반면, 사원들은 자신의 내적 감정을 변화시키지 않은 채 외적인 표현만을 조직이 요구하는 표현규칙에 준하여 행하는 감정조절전략을 구사할 수 있다. 속마음은 그렇지 않으면서도, 겉으로만 공손하게 고객을 대하는 경우가 그 한 예이다. 이는 '표면연기'(surface acting)에 해당한다. 이럴 경우, 사원들은 자신의 내적 감정과 조직이 요구하는 규범적 감정 간의 괴리와 충돌로 인해 대개 '감정적 부조화'를 경험할 가능성이 높아진다(Van Dijk & Kirk-Brown, 2006; Zapf, 2002).

감정부조화란 '감정노동 수행 이후, 자신의 순수한 내적 감정과, 조직이 표현규칙을 통하여 요구하는 감정표현내용이 서로 상충할 경우 경험하게 되는 불편한 느낌이나 갈등상태'를 의미한다(Abraham, 1998, 2000; Lewig

& Dollard, 2003; Van Dijk & Kirk-Brown, 2006). 일반적으로 고객과의 상호작용과정에서 감정부조화를 촉발시키는 다양한 요인이 있을 수 있다. 즉 고객의 특성이나 고객이 보여주는 감정적 반응도 중요하지만, 그 밖에도 거래상황과 감정노동 수행자 자신의 기분이나 상태도 감정부조화를 야기하는 한 요인이 될 수 있다(김상희·서문식, 2005). 이런 조건에서 조직구성원이 표면연기와 같은 감정조절전략을 구사하게 되면, 그것은 곧 자신이 행한 행동과 실제 느낀 감정이 서로 상충될 수 있는 상황을 야기할 가능성이 커지고, 그 결과 직무수행자는 인지부조화에 기반한 불편한 느낌이나 혹은 일종의 심리적 갈등상태를 경험하게 되기 쉬운데, 이것이 바로 감정부조화인 것이다.

그간의 많은 연구들에 따르면, 감정부조화를 경험하는 것은 감정노동 수행자의 심리적 안녕과 건강, 그리고 관련 직무태도 형성에 많은 부정적 영향을 미친다는 것이 지적되어 왔다. 우선, 감정부조화를 경험하게 되면, 그에 따라 이중성(duplicity)과 비진정성(in-authenticity)의 느낌이 수반될 가능성이 크다는 사실이 주장되어 왔다. 즉 자신이 경험하지 않은 감정을 억지로 표현하는 '표면연기'를 수행함으로써 발생되는 감정부조화는, 곧 스스로를 속이고 있다는 이중적이고 위선적인 느낌을 주게 되기 쉽고, 이는 자기 비하는 물론, 자신과 타인에 대한 냉소주의적 태도로 연결될 수 있다는 것이다(Ashforth & Humphrey, 1993; Hochschild, 1983). 또 지금까지 이루어진 많은 연구들은, 감정부조화가 감정노동 수행자의 정서적 고갈(emotional exhaustion)이나 직무소진 등 심리, 생리적인 차원의 안녕에 부정적인 영향을 미친다는 것을 입증해 왔다(Grandey, 2003; Heuven and Bakker, 2003; Schaubroeck & Jones, 2000; Zapf, et al., 1999, 2001).

감정부조화가 조직구성원의 심리적 안녕에 미치는 이러한 부정적 영향은 곧바로 그의 과업관련 태도와 행동에도 이어질 수 있다. 즉, 업무수행과정에서 경험하는 감정부조화로 인해 사원들이 느끼는 자괴감과 정서적 고갈 및 직무소진이 계속 심화, 누적될수록, 이는 곧 자신이 하고 있는 일에 대한 냉소적 태도와 직무불만족으로 이어질 수 있는 것이다. 또한 누적되는 감정부조화의 느낌은 심지어 개인의 '감정'과 같이 사적이고 민감한 부분까지 조직이 자신의 상업적인 목적을 위해 통제하려 드는 것은 부당하다는 식의 생각을 키울 수 있고, 그 결과 감정부조화는 결국 조직구성원이 자신이 속해 있는 조직에 대해 갖는 생각 즉, 조직몰입에도 부정적인 영향을 미칠 수 있게 된다(Abraham, 1998, 1999b; Bakker & Heuven, 2006; Zapf, et al., 1999).

이처럼, 그간 서비스직 종사자의 공식적인 과업행동과 연관하여 주로 연구되어 왔던 감정부조화의 영향은 조직구성원의 비과업행동 측면에도 충분히 확장될 수 있을 것으로 생각된다. 먼저, 최근의 연구들은 비과업행동의 발생을 매개하는 요인 중의 하나로서, 조직구성원이 경험하는 감정의 중요성을 새롭게 강조하고 있다(Fox et al., 2001; Miles et al., 2002; Spector & Fox, 2002). 즉 직무수행과정에서 조직구성원이 경험하게 되는 긍정적인 감정은 이들로 하여금 조직시민행동과 같은 긍정적인 차원의 비과업행동을 촉발시키기 쉬운 반면, 과중한 직무요구나 불공정한 직무여건 등으로 인해 경험하게 되는 부정적인 감정은 반생산적 행동과 같은 부정적인 행동을 유발하기 쉽다는 것이다. 비슷한 취지에서, 일찍이 Wharton(1993)은 서비스직 종사자가 경험하는 감정부조화가 이들의 도움행동과 참여행동 등 조직시민행동의 철회 내지는 축소를 가져올 수 있음을 지적한 바 있으며, 또 역할갈등이나 지각된 불공정성 등 여러 직무 스트레스 요인이 야기하는 부정적인 감정은 비난이나 공격, 태업과 절도 등 여러 가지 반생산적 행동과 일정한 관계가 있음이 실제 입증되기도 했다(Chen & Spector, 1992; Fox et al., 2001). 이러한 논의에 기반해 볼 때, 감정노동을 수행하는 서비스직 종사자가 자신의 업무수행과정에서 일종의 부정적인 느낌인 감정부조화를 경험할 경우, 이는 조직시민행동에는 부(-)의 영향을, 그리고 반생산적 행동에는 정(+)의 영향을 미칠 가능성이 크다는 사실을 추론해 볼 수 있다.

아울러, 조직시민행동이나 반생산적 행동 등 조직에서 공식적으로 요구되지 않는 비과업행동의 출현가능성은 조직과 그 구성원간의 사회적 교환관계 속에서도 예측해 볼 수 있을 것이다. 즉 사회적 교환이론(social exchange theory)에 따르면, 조직구성원들은 자신이 속한 조직에 대해 노력 및 보상과 관련한 일종의 기대와 심리적 계약 관념을 가지게 되는데, 감정부조화와 같은 부정적인 감정을 지속적으로 경험하게 되면 그로 말미암아 감정적 균형(emotional equilibrium)이 깨지는 불공정한 느낌을 갖게 되기 쉽다(Schaufeli et al., 1996). 이 경우, 조직구성원은 감정적 형평성을 회복하기 위해 공식적인 직무행동보다 자신의 재량 하에 있는 행동을 우선적으로 선택, 활용할 가능성이 크다. 즉 이타적 행동과 같은 자발적인 공헌을 줄이거나 혹은 반생산적 행동을 통해 심리적 또는 경제적인 보상을 꾀할 가능성이 큰 것이다. 말하자면 이 경우, 자신의 재량 하에 있는 비과업행동은 조직과의 사회적 교환관계를 형평성있게 회복하기 위한 전략적인 수단이 되는 셈이다(Bechtoldt et al., 2007).

이상의 논의와 선행연구들에 기초하여, 본 연구에서는 감정부조화가 서비스직 종사자의 조직시민행동과 반생산적 행동 등 이들의 비과업행동 측면에 미치는 영향과 관련하여 다음과 같은 가설을 설정해 보았다. 다만, 본 연구에서는 조직시민행동의 여러 하위 차원 가운데 조직구성원의 역할외적인 자발적 행동을 가장 적극적으로 포착해 준다고 볼 수 있는 이타적 행동에 국한하여 가설을 설정하였다. 또한 반생산적 행동은 앞서의 논의에 기반하여, 조직과 대인관계의 두 하위차원에서 빚어지는 일탈적 행동을 구분해 설정하였다.

가설 Ⅰ-1. 서비스직 사원이 업무수행과정에서 느끼는 감정부조화는 이들의 이타적 행동에 부(-)의 영향을 미칠 것이다.

가설 Ⅰ-2. 서비스직 사원이 업무수행과정에서 느끼는 감정부조화는 이들의 대인관계일탈에 정(+)의 영향을 미칠 것이다.

가설 I-3. 서비스직 사원이 업무수행과정에서 느끼는 감정부조화는 이들의 조직일탈에 정(+)의 영향을 미칠 것이다.

2.3 감성지능과 비과업행동

최근 들어 조직구성원의 감성지능에 관한 연구관심이 크게 증대되고 있다. 이는 보다 유연하고 네트워크적인 조직관리의 필요성이 커지고 있는 조직 내·외 환경의 변화에 따라, 과거와는 달리 과업수행과 문제해결을 위해 단순히 기술적 역량만이 아니라 대인관계적인 역량이 많이 요구되고 있는 추세와 무관치 않아 보인다. 아울러, 서비스 산업이 차지하는 비중이 날로 커짐에 따라 고객접점을 가지는 산업이 갈수록 확대되고 있고, 또 지식산업화가 가속화됨에 따라 조직구성원의 창의성과 개성의 발휘가 한층 더 강조되고 있는 점도 조직구성원의 감성적인 능력에 대한 관심을 제고시켜 온 중요한 배경이라고 할 것이다(Abraham, 1999a). 이에 따라, 과거 합리적이고 인지적인 접근을 위주로 해 왔던 조직행동연구 분야에서도 이제 조직구성원의 감정에 관한 이슈를 더 이상 비합리적인 요소로만 치부하지 않고, 오히려 조직구성원의 직무태도와 행동, 그리고 조직성과에 중요한 영향을 미칠 수 있는 한 요인으로 고려하게 되었는데, 감성지능은 바로 이러한 맥락에서 최근 더욱 주목을 받고 부상하고 있다고 볼 수 있다(Ashkanasy et al., 2005; Hartel et al., 2005). 이러한 관심을 반영하듯, 이제 국내 경영학계에서도 감성지능의 역할과 효과를 실증하는 연구들이 조금씩 제기되고 있다(김상희, 2008; 박동수 외, 2007; 정현우·김창호, 2006 등)

감성지능을 처음 제안한 Salovey & Mayer(1990)에 따르면, 이는 '사회적 지능의 한 하위요소로서, 자신과 타인의 감정을 조정(monitering)하고, 그것들의 차이를 인식하며, 생각과 행동을 위해 감정 정보를 활용할 줄 아는 능력'으로 정의된다(Salovey & Mayer, 1990, 189). 일반적인 지능과는 달리, 사람들이 삶의 실제적인 문제들을 적절하고도 훌륭하게 해결해 갈 수 있는 능력을 사회적 지능이라고 본다면, 감성지능은 그러한 사회적 지능

가운데 특히 감정의 이해와 조절, 그리고 활용과 관련한 능력에 초점을 둔 개념이라고 볼 수 있다. 이러한 감성지능 개념은 Goleman(1995)에 의해 더 구체화되고 또 대중화되었다. 그에 따르면, 감성지능은 자신의 감정을 신속하게 인식하고 알아차리는 자기감정인식, 자신의 감정을 적절하게 관리하고 조절할 줄 아는 자기감정조절, 어려움을 이겨내고 자신의 성취를 위해 스스로 동기화해 가는 자기동기부여, 타인의 감정을 느끼고 이해하는 감정이입, 타인의 감정에 적절하게 대처할 수 있고 또 상대방과 원활하게 소통하고 상호작용하게끔 해주는 대인관계기술 등의 내용을 갖는다. 그는 이러한 감성지능이 성인들의 직장생활에서의 성공을 효과적으로 예측해 줄 수 있는 지표가 될 수 있으며, 이런 점에서 조직구성원의 감성지능을 개발하기 위한 적절한 교육과 관리를 시행하는 것이 매우 중요할 수 있음을 강조하였다(Goleman, 1995).[6)]

이러한 감성지능 개념을 구성하는 하위영역이나 하위차원과 관련해서도 많은 논의가 제기되어 왔다. 일찍이 Salovey & Mayer(1990)가 제기했던 초기 감성지능 모형에서는 그의 정의에서처럼, 감정의 평가 및 표현 능력, 감정조절 능력, 감정활용 능력 등 3가지 영역이 강조되었다. 하지만 감성지능의 개념구성에 관한 그간의 논의를 비판적으로 정리하고 있는 여러 연구들에 따르면, 비록 감성지능에 관한 정의와 모형이 논자에 따라 다양하긴 했지만, 이들의 논의에서는 감정의 지각, 이해, 조절, 활용이라는 4가지 차원이 거의 공통적으로 등장한다는 사실이 지적되었다(Ciarrochi et al., 2000;

---

6) 그 후 Goleman(1998)은 감성지능을 구성하는 요인에 여러 가지 성격 특성을 많이 추가하는 등 자신의 감성지능의 개념을 점차 확대해 갔는데, 이에 따라 감성지능에 관한 그의 개념은 기존의 성격 개념과도 큰 차이가 없으며, 어쩌면 그저 '좋은 사람'(good person)의 특징을 단순히 모아놓은 것에 지나지 않는다는 비판을 받기도 하였다(Cartwright & Pappas, 2008). 하지만 그의 1995년 저서가 세계적인 베스트셀러의 반열에 오르는 등, 그로 인하여 감성지능 개념이 널리 대중화되고, 특히 이 개념의 응용성과 실용성이 크게 확대되었음은 부인할 수 없다.

Davies et al., 1998). 이러한 4차원 모형에 입각하여, Wong & Law(2002)는 실제 감성지능을 측정할 수 있는 척도를 개발하였고, 그 후 이 척도는 신뢰성과 타당성은 물론, 측정도구의 실용성과 간편성이 인정되어 많이 활용되기 시작하였다(Law et al., 2004). 이들에 따르면, 감성지능의 첫 번째 차원은 자기감정인식(self-emotion appraisal, SEA)이다. 이는 자신의 감정에 대한 지각 및 평가, 그리고 표현능력을 나타낸다. 두 번째 차원은 타인감정인식(others' emotion appraisal, OEA)으로서, 이는 다른 사람의 감정에 대한 인식과 이해 능력을 의미한다. 세 번째 차원인 자기감정조절(regulation of emotion, ROE)은 자신의 감정에 대한 조절 능력을 나타내는데, 당면한 심리적 고통과 좌절로부터 신속하게 회복할 수 있도록 자신의 감정을 조절하는 개인의 능력과 관련된다. 마지막 네 번째 차원은 자기감정활용(use of emotion, UOE)으로서, 건설적인 활동과 개인의 성과달성을 지향할 수 있도록 자신의 감정을 활용해 가는 능력을 의미한다.

한편, 감성지능이 수행하는 역할과 기능에 대해서는 지금까지도 많은 논란이 제기되고 있다. 하지만 감성지능이 개인 및 조직성과에 미치는 긍정적 영향에 대해서는 지금까지 상당한 증거들이 축적되어 왔다고 볼 수 있다. 우선, 감성지능의 효과를 실증해 본 총 69개의 선행연구들을 메타분석했던 한 연구에 따르면, 감성지능과 성과와의 관계는 약 0.23 정도의 유의적인 상관관계를 나타낸 것으로 보고되고 있다(van Rooy & Viewesvaran, 2004). 또한 개인수준의 성과와 관련해서는 전통적인 지능(IQ)보다 감성지능이 실제로 개인의 과업성과를 더 잘 예측해 준다는 보고가 제기되어 왔다(Kelley & Caplan, 1993; Dulewicz & Higgs, 1998). 아울러, 감성지능이 높은 개인일수록 조직내 변화에 대한 수용성과 적응성이 더 우수하다는 연구결과도 제시된 바 있다(Huy, 1999). 집단수준의 성과와 관련해서도, 감성지능이 높은 개인들은 그렇지 않은 사람들보다 응집적이고 또 팀 분위기를 더 신속하게 형성할 수 있어서, 특히 팀의 초기 성과가 더 높게 나타난 것으로 보고되었다(Jordan et al., 2002). 그래서 집단의 감성지능을 향상시키는 것은 구성원의 참여와 협력, 응집성을 높일 수 있어서, 집단의 창의성과 생산성 증대에 크게 기여할 수 있다는 주장도 제기되었다(Druskat & Wolff, 2001).

또한 감성지능은 특히 리더십 효과성과 관련하여 많은 연구결과를 낳고 있다. 우선, 부하직원들의 마음을 잘 읽어내는 특징을 가진 변혁적 리더십(transformational leadership)은 그 개념상 감성지능과 매우 밀접한 연관성을 가지며, 바로 이것이 일반적으로 변혁적 리더십의 효과성이 높게 나타나고 있는 한 이유라는 설명이 제시되어 왔다(Barling et al., 2000; Gardner & Stough, 2002). 그 밖에도, 감성지능이 높은 리더는 그렇지 않은 리더보다 흥미롭고 열정적인 작업여건을 더 잘 조성해주며, 구성원 상호간의 관계의 질을 높여 협동과 신뢰의 분위기를 창출하는 한편, 구성원이 창의성을 자각, 발휘할 수 있도록 도움을 주는 등 전반적으로 리더십 효과성이 더 크게 나타난다는 사실이 입증되어 왔다(George, 2000; Kerr et al., 2006; Zhou & George, 2003).

감성지능은 이처럼 공식적인 차원의 직무성과에 있어서뿐만 아니라, 비공식적인 차원의 성과인 비과업행동 측면에도 상당한 영향을 미친다는 것이 주장된 바 있다. 우선, 감성지능은 이타적 행동이나 조직시민행동과 상당한 관련이 있음이 제기되었는데, 그 이유는 무엇보다 감성지능이 높은 사람일수록 감정이입을 통해 동료의 기분을 더 잘 인식하고 이해해 줄 수 있기 때문이라는 것이다(Abraham, 1999a; Cartwright & Pappas, 2008; Côté & Miners, 2006). 또 중국인 관리자들을 대상으로 했던 Wong & Law(2002)의 연구에 따르면, 부하직원의 감성지능도 그들의 직무성과와 직무만족에 긍정적인 영향을 주지만, 상사의 감성지능이 높을수록 부하직원의 직무만족 뿐만 아니라 특히 이들의 자발적인 역할외 행동을 더 많이 이끌어낼 수 있음을 보여주었다. 뿐만 아니라, 서비스직에 종사하는 사원의 경우 감성지능은 고객과의 상호작용과정에서 더욱 중요한 역할을 할 수 있을 것이다. 즉 감성지능이 높은 사원일수록 고객의 마음을 더 잘 헤아려

행동함으로써 서비스의 질이 높아질 수 있고, 이는 고객과 사원의 만족도를 함께 제고시켜서 사원의 긍정적인 감정을 증진시키고, 그 결과 이들의 더 적극적인 이타적 행동을 유발시킬 가능성이 있기 때문이다.

지금까지 논의한 이타적 행동 등 긍정적 차원의 비과업행동과는 달리, 부정적 차원의 비과업행동과 관련해서는 감성지능의 역할이 좀 더 미묘하게 나타날 것으로 생각된다. 우선, 특정한 조건 하에서는 감성지능이 높은 개인이 조직일탈 등 부정적인 성격의 비과업행동을 시도할 가능성이 더 클 수도 있을 것이다. 일부 연구에 따르면, 직장에서 일어나는 여러 가지 비신사적이고 무례한 일들은 비단 당사자뿐만 아니라 주변의 사람들에게까지도 부정적인 영향을 미칠 수 있다(Pearson & Porath, 2005). 그런데, 이러한 부정적 영향은 특히 감성지능이 높은 사람들에게서 더 민감하게 작용될 여지가 있다. 한 예로, 주변의 친한 동료가 상사로부터 모욕적인 언사 등 비신사적인 행위를 당하는 모습을 보게 될 경우, 감성지능이 높은 사람은 그렇지 않은 사람보다도 동료의 기분을 더 잘 이해하고 또 감정이입을 더 잘하게 될 것이기 때문에, 이러한 상황에서 오히려 조직일탈적인 행동을 보일 가능성이 충분히 있을 수 있는 것이다.

그렇지만 다른 연구들에 따르면, 감성지능은 조직구성원이 보일 수 있는 여러 가지 역기능적인 행동을 감소시키는데도 일정하게 기여할 수 있음을 시사해 주었다. 즉 감성지능은 조직 내에서 발생되는 다양한 괴롭힘 행동(bullying)이나 기타 문제유발적인 행동들과 반대 방향의 상관관계를 보여주는 수가 많은데, 바로 이런 점에서 직장 내에서 감성지능을 향상시키기 위해 적절한 교육을 시행하는 것은 조직구성원의 여러 가지 부정적인 일탈행동을 감소시키는데 있어서도 긍정적으로 기여할 수 있다는 것이다(Martin et al., 1998; Mayer et al., 2000). 이처럼 감성지능이 일탈 등 부정적인 비과업행동에 미치는 영향에 대해서는 다양한 가능성이 존재한다고 볼 수 있겠다. 하지만 본 연구에서는 감성지능과 비과업행동간의 일반적인 관계를 확인해 준 선행연구들에 기반하여, 일단 다음과 같은 가설을 설정하고 실제 분석결과가 어떻게 도출되는지를 확인해 보기로 하겠다.

01

가설 II-1. 서비스직 사원의 감성지능은 이들의 이타적 행동에 정(+)의 영향을 미칠 것이다.

가설 II-2. 서비스직 사원의 감성지능은 이들의 대인관계일탈에 부(-)의 영향을 미칠 것이다.

가설 II-3. 서비스직 사원의 감성지능은 이들의 조직일탈에 부(-)의 영향을 미칠 것이다.

아울러, 감성지능은 개인이 스트레스 상황을 지각하고 그에 반응하는 방식과 능력에 상당한 영향을 미친다는 주장이 제기되어 왔다. 일반적으로 감성지능이 높은 사람은 직무수행과정에서 겪는 다양한 감정들을 적절히 조절, 통제할 수 있는 능력이 크다고 볼 수 있다. 즉 이들은 뛰어난 자기 및 타인감정인식과 감정조절 및 활용 능력을 통하여 스트레스를 주는 부정적인 사건이나 상황으로부터 자신을 적절히 분리시키거나 혹은 자신의 감정을 잘 다스림으로써, 그러한 상황이 주는 부정적인 영향을 효과적으로 감내해 갈 가능성이 크다는 것이다(Quebbeman & Rozell, 2002; Slaski & Cartwright, 2002; Tsaousis & Nikolaou, 2005). 따라서 감성지능이 높은 사람은 그렇지 않은 사람들보다 업무수행과정에서 감정부조화와 같은 부정적 감정을 경험하더라도, 그것이 야기할 수 있는 여러 가지 부정적인 영향을 더 효과적으로 극복해 갈 가능성이 클 것으로 짐작해 볼 수 있다. 다시 말하면, 감성지능은 곧 조직구성원이 가진 일종의 심리적 자원(psychological resource)일 수 있기 때문에, 이러한 능력은 감정부조화의 경험 등 이들이 직무수행상황에서 겪을 수 있는 여러 가지 스트레스를 보다 잘 감내할 수 있도록 도와주는 일종의 완충요인으로 작용할 가능성이 크다고 볼 수 있다(Giardini & Frese, 2006). 실제로 여러 선행연구들에 따르면, 감성지능이 높은 사람들은 그렇지 않은 사람들보다 스트레스 상황에서 상대적으로 소진을 덜 경험한다는 사실이 입증되어 왔다(Day et al., 2005; Slaski & Cartwright, 2002, 2003).

이상의 논의에 기반하여, 본 연구에서는 가설 II에서 확인해 보고자 했던 감성지능의 주 효과에 더하여, 감성지능이 수행할 수 있는 추가적인 조절효과와 관련한 다음의 세 번째 가설을 설정해 보았다.

가설 III. 서비스직 사원의 감성지능은 이들의 감정부조화가 이타적 행동, 대인관계일탈, 조직일탈에 미치는 영향 관계를 조절할 것이다. 즉, 구성원의 감성지능이 높을수록, 감정부조화가 이타적 행동, 관계일탈 그리고 조직일탈에 미치는 영향은 완화되어 나타날 것이다.

Ⅲ. 연구방법

3.1 표본조직과 자료수집

이러한 가설들을 검증하기 위하여, 본 연구에서는 감정노동을 수행하는 서비스직 사원들을 대상으로 설문조사를 실시하였다. 서비스 부문에 따라 고객과의 상호작용 특성, 감정노동의 빈도와 강도 등 감정노동 수행과 관련한 직무 특징이 다소 다를 수 있기 때문에, 이러한 요인들이 미치는 영향을 파악하고 통제하기 위해 가능한 한 여러 서비스 부문들을 조사대상에 포함시킬 필요가 있다. 이런 취지에서, 본 연구에서는 8개 금융기관의 지점, 백화점 1곳과 1개 편의점 업체의 다수 점포(매장), 패밀리 레스토랑과 식품 프랜차이즈 서비스 업체 각 1곳의 다수 점포, 그리고 유통 및 보험업계 회사의 콜센터 3곳을 대상으로 하였다. 금융기관의 경우 고객을 주로 응대하는 창구직원을 대상으로 하였으며, 백화점과 편의점 그리고 패밀리 레스토랑 등은 각 매장에서 근무하는 판매사원 뿐만 아니라 점장과 매니저도 일부 조사대상에 포함되었다. 콜센터의 경우, 전화상담원만 조사되었다.

또 본 연구의 자료수집을 위해 작성된 설문지에는 응답자들이 설문응답의 결과가 공개되는 것에 대해 민감하게 반응할 가능성이 있는 반생산적 행동과 같은 변수의 측정설문이 포함되어 있다. 그래서 응답자들은 일부 문항에 대한 응답시 바람직한 응답 편향(social desirability bias)을 나타낼 가능성도 있다. 이러한 이유로, 설문조사는 연구자가 표본 조직에 사전 약속을 한 후, 방문조사를 통해 직접 배포하고 회수해 오는 방식으로 이루어졌다. 그 과정에서, 설문지 응답은 익명으로 이루어지며 또 설문지 회수과정에 해당 회사가 개입되지 않는다는 사실을 응답자들에게 사전에 강조하여 알려주었다. 이렇게 회수한 설문지 가운데 일부 응답이 불성실한 설문지들을 제외한 총 264부가 분석에 활용되었다.

3.2 변수의 측정

3.2.1 감정부조화(Emotional Dissonance)

그간 감정부조화는 논자에 따라 다소 다르게 정의되어 왔다. 즉, 감정부조화는 때로 감정노동이 일어나기 위한 한 선행조건으로 정의되기도 하였고(Brotheridge & Grandey, 2002; Zapf et al., 1999), 또 감정노동 그 자체를 구성하는 한 요인으로 간주되기도 하였다(Morris & Feldman, 1997; Schaubroeck & Jones, 2000). 하지만 앞서 정의한 것처럼, 본 연구에서는 감정부조화를 감정노동 수행의 결과 해당 직무수행자가 갖게 되는 일종의 심리적 갈등상태로 파악하고자 한다. 즉, 본 연구에서는 감정부조화를, 감정노동의 수행과정에서 자신이 느끼는 순수한 내적 감정과, 조직이 표현규칙을 통하여 요구하는 감정표현내용이 서로 상충할 경우, 해당 직무수행자가 경험하게 되는 불편한 상태와 부정적인 느낌을 의미하는 것으로 간주하고자 한다.

본 연구에서는 이러한 감정부조화의 개념을 비교적 잘 반영하고 있다고 볼 수 있는 Van Dijk & Kirk-Brown(2006)과 박상언(2009) 등 선행연구들에서 예시된 설문문항들을 본 연구의 표본조직 맥락에 적합하도록 연구자가 부분적으로 수정하여 작성하였다. '업무상 고객과 접촉할 때, 내가 느끼는 진심을 그대로 표현할 수 없기 때문에 불편한 심기를 느끼게 된다', '업무 수행 중에는 내가 실제로 느끼는 감정과 다른 감정을 표현해야 하기 때문에 힘들 때가 있다' 등 5문항을 5점 척도로 측정하였으며, 문항간 신뢰도는 .828로 나타났다.

3.2.2 감성지능(Emotional Intelligence)

본 연구에서는 감성지능을 측정하기 위해 Wong & Law(2002)가 개발한 WLEIS(Wong and Law Emotional Intelligence Scale)를 활용하였다. 이 측정 도구는 앞서 설명한 바와 같이, 자기감정인식, 타인감정인식, 자기감정조절, 자기감정활용 등 감성지능을 구성하는 4가지 하위 차원 별로 4문항씩 총 16개 문항으로 이루어져 있다(자세한 문항 내용은 〈표 3-1〉을 참조). 이들 문항 역시 5점 척도로 구성되었으며, 이들 네 차원을 묻는 문항들의 신뢰도는 각기 .760, .868, .807, .804로 확인되었다. 감성지능은 WLEIS를 활용한 선행연구에서처럼, 이들 네 차원의 측정치를 합산한 후 도출된 평균값으로 평가되었다.

한편, 〈표 3-1〉은 감성지능을 구성하는 4차원의 구성타당도를 검증하기 위해 요인분석을 실시한 결과이다. 요인분석방법으로는 주성분분석법(principal components analysis)을 사용하였으며, 직교회전(varimax) 방식에 의해 아이겐 값(eigen value)이 1 이상인 요인만을 선택하였고, 요인적재치(factor loading)는 0.5 이상인 경우를 유의적인 것으로 판단하였다. 요인분석 결과, 설문문항들은 각 측정변수들에 대응되는 요인들로 잘 묶여 적재되었으며, 이들 요인적재치는 모든 문항들에서 0.5 이상으로 나타나 개념간 구성타당도가 있는 것으로 확인되었다.

표 3-1 감성지능에 대한 요인분석 결과

문 항	〈요인 1〉 타인감정 인식	〈요인 2〉 자기감정 활용	〈요인 3〉 자기감정 조절	〈요인 4〉 자기감정 인식
• 여러 상황에서 내가 어떤 감정을 느끼는지 잘 알고 있음.	.274	.045	.046	.728
• 내 자신의 감정을 잘 이해하고 있음.	.038	.119	.144	.757
• 평소 내가 느끼는 바에 대해 잘 이해하고 있음.	.271	.238	.102	.723
• 내가 행복한지 아닌지를 항상 잘 알고 있음.	.096	.197	.048	.690
• 동료들의 행동을 보고, 그가 느끼는 감정이 어떠한지 잘 알아차림.	.777	-.001	.124	.271
• 다른 사람들이 느끼는 감정에 대해 잘 파악하는 편임.	.823	.162	.078	.096
• 다른 사람들이 어떤 기분을 느끼는지 민감하게 잘 감지하는 편임.	.851	.146	.032	.128
• 내 주변 사람들의 감정 상태를 잘 파악함.	.840	.163	.034	.146
• 늘 나름의 목표를 세우고, 그것을 이루기 위해 최선을 다함.	.069	.770	.052	.247
• 항상 내 자신이 능력있는 사람이라고 스스로를 일깨우고 북돋움.	.225	.751	.122	.091
• 스스로 자신에게 동기를 부여함.	.140	.763	.107	.110
• 최선의 노력을 다하도록 스스로 격려함.	.036	.771	.258	.144
• 자신의 기분을 스스로 잘 다스림.	.024	.238	.674	.232
• 자신의 감정을 확실하게 잘 통제할 수 있음.	.044	.080	.808	.197
• 화가 났을 때, 신속하게 감정을 가라앉힐 수 있음.	.034	.067	.796	-.008
• 자신의 감정을 잘 조절하여, 처한 어려움을 이성적으로 잘 처리해 갈 수 있음.	.149	.142	.822	-.034
고유치(Eigen Value)	5.191	2.281	1.666	1.431
설명된 변량(Percentage of Variance; %)	32.441	14.258	10.413	8.942
누적 변량(Cumulative Percentage; %)	32.441	46.699	57.112	66.054

3.2.3 이타적 행동(Altruistic Behavior)

본 연구에서는 긍정적인 차원의 비과업행동으로 이타적 행동 개념을 측정하였다. 주지하듯이, 이는 조직시민행동을 구성하는 이타성, 양심성, 예의성, 스포츠맨십, 그리고 시민정신 등 5가지 하위차원 중의 한 개념이지만, 이러한 여러 하위차원들 가운데 조직구성원의 역할외적인 자발적 행동을 가장 적극적으로 포착해 준다고 볼 수 있다. 이타적 행동을 측정하는 구체적인 설문문항은 Bateman & Organ(1983)과 Podsakoff 외(1996) 등의 연구에서 조직시민행동 개념을 측정하기 위하여 개발된 항목을 이용하였으며, '나는 주위에 일이 많은 동료가 있으면 기꺼이 그를 돕는다' 등 4개의 문항을 5점 척도로 측정하였다. 이들 문항의 신뢰도는 .795로 나타났다.

3.2.4 반생산적 행동(Counterproductive Work Behavior)

부정적인 차원의 비과업행동으로는 반생산적 행동 개념을 측정하였다. 이 개념 역시 연구자에 따라서 다양한 측정도구가 활용되어 왔지만, 본 연구에서는 Bennett & Robinson(2000)이 개발한 설문문항을 활용하였다. 이 측정도구는 앞서의 논의에서처럼, 조직과 대인관계라는 두 하위차원에서의 일탈적 행동을 구분해 측정해 주고 있다.

주지하듯이, 반생산적 행동은 부정적인 성격의 역할외 성과를 대변하는 개념이기 때문에, 이를 측정하는 설문문항에 대해서는 응답자들이 바람직한 응답 편향(social desirability bias) 등 방어적인 차원의 반응 세트를 보일 가능성이 크다고 볼 수 있다. 그러므로 애초의 Bennett & Robinson (2000)이 개발한 설문문항 가운데, 회사 기물의 절도나 인종편견적인 발언 등 문화적 차이가 현저하거나 혹은 응답자가 지나치게 예민하게 반응함으로써 응답결과의 진실성이 왜곡될 가능성이 큰 문항들은 모두 배제하였으며, 대신 직장생활에서 흔히 발생될 수 있는 비교적 가벼운 정도의 반생산적 행동만을 담은 문항을 선정하였다. 먼저, 대인관계일탈은 주로 직장동료에게 무례한 언어나 행동으로 마음의 상처를 주거나 혹은 모욕감을 주는 내용으로 설문이 구성되었으며, '직장에서 때때로 내가 하는 말로 인해 다른 사람이 감정을 상하는 경우가 있다' 등 3문항으로 측정하였다. 신뢰도는 .701로 나타났다. 또 조직일탈은 회사의 기물을 함부로 사용, 낭비하거나 혹은 의도적으로 업무시간을 지체하는 내용으로 설문이 구성되었다. '나는 더 빠른 시간 내에 업무를 완료할 수 있음에도 불구하고, 일부러 일의 속도를 조절하기도 한다' 등 3문항으로 측정되었으며, 신뢰도는 .703으로 확인되었다.

〈표 3-2〉는 반생산적 행동에 대한 요인분석 결과이다. 그 결과, 대인관계일탈과 조직일탈의 두 하위차원과 일치하는 2개의 요인이 확인되었다.

표 3-2 반생산적 행동에 대한 요인분석 결과

문 항	〈요인 1〉 조직일탈	〈요인 2〉 대인관계 일탈
• 직장에서 때때로 내가 하는 말로 인해 다른 사람이 감정을 상하는 경우가 있음.	.016	.792
• 직장에서 때때로 다른 사람에게 무례하게 행동하는 경우가 있음.	.107	.794
• 직장에서 내가 하는 언행으로 인해 모욕감을 느끼는 사람이 있음.	.330	.740
• 개인적인 용도를 위해 회사의 기물을 사용하거나 장시간 회사의 컴퓨터를 이용함.	.787	.184
• 업무시간에 요령껏 개인적인 일을 보거나 휴식을 취함.	.797	.154
• 더 빠른 시간 내에 업무를 완수할 수 있음에도 불구하고, 일부러 일의 속도를 조절함.	.751	.042
고유치(Eigen Value)	2.543	1.260
설명된 변량(Percentage of Variance; %)	42.391	20.997
누적 변량(Cumulative Percentage; %)	42.391	63.389

3.2.5 통제변수

본 연구의 주요 변수 측정치들에 대해 응답자들의 인구통계적 속성들이 일정한 영향을 미칠 수 있다. 따라서 응답자의 성별, 연령, 재직기간, 직급, 고용형태 등 설문조사시 획득된 인구통계 변수들을 통제변수로 분석에 포함시켰다. 직급의 경우 업체별로 사정이 달라, 백화점과 편의점, 패밀리 레스토랑과 식품 프랜차이즈 업체 등 매장이나 점포가 있는 업체에서 매장별 점장이나 매니저급은 관리자로, 그 외는 모두 일반 판매사원으로 구분하였다. 또 고용형태는 정규직과 비정규직으로 구분하였다.

Ⅳ. 분석 결과

4.1 기초통계 분석

가설검증에 앞서, 본 연구에서 측정된 변수들의 평균과 표준편차, 그리고 변수들 간의 상관관계를 살펴보면 〈표 3-3〉과 같다. 먼저, 설문 응답자들의 인구통계적 특성을 간단히 살펴보면, 응답자 중 여성이 202명(76.8%)으로 남성보다 훨씬 많다. 본 연구가 고객과의 상호작용과정에서 감정노동을 수행하는 서비스직 사원들을 조사대상으로 했기 때문에, 금융기관의 창구업무, 유통업체의 판매사원, 콜센터의 전화상담원 대부분이 여성근로자인 현실이 반영된 것으로 보인다. 비록 응답자들의 연령대가 19-55세에 걸쳐 폭넓게 분포했지만, 평균연령은 29.1세로 비교적 젊은 편이다. 또 평균 재직기간은 3.6년으로 비교적 짧은 것으로 나타났다. 전체 응답자 중 점장이나 매장의 매니저인 관리자급은 62명(23.5%)으로 나타났으며, 이들 중 상당수가 남성이었다. 또 정규직은 63.3%로서 비정규직보다 더 많았다.

한편, 응답자들이 느끼고 있는 감정부조화 수준은 평균 3.57로서, 이들이 업무수행과정에서 보통 수준 이상의 감정부조화를 경험하고 있다는 것을 보여주고 있다. 또한 이들의 이타적 행동은 보통 수준 이상인데 비해, 대인관계일탈과 조직일탈 등 반생산적 행동 수준은 각기 2.48과 2.30으로 비교적 낮게 나타나고 있다.

표 3-3 연구변수들 간의 상관관계 (N = 264)

	평균	표준편차	(1)	(2)	(3)	(4)	(5)	(6)	(7)	(8)	(9)
(1) 성별	.23	.423	1.00								
(2) 연령	29.11	6.24	.140*	1.00							
(3) 재직기간	3.62	4.41	.096	.598**	1.00						
(4) 직급	.24	.43	.204**	.184**	.218**	1.00					
(5) 고용형태	.63	.48	.080	.033	.199**	.309**	1.00				
(6) 감정부조화	3.57	.77	-.155*	-.101	.074	.040	.090	1.00			
(7) 감성지능	3.52	.47	.203**	.051	.024	.158*	.045	-.042	1.00		
(8) 이타적 행동	3.39	.68	.239**	.045	.042	.189**	.087	-.091	.394**	1.00	
(9) 대인관계일탈	2.48	.77	-.003	-.029	.066	.037	.017	.165**	-.113	-.002	1.00
(10) 조직일탈	2.30	.83	.234**	-.035	-.035	.011	-.005	.142*	.008	.054	.344**

**p〈.01, *p〈.05

1) 성별: 여성 = 0, 남성 = 1

2) 직급: 평사원급 = 0, 관리자급 = 1

3) 고용형태: 비정규직 = 0, 정규직 = 1

4.2 직업군에 따른 집단간 차이분석

앞서 표본조직 부분에서 소개했듯이, 본 연구에서는 금융기관, 유통업체, 콜센터 등 다양한 서비스 부문의 조직구성원들을 조사대상으로 하였다. 선행 연구에 따르면, 서비스 부문에 따라 고객과의 상호작용 특성, 감정노동의 빈도와 강도, 지속시간 등 감정노동 수행과 관련한 직무 특징이 서로 다를 수 있고, 이것은 결국 해당 사원들의 심리적 안녕과 직무태도에 미치는 영향에 있어서도 일정한 차이를 야기시킬 수 있다는 사실이 지적된 바 있다(Othman, et al., 2008). 따라서 본 연구에서는 응답자의 직업군에 따른 이러한 차이를 통제하기 위해, 직업군에 따라 주요 변수 면에 있어서 어떠한 차이가 발생되고 있는 지를 먼저 확인해 보고자 한다.

일반적으로, 서비스 부문의 여러 직종은 전문 서비스(professional service), 서비스 샵(service shop), 매스 서비스(mass service) 등 크게 3가지 유형으로 구분될 수 있다(Othman, et al., 2008). 전문 서비스 직종은 컨설턴트나 의사, 변호사 등으로, 특정 분야의 전문적인 서비스를 제공하는 직종이며, 그렇기 때문에 고객과의 대면접촉 역시 상대적으로 긴 시간 동안 이루어지고 또 주로 고객맞춤형의 상호작용이 이루어지는 특징이 있다. 반면 매스 서비스 직종은 서비스 제공에 있어서 특별한 전문적 지식이 요구되지 않으며, 고객과의 접촉도 비교적 짧고 단순 반복적이고, 또 이들이 수행하는 감정노동은 주로 표면연기를 중심으로 이루어지는 특징을 가진다. 패밀리 레스토랑과 패스트 푸드 프랜차이즈 서비스 업체의 판매직원 등이 그 전형적인 예이다. 이에 비해, 서비스 샵 직종은 전문서비스 직종과 매스 서비스 직종의 중간 정도의 특징을 가진다고 볼 수 있다. 즉 직무수행을 위해 어느 정도의 전문적인 업무지식이나 스킬이 요구되기도 하지만, 보통 전문 서비스 직종처럼 심층적인 지식이나 자격이 요구되지는 않으며, 고객과의 대면접촉시 매스 서비스 직종보다 좀 더 긴 시간 동안 상호작용하고 또 좀 더 많은 심층연기가 요구된다는 점에서 차이가 있다. 이에는 보험 및 자동차업체의 영업사원, 은행의 창구직원이 대표적이다.

이렇게 볼 때, 본 연구에서는 전문 서비스 직종이 포함되지 않은 셈이다. 대신, 본 연구의 직업군은 (1) 은행 등 금융기관의 창구직원과, (2) 백화점, 편의점, 패밀리 레스토랑, 그리고 식품 프랜차이즈 업체 등 유통업체에서 근무하는 판매사원, 그리고 (3) 콜센터의 전화상담원 등 크게 3가지로 구분해 볼 수 있겠다. 콜센터의 전화상담원 역시 전형적인 매스 서비스 직종의 하나로 볼 수 있지만, 대신 이들은 다른 직업군과는 달리, 고객을 직접 대면접촉하지 않고 유선상으로만 응대한다는 특징이 있다. 즉 고객과의 비대면접촉을 통해 감정노동을 수행하고 관련 서비스를 제공한다는 점에서 다른 직업군과 큰 차이가 있다 할 것이다. 이런 점에서, 본 연구에서는 이들을 별도의 직업군으로 구분해 보고자 한다. 〈표 3-4〉는 이들 3가지 직업군 응답자의 분포와 함께, 이들이 주요 연구변수 면에서 어떠한 차이를 보이고 있는 지를 분산분석을 통해 보여주고 있다.

01

표 3-4 연구변수들에 대한 직업군간 차이분석

직업군	표본수	감정 부조화	감성지능	이타적 행동	대인관계 일탈	조직일탈
(1) 금융서비스 창구직원	65	3.48(.77)*	3.56(.41)	3.55(.64)	2.60(.76)	2.40(.85)
(2) 유통서비스 판매직원	93	3.51(.86)	3.68(.52)	3.73(.63)	2.40(.83)	2.33(.93)
(3) 콜센터 직원	106	3.68(.68)	3.37(.41)	2.99(.54)	2.49(.72)	2.21(.72)
전 체	264	3.57(.77)	3.52(.47)	3.39(.68)	2.48(.77)	2.30(.83)
분산분석 결과	*d.f.=2, 261*	F=1.745 p=.177	F=12.045 p=.000	F=40.849 p=.000	F=1.272 p=.282	F=1.095 p=.336
사후검증 (Scheffe 방식)		(3)=(2)=(1)	(2)=(1)〉(3)	(2)=(1)〉(3)	(1)=(3)=(2)	(1)=(2)=(3)

(1) 금융서비스 창구직원: 은행, 새마을금고 등 금융기관 지점의 창구직원
(2) 유통서비스 판매직원: 백화점, 편의점, 패밀리 레스토랑, 식품 프랜차이즈 업체의 판매직원
(3) 콜센터 직원: 유통 및 보험업계 회사의 콜센터 직원
* 괄호 안은 표준편차임.

이에 따르면, 감정부조화와 대인관계 및 조직일탈 변수에 있어서는 직업군간 유의적 차이가 나타나지 않은 반면, 감성지능과 이타적 행동 면에서는 이들 직업군 간에 유의적인 차이가 있는 것으로 확인되었다. 즉 감성지능과 이타적 행동 모두에서 금융서비스와 유통서비스 직원 간에는 큰 차이가 없는 반면, 콜센터 직원은 이들보다 유의적으로 낮은 수준의 응답치를

보여주고 있다. 특히 콜센터 직원의 이타적 행동 수준이 낮게 나타난 이유는, 업무수행 중에 동료사원들과 상호작용함이 없이 자신의 업무공간인 개인 부스에서 거의 독립적으로 이루어지는 이들의 직무특성 때문인 것으로 추정된다.

한편, 전화를 통해 고객과 접촉하는 콜센터 직원의 경우, 그들의 얼굴표정이나 동작은 고객에게 노출되지 않고 오로지 상냥하고 친절한 어조와 말투만으로 자신의 감정을 표현, 전달한다. 따라서 이들의 경우, 직접적인 대면접촉을 하는 다른 직업군보다 여러 면에서 자신의 감정을 위장하는 표면연기를 취하기가 상대적으로 더 쉽다고 볼 수 있다. 앞서도 지적한 바 있듯이, 이처럼 표면연기를 위주로 감정노동을 수행할 경우 그 수행자는 상대적으로 감정부조화를 경험할 가능성이 더 커질 수 있다. 이런 이유로, 본 연구에서도 콜센터 직원의 경우에는 다른 직업군보다 감정부조화가 상대적으로 더 크게 나타난 것으로 짐작해 볼 수 있겠다. 하지만 그 차이가 통계적으로 유의하지는 않았다.

이상의 분석에 기반하여, 본 연구에서는 이들 직업군의 영향을 통제하기 위해 이하 가설검증을 위한 분석에 있어서는 직업군 변수를 또 하나의 연구변수로 추가하기로 하였다. 비록 모든 변수에 있어서 차이가 있는 것은 아니었지만, 일부 변수에 있어서는 직업군에 따라 집단간 유의한 차이가 있음을 확인할 수 있었기 때문이다. 〈표 3-4〉에 제시된 사후검증 결과에 따라, 이하의 분석에서는 집단간 유의한 차이가 나타나지 않았던 금융서비스 및 유통서비스 직원을 하나의 부집단으로, 그리고 콜센터 직원을 다른 하나의 부집단으로 범주화하였다.

4.3 가설 Ⅰ, Ⅱ의 검증: 감정부조화 및 감성지능의 주 효과 분석

본 연구는 감정부조화와 감성지능이 이타적 행동과 반생산적 행동 등 비과업행동에 미치는 주 효과(main effect)와 함께, 감정부조화와 비과업행동 간의 관계에서 감성지능이 수행하는 조절효과를 확인하는 것을 주요 연구가설로 설정하였다. 이러한 가설검증을 위해 시행된 계층적 회귀분석(hierarchical regression analysis)의 결과는 〈표 3-5〉에 요약되어 있다. 이타적 행동, 대인관계일탈, 조직일탈 등 3개의 종속변수에 대해, 첫 번째 단계에서는 응답자들의 성별, 연령, 직급 등 통제변수의 영향을 사전 통제하고자 이들 변수들이 투입되었다. 또한 두 번째 단계에서는 직업군 변수와 함께, 감정부조화와 감성지능 등 독립변수들이 투입되었으며, 마지막 단계에서는 감성지능의 조절효과를 확인하기 위한 목적으로, 감정부조화와 감성지능의 상호작용 항목들이 투입되었다. 아울러, 본 연구의 일부 인구통계변수들 간에는 상관관계가 비교적 높을 뿐만 아니라, 특히 본 연구에서처럼 상호작용 항목을 회귀방정식에 포함된 변수들의 곱으로 생성하는 경우, 이들 상호작용 항목들은 기존의 독립변수들과 다중공선성의 문제를 야기할 가능성이 있다(Aiken & West, 1991). 따라서 이러한 문제를 피하기 위하여, 본 연구에서는 모든 변수들의 원자료를 중심화(centering)시킨 후 상호작용 항을 구성하고 이를 분석에 투입하였다.

〈표 3-5〉의 분석결과에 의하면, 일련의 인구통계변수들과 직업군 변수의 영향을 먼저 통제한 이후, 감정부조화는 이타적 행동에 대하여 일정한 부(-)의 영향관계를 나타냈지만 그 정도가 유의하지는 않았던 반면, 대인관계일탈과 조직일탈 등 반생산적 행동과는 상당히 긍정적인 영향관계가 있음이 입증되었다. 이로써 이타적 행동과 관련한 가설 Ⅰ-1은 기각되었으나, 반생산적 행동과 관련한 가설 Ⅰ-2 및 Ⅰ-3은 지지되었다고 볼 수 있다. 또 감성지능의 경우에는 앞서와 반대로, 이타적 행동과는 상당히 유의적인 정(+)의 영향관계가 있음이 입증되었으나, 대인관계일탈과 조직일탈 등 반생산적 행동과는 비록 부(-)의 영향관계를 보여주고 있기는 하지만 그 정도가 유의적이지 않았다. 따라서 감성지능이 이타적 행동에 미치는 영향과 관련한 가설 Ⅱ-1은 지지되었으나, 반생산적 행동과의 관계에 관한 가설 Ⅱ-2와 가설 Ⅱ-3은 기각되었다.

표 3-5 계층적 회귀분석 결과

	이타적 행동			대인관계일탈			조직일탈		
	모형 Ⅰ	모형 Ⅱ	모형 Ⅲ	모형 Ⅰ	모형 Ⅱ	모형 Ⅲ	모형 Ⅰ	모형 Ⅱ	모형 Ⅲ
성 별[1)]	.202**	.025	.014	.011	.066	.075	.210***	.235***	.245***
연 령	-.031	-.070	-.064	-.144	-.108	-.113	-.034	.003	-.003
재직기간	.012	.040	.032	.150	.115	.121	-.034	-.070	-.063
직 급[2)]	.142*	-.051	-.048	.020	.035	.033	.002	-.022	-.024
고용형태[3)]	.030	.093	.094	.008	-.004	-.005	-.001	-.005	-.005
직업군[4)]		.418***	.436***		-.030	-.043		.043	.028
감정부조화(ED)		-.041	.872*		.158*	-.484		.192**	-.535
감성지능(EI)		.278***	.785***		-.116	-.485*		-.044	-.462
ED×EI			-1.010*			.734			.832
F값	3.933**	13.480***	12.969***	.962	2.082*	2.373*	2.354*	3.012**	3.215**
R^2	.075	.312	.330	.038	.100	.111	.064	.121	.134
ΔR^2	.075**	.236***	.018*	.038	.062*	.011	.064*	.057*	.013

*p〈.05, **p〈.01, ***p〈.001

1) 성별: 여성 = 0, 남성 = 1

2) 직급: 평사원급 = 0, 관리자급 = 1

3) 고용형태: 비정규직 = 0, 정규직 = 1

4) 직업군: 비대면접촉 집단(콜센터 직원) = 0, 대면접촉 집단(금융서비스 및 유통서비스 직 사원) = 1

5) 표에 제시된 수치는 표준화된 회귀계수(standardized regression coefficient)임.

4.4 가설 Ⅲ의 검증: 감성지능의 조절효과 분석

감정부조화가 일련의 비과업행동에 미치는 영향관계에 있어서, 감성지능이 수행하는 조절효과를 확인하기 위한 가설 Ⅲ의 검증 결과는 〈표 3-5〉의 세 번째 단계에서 확인해 볼 수 있다. 먼저, 이타적 행동의 경우, 애초의 가설에서 예상했던 유의적인 상호작용효과를 확인할 수 있다. 즉 감정부조화 및 감성지능의 상호작용 항목 계수가 $p<.05$ 수준에서 유의적이었으며, 또 이처럼 상호작용 항목이 추가됨에 따라 회귀분석 모형의 설명력(R^2)이 일정하게 증가하였을 뿐만 아니라(31.2% → 33.0%), 그 설명력의 증분($\triangle R^2$)에 대한 F검증 결과 역시 유의한 것으로 나타났다($p<.05$). 반면, 대인관계일탈과 조직일탈 등 반생산적 행동과 관련해서는 이러한 유의적인 상호작용효과가 확인되지 않았다. 결국, 선행연구들에 기반하여 예상해 보았던 감성지능의 조절효과는 감정부조화와 이타적 행동 간에는 확인되었으나, 감정부조화와 반생산적 행동 간에는 나타나지 않았다. 이로써, 가설 III은 부분적으로 입증되었다고 볼 수 있겠다.

한편, 유의적으로 나타난 상호작용의 관계를 좀 더 자세히 파악해 보기 위해, 응답자들 가운데 조절변수인 감성지능이 상대적으로 더 높게 나타난 집단과 그렇지 않은 집단을 구분하여 감정부조화와 이타적 행동간의 관계를 추가적으로 비교분석해 보았다. 즉, 감성지능이 평균보다 표준편차 1단위 이상 높거나 낮은 두 집단을 대상으로(M+1SD; M-1SD), 감정부조화와 이타적 행동간 관계를 단순회귀분석하여 그 기울기를 비교해 보는 것이다(Aiken & West, 1991). [그림 3-1]은 그 결과를 도시화해주고 있다. 이에 따르면, 상대적으로 감성지능이 높게 나타난 집단은 감정부조화와 이타적 행동이 비록 부(-)의 관계를 나타내고 있지만 그 정도가 유의적이지 않은 반면(b=-.063, t=-.525, n.s.), 감성지능이 낮게 나타난 집단에서는 감정부조화가 증가됨에 따라 이타적 행동이 유의적으로 낮아짐을 확인해 볼 수 있다(b=-.362, t=2.744, p=.01). 즉, 이타적 행동에 미치는 감정부조화의 부정적인 영향은 감성지능이 낮게 나타난 집단에서 더 현저하게 나타났다.

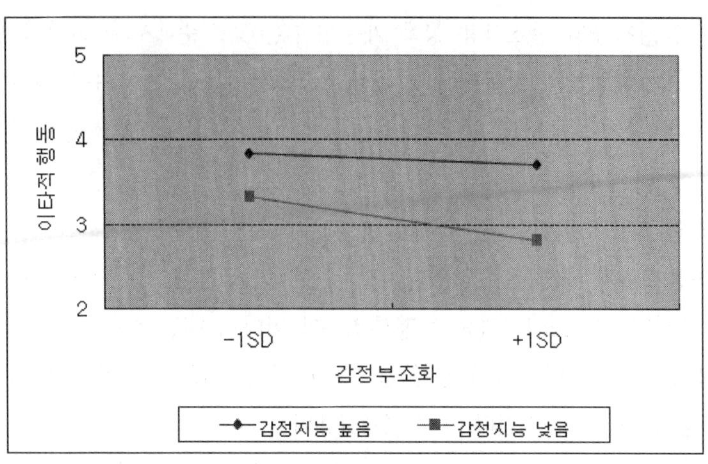

그림 3-1 이타적 행동에 대한 감정부조화와 감성지능 간의 상호작용

Ⅴ. 분석결과에 대한 토론

가설검증 결과에 대한 토론에 앞서, 일부 통제변수들이 종속변수인 비과업행동과 유의적인 관계를 나타낸 부분을 먼저 토론해 보기로 하자. 앞서 〈표 3-5〉에 의하면, 응답자 가운데 남성일수록 그리고 직급이 높은 관리자급일수록 이타적 행동이 더 크게 나타나고 있다. 이는 본 연구의 대상조직인 금융 및 유통 서비스 조직의 통상적인 직무구조와 직급체계의 현실이 반영된 결과로 해석된다. 즉 금융기관, 백화점 및 프랜차이즈 유통업체, 그리고 콜센터들의 경우, 대개 고객접점에서 일하는 사원은 여성이 훨씬 더 많은데 비해, 남성은 이보다 직급이 높은 점장이나 매니저 직을 점하고 있는 경우가 많다. 그런데 이들은 본연의 업무 이외에, 대개 고객접점에 있는 일선 직원이 직접 해결하지 못하는 일을 도와주거나 혹은 비일상적으로 발생되는 문제의 해결을 담당하는 것을 핵심 직무내용으로 하고 있다. 바로 이러한 이유로, 직급이 높은 남성 응답자들일수록 이타적 행동이 더 크게 나타난 것이라 풀이해 볼 수 있을 것이다.

아울러, 직업군 변수 역시 이타적 행동과 강한 정(+)의 관계를 나타내고 있음을 알 수 있다. 이는 앞서 논한 바 있듯이, 각자의 부스에서 독립적으로 업무를 수행하는 콜센터 직원(0으로 코딩됨)일수록 업무특성상 동료와의 도움 나누기 등 이타적 행동을 수행할 기회 자체가 거의 없는 반면, 고객 및 동료직원들과 대면접촉을 수행하면서 상호작용하는 다른 직업군(1로 코딩됨)의 경우 상대적으로 이보다는 훨씬 더 많은 이타적 행동의 기회가 존재하기 때문에 이런 결과가 도출된 것으로 짐작된다.

다음으로, 본 연구의 가설에 대한 검증 결과를 토론해 본다. 본 연구가 검증하고자 한 가설 Ⅰ과 가설 Ⅱ는, 각각 감정부조화와 감성지능이 이타적 행동과 반생산적 행동 등 비과업행동에 미치는 영향을 확인하는 것이었다. 분석 결과, 감정부조화는 긍정적 차원의 비과업행동인 이타적 행동에는 별다른 유의적 영향을 미치지 않았던 반면, 대인관계일탈과 조직일탈 등 반생산적 행동에는 유의적인 정(+)의 영향을 미치고 있었다. 이와는 반대로, 감성지능의 경우 이타적 행동에는 유의적인 정(+)의 영향을 미친 반면, 부정적인 차원의 비과업행동인 반생산적 행동에는 별다른 유의적 영향을 미치지 못하고 있음을 확인할 수 있었다.

먼저, 가설 Ⅰ과 관련하여, 감정부조화가 반생산적 행동에 유의적인 영향을 미친 것으로 나타난 본 연구의 분석결과는, 업무수행과정에서 긍정적인 감정을 경험할 경우 조직시민행동과 같은 긍정적인 비과업행동을 행하기 쉬운 반면, 부정적인 감정을 경험하게 되면 반생산적 행동과 같은 부정적인 차원의 비과업행동을 유발하기 쉽다는 선행연구의 결과를 부분적으로 재확인해 주는 것으로 볼 수가 있다(Miles et al., 2002; Spector & Fox, 2002). 즉 서비스직 사원들이 고객과의 상호작용과정에서 경험하게 되는 감정부조화 역시 이들이 업무수행과정 중에 느낄 수 있는 일종의 불편하고 부정적인 느낌이라는 점에서, 이 역시 대인관계일탈과 조직일탈 등 반생산적인 행동을 촉발시키는 한 원인이 될 수 있다는 사실을 본 연구의 분석결과가 시사해 주고 있는 것이다.

또한 〈표 3-5〉에서 보듯이, 본 연구에서는 두 가지 차원의 일탈 가운데 감정부조화가 조직일탈에 미친 영향(b=.192)이 대인관계일탈에 미친 영향(b=.158)보다 조금 더 크게 나타나고 있다. 감정부조화는 동료사원들을 대상으로 한 일탈보다는 소속 조직에 대한 일탈에 더 큰 영향을 미칠 수 있다는 것을 의미한다. 이러한 분석결과는 선행연구에서도 찾아볼 수 있다(Bechtoldt et al., 2007). 일반적으로 사원들이 업무수행 중에 표면연기를 행함으로써 감정부조화를 경험할 때, 함부로 대하거나 혹은 무례하게 행동한 고객과 같은 확실한 귀인대상이 없을 경우 해당 사원은 자신에게 감정부조화라는 부정적인 경험을 안겨준 원인을 소속 조직에게 돌릴 수 있다. 즉 일련의 감정표현규칙을 통해 고객과의 관계에서 자신이 느낀 본연의 감정과는 다른 감정표현을 강제했던 회사가 그러한 부정적인 경험을 가져온 한 원인이라 생각할 수 있는 것이다. 이런 이유로 인해, 이들은 자신의 감정적 균형감을 회복하고 또 부정적인 감정을 경험했던 것에 대한 보상을 추구하는 의미로, 대인관계일탈 보다는 소속 조직에 대한 일탈을 더 많이 시도할 수 있을 것이다.

반면, 본 연구에서 설정해 본 가설과는 달리, 감정부조화가 긍정적인 비과업행동인 이타적행동에는 유의한 수준의 부(-)적 영향을 미치지는 않았다. 앞서 이론적 배경 부분에서 논의한 바 있듯이, 이는 어쩌면 긍정적인 차원의 비과업행동과 부정적인 차원의 비과업행동이 어느 정도 서로 독립적인 감정적 발생조건을 가지기 때문일 수도 있다(Spector & Fox, 2002). 즉 감정부조화는 일종의 부정적 감정이기에, 부정적인 차원의 비과업행동인 반생산적 행동에 대해서는 일정한 영향을 미치는 반면, 긍정적 차원의 비과업행동인 이타적 행동에 대해서는 이렇다 할 영향을 미치지 않는 것일 수 있는 것이다. 하지만 이를 명확히 규명해 보기 위해서는, 긍정적 감정변수를 연구모형에 추가하는 등 보다 정교한 연구모형의 설정을 통한 추가적인 연구가 필요해 보인다.

다음으로 가설 II에 대한 검증과정에서, 감성지능이 서비스직 사원의 이타적 행동을 증진시키는데 기여하는 것으로 나타난 본 연구의 분석결과는 선행연구를 통해서도 이미 충분히 예상했던 바라고 할 수 있다. 즉, 자신과 타인의 감정을 잘 헤아리고 또 스스로의 감정을 잘 조절, 통제할 수 있는 능력을 의미하는 감성지능은, 특히 감정이입을 통해 동료사원의 기분이나 입장을 이해하고 이들에게 도움을 주는 자발적 행동을 이끌어내는데 큰 역할을 한다고 주장되어 왔다(Abraham, 1999a; Côté & Miners, 2006). 또 감성지능과 이타적 행동 간의 이러한 긍정적 관계를 감성지능을 구성하는 네 가지 하위차원별로 분석해 본 결과, 본 연구에서는 이 가운데 특히 타인감정인식(OEA)과 자기감정조절(ROE)의 회귀계수(유의수준)가 각각 .130(.035)과 .231(.000)로 유의한 것으로 나타났다. 이에 비해, 자기감정인식(SEA)과 자기감정활용(UOE)은 각기 .050(.431)과 .004(.950)로서 회귀계수가 유의하지 않았다. 이러한 결과는, 이타적 행동을 증진시키는데 있어서 감성지능의 네 하위차원 가운데 특히 타인감정인식과 자기감정조절 차원이 더 중요할 수 있음을 시사한다.

하지만 애초의 가설에서 기대했던 것과는 달리, 감성지능은 부정적인 차원의 비과업행동인 반생산적 행동에는 비록 부(-)의 영향을 주고 있었지만 그 수준이 유의적이지는 못하였다. 그렇지만 조직구성원의 감성지능을 향상시키는 것이 이들의 부정적인 일탈행동을 감소시키는데 있어서도 일조를 할 것이라는 선행연구들의 주장이 있었음을 감안할 때(Martin et al., 1998; Mayer et al., 2000), 이는 추후 연구를 통해 재확인해 볼 필요가 있다고 생각된다.

다음은 가설 Ⅲ의 검증결과에 대한 토론이다. 가설 Ⅲ은 감정부조화가 비과업행동에 미치는 영향관계를 감성지능이 조절할 것이라는 내용이었다. 본 연구에서는 감성지능의 조절효과가 이타적 행동에 대해서만 입증되었다. 즉 [그림 3-1]에서 보듯이, 이타적 행동은 전반적으로 감성지능이 낮은 집단보다 높은 집단에서 더 크게 나타난 가운데, 감정부조화가 이타적 행동에 미치는 부정적인 영향은 감성지능이 높은 집단에서보다 낮은 집단에서 더 현저하게 나타났다. 이미 여러 선행연구들에서 주장되었듯이, 이러한 분석결과는 감정부조화를 경험하는 등의 직무스트레스 상황에 대처해 감에 있어서 감성지능이 조직구성원들에게 일종의 완충역할을 해 주는 심리적 자원 또는 역량 자원으로 기능할 수 있음을 시사해 주는 것이라 볼 수 있겠다(Giardini & Frese, 2006; Quebbeman & Rozell, 2002). 하지만 기대했던 것과는 달리, 본 연구에서는 이러한 조절효과가 반생산적 행동과 관련해서는 관찰되지 않았다. 결국, 감성지능이 주 효과를 보이고 있는 이타적 행동에 대해서만 이러한 조절효과가 확인되고 있는 셈이다. 그렇지만 서비스직 종사원들이 감정노동의 수행과정에서 겪을 수 있는 여러 가지 부정적 영향들을 감성지능이 일정하게 완충시킬 수 있음을 실증해 준 선행연구도 존재하고 있는 만큼(Giardini & Frese, 2006), 이 역시 추후의 반복연구를 통해 재검증될 필요가 있다 할 것이다.

Ⅵ. 마무리: 시사점과 연구의 한계

이처럼 본 연구의 가설들 가운데 일부 가설들은 지지되지 않았다. 하지만 채택된 가설들을 중심으로 한 지금까지의 논의와 분석결과에 기반해 볼 때, 몇 가지 시사점을 도출해 볼 수 있다. 우선, 서비스직에 종사하는 사원들의 이타적 행동을 증진시키는 등 이들의 자발적인 맥락적 성과를 제고시키기 위해서는 사원들의 감성지능을 개발할 필요가 있음을 알 수 있다. 또한 반생산적 행동과 같은 부정적인 차원의 비과업행동을 줄이기 위해서는, 이들이 감정노동을 수행할 때 경험하게 되는 감정부조화를 가능한 한 줄여 주거나 혹은 이를 심리적으로 보상해 줄 수 있는 직무환경을 조성해 가는 것이 중요하다는 시사점을 얻을 수 있다.

일찍이 많은 연구자들이 지적한 바 있듯이, 감성지능은 전통적인 지능과는 달리 적절한 훈련과 경험을 통해 얼마든지 개발 가능한 것으로 주장되어왔다(Goleman, 1998; Salovey & Mayer, 1990; Slaski & Cartwright, 2003). 또한 감성지능을 신장시키기 위한 적절한 훈련은 특히 사원들의 정서적 이해와 감정이입 능력, 그리고 부정적인 감정을 조절하고 통제할 수 있는 능력을 키워주어, 고객에게 제공되는 서비스의 질을 향상시키고 감정노동수행과 관련한 제반 스트레스에 대한 대응능력을 증진시키는데 효과적이라는 주장도 제기되어 왔다(Cartwright & Pappas, 2008; Slaski & Cartwright, 2002). 그렇지만 감성지능을 개발하는 것이 사원들의 비과업행동 차원의 성과를 제고시키는 만능의 처방책이 될 수는 없을 것이다. 감성지능이 높아 아무리 감정이입이 탁월한 사람일지라도, 자신의 일터에서 계속되는 피로와 감정부조화로 말미암아 직무소진을 느끼게 된다면, 그리고 불공정한 처우로 인해 조직과의 심리적 계약이 깨지는 경험을 하게 된다면, 그는 당연히 회사에 대해 원망을 느끼게 되고, 그에 따라 감정적 형평성을 회복하기 위한 차원에서 가능한 행동 대안을 강구할 수 있을 것이기 때문이다. 앞서 지적한 바 있듯이, 그러한 행동 대안들 가운데 이타적 행동을 줄이거나 혹은 반생산적 행동을 저지르는 등 자발적이고 재량적인 비과업행동을 선택하는 것은 조직구성원들로서는 어쩌면 가장 현실적이고 손쉬운 방편일 수 있다.

또한 적어도 본 연구의 분석결과에 따르면, 부정적인 차원의 비과업행동인 반생산적 행동에 대해서는 구성원의 감성지능보다 그들이 느끼는 감정부조화가 더 큰 영향을 미치고 있었다. 이렇게 볼 때, 비록 감성지능의 개발을 위한 교육훈련에의 투자가 나름의 가치가 있다고 하더라도, 그것이 구성원의 직무환경 자체를 개선하는 노력의 필요성을 완전히 대체할 수는 없을 것이다. 익히 지적되어 왔듯이, 감성지능과 같은 긍정적인 개인 심리요인을 강조하는 입장은, 조직의 요구에 부합하는 개인차원의 속성에만 관심을 기울인 나머지, 보다 객관적인 직무환경의 개선이 가지는 중요성을 간과하는 경향이 없지 않았다(Fineman, 2003, 2006; Thopmson & Mchugh, 2002). 고객만족을 넘어, 고객감동을 추구하는 무한경쟁이 격화되고 있는 작금에, 서비스 부문에 종사하는 사원들이 업무수행 중에 감정부조화를 경험하는 것은 일면 불가피한 일일 수 있다. 그렇기에 더 더욱 이들에게 직무수행의 재량권을 넓혀주고 적절한 사회적 지원을 제공하는 등 다양한 직무자원을 제공해 줌으로써, 이들이 감정부조화의 부정적인 영향을 극복하고, 가능한 한 감정적 균형감을 신속하게 회복할 수 있도록 직무여건을 개선해 주는 노력도 함께 병행될 필요가 있을 것이다.

하지만 추후의 연구는 몇 가지 점에서 지금보다 더 보완될 필요가 있다. 무엇보다 중요해 보이는 것은 반생산적 행동에 대한 측정의 문제이다. 앞서도 지적한 바 있듯이, 이 개념은 부정적인 성격의 역할외 성과를 대변하는 개념이기 때문에, 이를 측정하는 설문문항에 대해서는 응답자들이 방어적으로 응답할 가능성이 있다. 그래서 본 연구에서도 연구자가 방문조사를 시행해 회사를 거치지 않고 직접 설문지를 회수해 오는 등, 응답자의 익명성을 보장해 주기 위해 나름의 노력을 기울인바 있다. 그렇지만 본 연구는 기본적으로 자기보고(self-report)를 통한 측정에 의존하고 있다는 한계가 있다. 이보다 더 바람직한 방법은 독립변수와 종속변수에 대한 자료의 획득 원천(data source)을 달리하는 것이다. 이를테면, 독립변수는 서비스 종사원 당사자로부터 측정하되, 종속변수인 반생산적 행동과 조직시민행동 등 비과업행동 변수의 측정자료는 응답자의 직속상사나 혹은 동료들로부터 획득하는 방법을 강구해 볼 수 있을 것이다. 그러면 측정치의 진실성을 왜곡할 우려가 있는 요인을 사전 배제시킬 수 있을 뿐만 아니라, 독립변수와 종속변수를 동일한 원천으로부터 측정할 경우 발생될 수 있는 동일방법 사용문제(common method variance)도 자연스럽게 회피할 수 있는 이점이 있을 수 있다. 그 외에도, 본 연구에서는 표본을 서비스직 사원들에 한정하여, 비과업행동에 영향을 미칠 수 있는 제한된 변수들만을 고려해 보고 있다. 따라서 추후의 연구에서는 보다 다양한 직업군을 대상으로 하여, 긍정적 및 부정적인 차원의 비과업행동을 유인할 수 있는 조건과 그 결과에 대해 다양한 이론적 모형을 구성하고 이를 실증해 볼 필요가 있다고 생각된다.

Reference 참고문헌

01

김경석·문형구 (2005), 비과업행동 연구의 체계화를 위한 제언, 『인사관리연구』, 29(4): 1-30.

김상희 (2008), 판매원의 감정부조화와 심리적·행동적 반응의 관계: 감성지능과 사회적 지원의 조절효과를 중심으로, 『경영학연구』, 37(4): 989-1038.

김상희·서문식 (2005), 서비스접점에서 서비스제공자의 감정부조화 발생요인 및 조절요인에 관한 연구, 『마케팅연구』, 20(1): 111-145.

박동수·홍춘철·정성한 (2007), 소진의 직무요구-자원모형에서 감성지능의 조절역할, 『인사관리연구』, 31(1): 69-94.

박상언 (2009), 감정부조화의 영향과 그 조절요인에 관한 실증연구: 직무자율성과 사회적 지원의 조절효과를 중심으로, 『경영학연구』, 38(2): 379-405.

정현우·김창호 (2006), 종업원의 감성지능이 혁신행동에 미치는 영향에 관한 연구: 변혁적 리더십과 거래적 리더십의 조절효과, 『인사관리연구』, 30(4): 29-61.

한광현 (2004), 조직공정성이 반생산적 과업행동에 미치는 영향, 『인사관리연구』, 28(4): 57-84.

Abraham, R. (1998), Emotional dissonance in organizations: Antecedents, consequences and moderators. *Genetic, Social, and General Psychology Monographs*, 124: 229-246.

Abraham, R. (1999a), Emotional intelligence in organizations: A conceptualization. *Genetic, Social, and General Psychology Monographs*, 125: 209-224.

Abraham, R. (1999b), The impact of emotional dissonance on organizational commitment and intention to turnover. *The Journal of Psychology,* 133(4): 441-455.

Abraham, R. (2000), The role of job control as a moderator of emotional dissonance and emotional intelligence-outcome relationships. *The Journal of Psychology,* 134(2): 169-184.

Aiken, L. S. & West, S. G. (1991), *Multiple regression: Testing and interpreting interactions*, Beverly Hills, CA: Sage.

Ashforth, B. E. & Humphrey, R. H. (1993), Emotional labor in service roles:

The influence of identity. *Academy of Management Review*, 18: 88-115.

Ashkanasy, N. M., Zerbe, W. J. & Hartel, C. E. J. (Eds.) (2005), *The Effect of Affect in Organizational Settings*. San Diego: Elsevier.

Bakker, A. B. & Heuven, E. (2006), Emotional dissonance, burnout, and in-role performance among nurses and police officers. *International Journal of Stress Management*, 13(4): 423-440.

Barling, J., Slater, F. & Kelloway, E. K. (2000), Transformational leadership and emotional intelligence: An exploratory study. *Leadership and Organization Development Journal*, 21(3): 157-162.

Bateman, T. S. & Organ, D. W. (1983), Job satisfaction and the good soldier: The relationship between affect and employee citizenship. *Academy of Management Journal*, 26(4): 587-595.

Bechtoldt, M. N., Welk, C., Hartig, J. & Zapf, D. (2007), Main and moderating effects of self-control, organizational justice, and emotional labour on counterproductive behavior at work. *European Journal of Work and Organizational Psychology*, 16(4): 479-500.

Bennett, R. J. & Robinson, S. L. (2000), Development of a measure of workplace deviance. *Journal of Applied Psychology*, 85: 349-360.

Borman, W. C. & Motowidlo, S. J. (1993), Expanding the criterion domain to include elements of contextual performance. in N. Schmitt, W. C. Borman, & Associates (Eds.), *Personnel Selection in Organizations*: 71-98, San Francisco, CA: Jossey-Bass.

Brief, A. P. & Motowidlo, S. J. (1986), Prosocial organizational behavior. *Academy of Management Review*, 11(4): 710-725.

Brotheridge, C. M. & Grandey, A. A. (2002), Emotional labor and burnout: Comparing two perspectives of people work? *Journal of Vocational Behavior*, 60: 17-39.

Campbell, J. P. (1990), Modelling the performance prediction problem in industrial and organizational psychology. in M. D. Dunnette & L. M. Hough (Eds.) *Handbook of Industrial and Organizational Psychology*, (2nd ed.), vol. 1: 687-732, Palo Alto, CA: Consulting Psychologists Press.

Cartwright, S. & Pappas, C. (2008), Emotional intelligence, its measurement and implications for the workplace. *International Journal of Management*

Reviews, 10(2): 149-171.

Chen, P. Y. & Spector, P. E. (2002), Relationships of work stressors with aggression, withdrawal, theft and substance use: An exploratory study. *Journal of Occupational and Organizational Psychology*, 65: 177-184.

Ciarrochi, J., Chan, A. Y .C. & Caputi, P. (2000), A critical evaluation of the emotional intelligence construct. *Personality and Individual Differences*, 28: 539-561.

Collins, J. M. & Griffin, R. W. (1998), The psychology of counterproductive job performance. in R. W. Griffin, A. O'Leary-Kelly & J. M. Collins (Eds.), *Dysfunctional behavior in organizations: Violent and deviant behavior*: 219-242, Stamford, CT: JAI.

Côté, S. & Miners, C. T. H. (2006), Emotional intelligence, cognitive intelligence, and job performance. *Administrative Science Quarterly*, 51: 1-28.

Dalal, R. S. (2005), A meta-analysis of the relationship between organizational citizenship behavior and counterproductive work behavior. *Journal of Applied Psychology*, 90: 1241-1255.

Davies, M., Stankov, L. & Roberts, R. D. (1998), Emotional intelligence: In search of an elusive construct. *Journal of Personality and Social Psychology*, 75: 989-1015.

Day, A. L., Therrien, D. L. & Carroll, S. A. (2005), Predicting psychological health: Assessing the incremental validity of emotional intelligence beyond personality, Type A behavior, daily hassles. *European Journal of Personality*, 19(6): 519-536.

Druskat, V. U. & Wolff, S. B. (2001), Building the emotional intelligence of groups. *Harvard Business Review*, 79(3): 80-90.

Dulewicz, V. & Higgs, M. (1998), Emotional intelligence: Can it be measured reliably and validly using competency data? *Competency*, 6(1): 1-15.

Fox, S., Spector, P. E. & Miles, D. (2001), Counterproductive work behavior (CWB) in response to job stressors and organizational justice: Some mediator and moderator tests for automy and emotions. *Journal of Vocational Behavior*, 59: 291-309.

Fineman, S. (2003), *Understanding emotion at work*, London: Sage.

Fineman, S. (2006), On being positive: Concerns and counterpoints, *Academy of Management Review*, 31(2): 270-291.

Gardner, L. & Stough, C. (2002), Examining the relationship between leadership and emotional intelligence in senior level managers. *Leadership and Organization Development Journal*, 23(2): 68-78.

George, J. M. (2000), Emotions and leadership: The role of emotional intelligence. *Human Relations*, 53(8): 1027-1055.

Giardini, A. & Frese, M. (2006), Reducing the negative effects of emotion work in service occupations: Emotional competence as a psychological resource. *Journal of Occupational Health Psychology*, 11(1): 63-75.

Goleman, D. (1995), *Emotional Intelligence*, New York: Bantam.

Goleman, D. (1998), *Working with emotional intelligence,* New York: Bantam.

Grandey, A. A. (2000), Emotional regulation in the workplace: A new way to conceptualize emotional labor. *Journal of Occupational Health Psychology*, 5: 95-110.

Grandey, A. A. (2003), When "the show must go on": Surface and deep acting as determinants of emotional exhaustion and peer-rated service delivery. *Academy of Management Journal*, 46: 86-96.

Gruys, M. L. & Sackett, P. R. (2003), Investigating the dimensionality of counterproductive work behavior. *International Journal of Selection and Assessment*, 11: 30-42.

Hartel, C. E. J., Zerbe, W. J. & Ashkanasy , N. M. (Eds.) (2005), *Emotions in organizational behavior.* Mahwah, NJ: Lawrence Erlbaum Associates, Publishers.

Heuven, E. & Bakker, A. B. (2003), Emotional dissonance and burnout among cabin attendants. *European Journal of Work and Organizational Psychology*, 12: 81-100.

Hochschild, A. R. (1983), *The Managed Heart: Commercialization of Human Feeling.* Berkeley, CA: University of California Press.

Holman, D., Chissick, C. & Totterdell, P. (2002), The effects of performance monitoring on emotional labor and well-being in call centers. *Motivation and Emotion*, 26(1): 57-81.

Huy, Q. N. (1999), Emotional capability, emotional intelligence, and radical change. *Academy of Management Review*, 24(2): 325-345.

Jordan, P. J., Ashkanasy, N. M., Hartel, C. E. J. & Hooper, G. S. (2002), Workgroup emotional intelligence: Scale development and relationships to team process effectiveness and goal focus. *Human Resource Management Review,* 12(2): 195-214.

Kelley, R. & Caplan, J. (1993), How Bell labs create star performers. *Harvard Business Review*, July-August, 100-103.

Kelloway, E. K., Loughlin, C., Barling, J. & Nault, A. (2002), Organizational citizenship and counterproductive behaviors: Separate but related constructs. *International Journal of Selection and Assessment*, 10: 143-151.

Kerr, R., Garvin, J. Heaton, N. & Boyle, E. (2006), Emotional intelligence and leadership effectiveness. *Leadership and Organization Development Journal*, 27(4): 265-275.

Law, K. S., Wong, C. S. & Song, J. (2004), The construct and criterion validity of EI and its potential utility for management. *Journal of Applied Psychology*, 89(3): 483-496.

LePine, J. A., Erez, A. & Johnson, D. E. (2002), The nature and dimensionality of organizational citizenship behavior: A critical review and meta-analysis. *Journal of Applied Psychology*, 87: 52-65.

Lewig, K. A. & M. F. Dollard (2003), Emotional dissonance, emotional exhaustion and job satisfaction in call centre workers. *European Journal of Work and Organizational Psychology,* 12(4): 366-392.

Marcus, B. & Schuler, H. (2004), Antecedents of counterproductive behavior at work: A general perspective. *Journal of Applied Psychology*, 89: 647-660.

Martin, J. M., Knopoff, K. & Beckham, C. (1998), An alternative to bureaucratic impersonality and emotional labor: Bounded emotionality at The Body Shop. *Administrative Science Quarterly*, 43(2): 429-470.

Mayer, J. D., Caruso, D. R. & Salovey, P. (2000), Emotional intelligence meets traditional standards for an intelligence. *Intelligence*, 27(4): 267-298.

McNeely, B. L. & Meglino, B. M. (1994), The role of dispositional and situational antecedents in prosocial organizational behavior: An examination of the intended beneficiaries of prosocial behavior. *Journal of Applied Psychology*, 79: 836-844.

Miles, D. E., Borman, W. E., Spector, P. E. & Fox, S. (2002), Building an integrative model of extra role work behaviors: A comparison of counterproductive work behavior with organizational citizenship behavior. *International Journal of Selection and Assessment*, 10: 51-57.

Morris, J. A. & Feldman, D. C. (1996), The dimensions, antecedents, and consequences of emotional labor. *Academy of Management Review*, 21: 986-1000.

Motowidlo, S. J. (2000), Some basic issues related to contextual performance and organizational citizenship behavior in human resource management. *Human Resource Management Review*, 10(1): 115-126.

Neuman, J. H. & Baron, R. A. (1998), Workplace violence and workplace aggression: Evidence concerning specific forms, potential causes, and preferred targets. *Journal of Management*, 24: 391-419.

O'Brien, K. E. & Allen, T. D. (2008), The relative importance of correlates of organizational citizenship behavior and counterproductive work behavior using multiple sources of data. *Human Performance*, 21: 62-88.

Organ, D.W. (1988), *Organizational Citizenship Behavior: The Good Soldier Syndrome*. Lexington, MA : Lexington Books.

Organ, D.W. (1990), The Motivational Basis of Organizational Citizenship Behavior. in Staw, B. M. & Cummings, L. L. (Eds.), *Research in Organizational Behavior*, vol. 12: 43-72, Greenwich, Connecticut: JAI Press.

Othman, A. K., Abdullah, H. S., & Ahmad, J. (2008), "Emotional intelligence, emotional labour and work effectiveness in service organizations : A proposed model", *The Journal of Business Perspective*, 12(1): 31-42.

Pearson, C. M. & Porath, C. L. (2005), On the nature, consequences and remedies of workplace incivility: No time for "nice"? Think again, *Academy of Management Executive*, 19(1): 7-18.

Podsakoff, P. M., MacKenzie, S. B. & Bommer, W. H. (1996), Transformational Leader Behaviors and Substitutes for Leadership as Determinants of Employee Satisfaction, Commitment, Trust and Organizational Citizenship Behaviors. *Journal of Management*, 22: 259-298.

Pugh, S. D. (2001), Service with smile: Emotional contagion in the service encounter. *Academy of Management Journal*, 44(5): 1018-1027.

Quebbeman, A. J. & Rozell, E. J. (2002), Emotional intelligence and dispositional affectivity as moderators of workplace aggression: The impact on behavior choice. *Human Resource Management Review*, 12(1): 125-143.

Robinson, S. L. & Bennett, R. J. (1995), A typology of deviant workplace behaviors: A multidimensional scaling study. *Academy of Management Journal,* 38: 555-572.

Sackett, P. R., Berry, C. M., Wiemann, S. A. & Laczo, R. M. (2006), Citizenship and counterproductive behavior: Clarifying relations between the two domains. *Human Performance*, 19(4): 441-464.

Salovey, P. & Mayer, J. D. (1990), Emotional Intelligence. *Imagination, Cognition, and Personality*, 9(3): 185-211.

Schaubroeck, J. & Jones, J. R. (2000), Antecedents of workplace emotional labor dimensions and moderators of their effects on physical symptoms. *Journal of Organizational Behavior*, 21: 163-183.

Schaufeli, W. B., van Dierendonck, D. & van Gorp, K. (1996), Burnout and reciprocity: Towards a dual-level social exchange model. *Work and Stress*, 10: 225-237.

Skarlicki, D. P. & Folger, R. (1997), Retaliation in the workplace: The roles of distributive, procedural, and interactional justice. *Journal of Applied Psychology*, 82: 434-443

Slaski, M & Cartwright, S. (2002), Health, performance and emotional intelligence: An exploratory study of retail managers. *Stress and Health*, 18(2): 63-68.

Slaski, M & Cartwright, S. (2003), Emotional intelligence training and its implications for stress, health and performance. *Stress and Health,* 19(4): 233-239.

Smith, C. A., Organ, D. W. & Near, J. P.(1983), Organizational Citizenship Behavior: Its Nature and Antecedents. *Journal of Applied Psychology*, 68(4): 653-663.

Spector, P. E. & Fox, S. (2002), An emotion-centered model of voluntary work behavior: Some parallels between counterproductive work behavior and organizational citizenship behavior. *Human Resource Management Review*, 12: 269-292.

Staw, B. M. (1984), Organizational behavior: A review and refomulation of the field's outcome variables. *Annual Review of Psychology*, 35: 627-666.

Thompson, P. & McHugh, D. (2002), *Work Organizations: A Critical Introductions* (3rd ed.), Houndsmills, UK: Palgrave.

Tsaousis, I. & Nikolaou, I. (2005), Exploring the relationship of emotional intelligence with physical and psychological health functioning. *Stress and Health*, 21(2): 77-86.

Van Dijk, P. A. & Kirk-Brown, A. (2006), Emotional labour and negative job outcomes: An evaluation of the mediating role of emotional dissonance. *Journal of Management and Organization*. 12(2): 101-115.

Van Rooy, D. L. & Viswesvaran, C. (2004), Emotional intelligence: A meta-analytic investigation of predictive validity and nomological net. *Journal of Vocational Behavior*, 65: 71-95.

Vardi, Y. & Wiener, Y. (1996), Misbehavior in organizations: A motivational framework. *Organizational Science*, 7(2): 151-165.

Werner, J. M. (2000), Implications of OCB and contextual performance for human resource management. *Human Resource Management Review*, 10(1): 3-24.

Wharton, A. S. (1993), The affective consequences of service work. *Work and Occupations*, 20: 205-232.

Wong, C. & Law, K. S.(2002), The Effects of Leader and Follower Emotional Intelligence on Performance and Attitude: An Exploratory Study. *The Leadership Quarterly*, 13(3): 243-274.

Zapf, D. (2002), Emotion work and psychological well-being: A review of the literature and some conceptual considerations. *Human Resource Management Review*, 12: 237-268.

Zapf, D., Seifert, C., Schmutte, B., Mertini, H. & Holz, M. (2001), Emotion work and job stressors and their effects on burnout. *Psychology and Health*, 16: 527-545.

Zapf, D., Vogt, C., Seifert, C., Mertini, H., & Isic, A. (1999), Emotion work as a source of stress: The concept and development of an instrument. *European Journal of Work and Organizational Psychology*, 8(3): 371-400.

Zhou, J. & George, J. M. (2003), Awakening employee creativity: The role of leader emotional intelligence. *Leadership Quarterly*, 14(4): 545-568.

02

직무소진 (Job Burnout)

02

OECD 국가들 중에서도 가장 노동시간이 긴 한국의 대다수 직장인들은 아직도 상당한 수준의 '과로체제'에서 일을 하고 있다고 볼 수 있다. 여기에, 날로 심화되고 있는 고용불안과 성과주의에 입각한 관리시스템은 이들이 겪는 직무관련 스트레스와 긴장을 더욱 가중시키는 요인이 되고 있기도 하다. ***'II부 직무소진'***에서는, 앞서 감정노동 연구들에서도 종속변수로 흔히 활용되었던 직무소진 요인에 대해 더욱 심층적으로 살펴보고 있다.

* 먼저, ***'4장 직무소진과 개인차'***에서는 직무소진의 개념에 대한 논의와 함께, 이를 다루어 왔던 대표적인 연구모형인 '직무요구-통제 모형'과 '직무요구-자원 모형'에 대해 자세히 살펴본다. 또한 유사한 직무여건에서도 직무소진을 느끼는 정도에 있어서 사람마다 차이가 있을 수 있다는 전제 하에, '적극적 성격'과 '자기효능감' 등의 개인차 요인들이 업무부하가 직무소진에 미치는 영향을 어떻게 조절할 수 있는 지를 실증적으로 확인해 보고 있다.

* 사실, 직장인이 일정한 수준의 직무관련 스트레스를 경험하는 것은 어쩌면 현실적으로 불가피한 일일 수 있다. 그러므로 이들이 일의 세계에서 느끼는 직무소진을 가급적 덜 경험하도록 도와주는 것이 중요할 수 있다. ***'5장 직무소진과 직무자원'***에서는 직무소진의 이러한 부정적인 영향을 완충시켜 줄 수 있는 다른 직무자원 요인에 대해 살펴보고 있다. 즉 이 장에서는, 직장생활 속에서 조직구성원이 경험하는 공정성에 대한 지각이 이들의 직무소진을 덜어줄 수 있는 효과적인 한 직무자원이 될 수 있음을, 공정성이론과 직무요구-자원 모형에 기반해 실증해 보고 있다. 이를 통해, 우리는 심지어 비슷한 수준의 업무여건에 직면해 있더라도, 조직이 얼마나 자신을 공정하게 대우하는가의 느낌이 직무소진의 경험을 달리 가질 수 있게 만들어 준다는 흥미로운 사실을 발견하게 된다.

4장 직무소진과 개인차: 적극적 성격과 자기효능감

02

Ⅰ. 들어가며

지금까지 직무소진(job burnout)에 관한 많은 연구가 축적되어 왔다. 이는, 구조조정과 성과경쟁 등 점차 심화되어 가는 기업 경쟁환경으로 말미암아, 조직현장에서 사원들이 경험하는 각종 직무스트레스와 직무긴장이 지속적으로 증가해 온 추세와 결코 무관하지 않아 보인다. 이를 상쇄하려는 듯, 최근 일터와 가정에서 건강과 이른바 '웰빙'(well-being)을 추구하는 또 다른 관심이 커져가고 있는 경향도 이러한 저간의 사정을 역설적으로 반영하고 있는 것일 수 있다. 이렇게 볼 때, 여러 가지 부정적인 부작용이 초래되지 않도록 적절하고 도전적인 수준으로 직무요구를 관리하고 또 이를 위한 직무환경을 조성해 가는 것은, 오늘날 기업과 그 경영자에게 제기되고 있는 중요한 경영과제라고 할 수 있을 것이다.

직무스트레스나 직무소진에 영향을 미치는 요인들과 관련해서는 지금까지 많은 연구가 이루어져 왔다. 이 가운데 가장 대표적인 연구모형으로는 R. Karasek의 '직무요구-통제 모형'(Job Demand-Control model, JD-C model)을 들 수 있다(Karasek, 1979; Karasek & Theorell, 1990). 이 모형은 대다수 사원들이 업무현장에서 경험하는 직무긴장의 원인을 직무요구와 직무통제 등 주로 직무환경 요인들에서 찾고 있는 연구모형이다. 지금까지 많은 연구들이 이 모형의 타당성과 또 그것이 시사하는 처방책의 유효함을 실증하기 위해 이루어져 왔다. 하지만 이 모형의 핵심 명제라고 할 수 있는, 직무요구와 직무통제간의 상호작용 효과 즉, 직무요구에 대한 직무통제의 완충효과(buffering effect)와 관련해서는 여전히 논란이 제기되고 있다.

지금까지 이러한 직무요구-통제 모형을 보완하고 그 설명력을 제고시키기 위한 노력은 대략 두 가지 방향에서 이루어져 왔다고 볼 수 있다. 그 하나는 기존의 직무통제 요인 이외에, 직무요구와 직무긴장 사이의 관계를 조절할 수 있는 또 다른 '직무자원'(job resources) 요인들을 규명하고 이를 포함한 확장된 연구모형을 구성하는 것이다. 이른바 '직무요구-자원 모형'(Job Demand-Resource model, JD-R model)이 바로 그것이다. 다른 한편으로는, 동일한 직무상황에 처해서도 직무긴장을 느끼는 정도에 사람마다 차이가 있을 수 있다는 전제 하에, 직무요구-통제 모형에 개인차 변수들을 투입한 확장 모형을 구성하고, 이러한 개인차 변수의 역할을 조명해 보는 것이다.

직무소진과 직무요구-통제 모형에 대한 외국의 많은 연구 성과에도 불구하고, 지금까지 국내에서는 이에 대한 연구관심이 상대적으로 그리 많지 않아 왔다. 이는, 이른바 '과로체제'로 특징 지워져 왔던 우리나라 기업의 직무현장에 대한 반성이 최근에야 비로소 본격적으로 제기되고 있는 현실과도 무관하지 않을 수 있다. 하지만 최근 들어, '사회적 지원'이나 '조직공정성' 등 이른바 직무자원 변수들을 추가로 투입하여 확장된 연구모형을 구성하고, 이 모형의 유용성을 확인하는 연구가 국내에서도 일부 시도되고 있다(박상언 외, 2005, 2006). 하지만 직무요구-통제 모형의 또 다른 연구 방향인 개인차 변수의 역할을 조명한 국내 실증연구는 아직 찾아보기 어렵다. 따라서 본 연구는 우리나라 기업의 사원들을 대상으로, 직무소진을 종속변수로 한 실증연구를 통하여 이러한 연구 공백을 메꾸는 데 일조를 해 보고자 한다.

Ⅱ. 이론적 배경

2.1 직무소진

소진(burnout)이란 개념은, 원래 다양한 분야에 종사하는 자원봉사자들의 지친 심신 상태를 지칭하기 위해 1970년대 중반 Freudenberger가 처음 창안해 썼던 것에서 유래한다(Freudenberger, 1974). 그 이후, 기업내 업무 수행과정에서 사원들이 경험하는 소진 즉, 직무소진(job burnout)에 대한 연구관심이 점차 늘어가고 있다. 직무소진은 원래 '대인적인 접촉이 잦을 수밖에 없는 직무들에서 직무담당자가 장시간 스트레스 요인에 노출됨으로 인해 겪게 되는 부정적인 심리적 경험'을 의미해 왔다(Maslach & Schaufeli, 1993). 하지만 최근의 연구결과들에 의하면, 이러한 직무소진 현상은 비단 '사람'을 대상으로 하는 대인접촉 직무에서 뿐만 아니라, '정보'와 '사물'을 주로 취급하는 거의 모든 직종과 조직 구성원들에게서 발견할 수 있다는 것을 보여주고 있다(예를 들면, Cordes et al., 1997; Demerouti et al., 2001; Leiter & Schaufeli, 1996; Sand & Miyazaki, 2000 등).

이러한 직무소진은, 일반적으로 개인차원에서 불안과 우울, 자존심의 저하 등은 물론, 심할 경우 심장병과 각종 스트레스성 질환을 초래하는 등 심리적, 육체적으로 다양한 부정적인 결과를 초래하는 것으로 알려져 왔다. 또 직무소진은 사원들의 이직 및 근태율의 증가와 생산성의 감소, 직무만족 및 조직몰입의 저하 등을 통하여 조직효과성에도 매우 부정적인 영향을 미칠 수 있다고 평가되어 왔다(Maslach et al., 2001; Wright & Bonett, 1997). 더 나아가 일부 연구자들에 따르면, 이 직무소진은 그것을 경험한 사람으로부터 다른 동료 사원들로 쉽게 확산될 우려가 있을 뿐만 아니라, 심지어 가정생활에도 심각한 부정적 영향을 미칠 수 있다고 우려되고 있다(Cordes & Dougherty, 1993; Westman et al., 2001).

한편, 1980년대 이후 Maslash와 그의 동료 연구자들(Maslach & Jackson, 1981)이 직무소진을 측정하는 구체적인 측정도구를 개발한 이래, 그간 직무소진의 구성개념에 대해 많은 논의가 있어왔다. 이에 따르면, 일반적으로 직무소진은 (1) 기존의 직무긴장 변수와 유사하게, 육체적, 정서적 소진 상태를 의미하는 '고갈'(exhaustion)과, (2) 일에 대해 회의적이고 냉소적인 태도를 갖는 것을 의미하는 '일로부터의 심리적 이탈'(disengagement), 그리고 (3) 업무에 대한 자신감의 감소 내지는 상실을 의미하는 '저하된 개인적 성취감'(feelings of reduced personal accomplishment) 등 3가지 차원을 갖는 것으로 주장되어 왔다(Maslach, 1982). 하지만, 그간의 연구들에서 '낮은 개인적 성취감' 차원은 직무소진의 나머지 두 차원과 가장 낮은 상관관계를 보여 왔을 뿐만 아니라(Lee & Ashforth, 1996; Maslach et al., 2001), 이 차원은 직무소진 반응의 순수한 한 구성요인이라기보다는 오히려 '자기효능감'(self-efficacy)에 더 가까운 개인적인 성격 특성을 반영하는 개념으로서, 고갈이나 심리적 이탈 차원과는 어느 정도 독립적인 발생을 갖는 것으로 비판되어져 왔다(Cordes & Dougherty, 1993; Leiter, 1993). 이러한 여러 가지 이유들로 인해, 오늘날에는 비단 대인접촉 직무만이 아닌, 보다 일반적인 직무들을 대상으로 직무소진을 연구할 경우, '고갈'과 '일로부터의 심리적 이탈' 등 두 차원만을 '직무소진의 핵심 차원'(core dimensions of burnout)으로 간주하고 측정하는 경향이 있다(Bakker et al., 2004; Demerouti et al., 2001).

지금까지 이루어진 여러 실증연구들에 따르면, 이러한 직무소진의 두 하위차원 간에도 흥미로운 관계가 존재하는 것으로 밝혀졌다. 먼저 일부 연구들에 의하면, 직무소진의 두 핵심차원 가운데, '고갈'이 '일로부터의 심리적 이탈'을 심화시키는 한 요인인 것으로 지적되기도 했다.(Bakker et al., 2000; Cordes et al., 1997). 즉, 육체적, 정신적 고갈 상태는 자신의 일에 대한 냉소적인 태도와 염증을 더 가중시킬 수 있다는 것이다. 하지만 최근에 이루어진 여러 연구들은 직무소진 개념의 두 하위 차원들이 각각 서로 독립적인 심리적 과정을 추동할 수 있다는 것을 보여주고 있다. 즉, Demerouti 등(2001)의 연구에 따르면, 직무요구는 직무담당자의 육체적 피로감과 정서적 소진 상태를 증대시킴으로써 주로 직무소진의 '고갈' 차원과 연관되는 반면, 해당 직무수행의 자율적 통제력을 갖지 못하거나 혹은 직무수행과정에서 상사나 동료로부터 사회적 지원을 받지 못하는 등 적절한 직무자원(job resources)을 확보하지 못하는 것은 직무소진의 '심리적 이탈' 차원에 더 큰 영향을 미치는 것으로 확인되었다. 그리하여, 직무요구의 증대는 '고갈'의 증대를 매개로, 주로 조직내 공식적인 역할내 성과에 부정적인 영향을 미치는 반면, 직무자원의 결핍은 '일로부터의 심리적 이탈'을 매개로 하여, 조직시민행동이나 혁신추구 행동 등 주로 자발적인 차원의 역할외 성과와 직무행동을 감소시킬 수 있음이 밝혀져 왔다(Bakker et al., 2004; Schaufeli & Bakker, 2004).

2.2 직무요구-통제 모형(JD-C model)과 직무요구-자원 모형(JD-R model)

앞서 언급한 바 있듯이, Karasek의 직무요구-통제 모형(Job Demand-Control Model)은 지금까지 수행되어 왔던 직무긴장이나 소진, 그리고 직무스트레스와 관련된 많은 실증연구들의 주요 이론적 기반을 제공해 왔다는 점에서, 일반적으로 이 분야의 가장 영향력있는 연구모형중의 하나로 간주되어지고 있다(Fox et al., 1993: 290). [그림 4-1]에서 볼 수 있듯이, 이 연구모형은 직무환경을 구성하는 두 가지 핵심 차원인 '직무요구'와 '직무통제'의 두 차원으로 구성되어 있다. 이 때, '직무요구'(job demand)란 '해당 직무담당자에게 지속적인 육체적, 정신적 노력을 요구함으로써, 정서적 소진이나 피로와 같은 생리적, 심리적 희생을 초래하게 되는 제반 직무 특성'을 의미한다. 곧, 특정 직무가 해당 직무담당자에게 요구하게 되는 육체적, 정신적 노력과 부담을 의미한다고 볼 수 있으며, 이는 흔히 업무량(work load), 시간적 압박(time pressure), 그리고 역할 갈등 등의 측면으로 조작화되어 측정되어진다(Karasek, 1985). 반면, '직무통제'(job control)는 때때로 '의사결정의 자율성 정도'(decision latitude)로 불리어지기도 하는데, 이는 결국 '직무담당자가 자신의 직무활동을 얼마나 스스로 통제가능한가의 정도'를 의미한다고 볼 수 있다. 이 차원은 흔히 일의 계획이나 방법, 순서 등을 해당 직무담당자가 얼마나 자율적으로 수립, 결정해 갈 수 있는 가의 정도로 조작화되어 측정되어져 왔다(Kasl, 1996; Wall et al., 1996).

이 모형에 따르면, 직무긴장과 피로, 직무스트레스 등 직무담당자가 직무수행과정에서 느끼게 되는 여러 가지 부정적인 결과들은 직무요구와 직무통제 등 이 모형을 구성하는 두 가지 요인들에 의해 발생된다. 이런 점에서, 이 모형은 기본적으로 두 가지 주 효과(main effects) 가설을 가정하고 있다고 볼 수 있다. 즉, 직무요구 수준이 높을수록, 그리고 직무통제 수준이 낮을수록 직무담당자가 느끼는 직무긴장 등 부정적인 영향은 더 크게 나타날 것이라는 점이다.

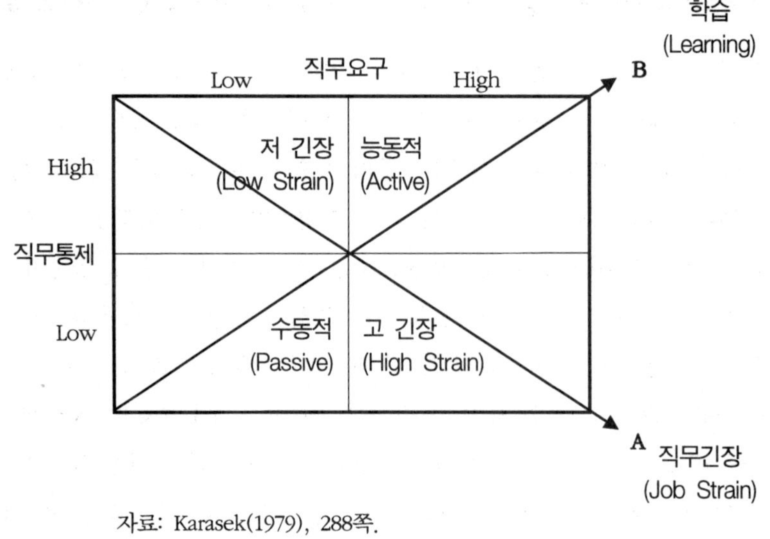

자료: Karasek(1979), 288쪽.

그림 4-1 **직무요구-통제 모형**

하지만, 이 모형이 함축하고 있는 더욱 중요한 가정은 직무요구와 직무통제 등 이들 두 요인간의 상호작용에 있다. 즉 이 모형에 따르면, 높은 직무긴장을 초래하는 것은 단순히 직무요구 수준 그 자체만이 아니라, 그러한 요인과 직무에 대한 낮은 통제가 결합되어질 경우이다. 그리하여, 직무요구 수준은 높은 반면, 직무통제 수준은 낮은, 이른바 '고직무긴장 직무들'(high strain jobs)에서는 직무담당자가 이러한 직무상황에 대해 적절히 대응해 나갈 여지와 수단이 없을 것이기 때문에 가장 높은 수준의 직무긴장을 경험하게 된다. 반면, 직무요구 수준이 높지만, 또한 직무통제 수준 역시 높은, 이른바 '능동적 직무들'(active jobs)에서는, 해당 직무담당자가 많은 직무요구들을 자신이 능동적으로 대처해 나갈 수 있는 여지와 수단을 가지기 때문에, 직무긴장 등 부정적인 여러 결과들로부터 스스로를 적절히 보호, 완충시켜 갈 수 있게 될 뿐만 아니라, 더 나아가 그러한 도전적인 직무수행과정으로부터 새로운 직무수행 기술과 경험을 축적하게 됨으로써 학습과 개인적인 직무역량의 신장 효과까지 기대해 볼 수 있다는 것이다(Karasek, 1979; Karasek & Theorell, 1990). 결국, 이 모형은 직무요구와 직무긴장 사이의 관계에서 직무통제 요인이 수행하는 조절효과(moderating effects)를 강조하고 있는데, 즉, 직무통제 요인이 직무요구의 증대에 따른 여러 가지 부정적인 결과들을 완충 혹은 완화시키는 역할을 수행하게 된다고 가정하고 있다.

극심한 경쟁여건으로 말미암아 사원들에게 부과되는 직무요구 수준을 쉽게 줄이기 어려운 입장에 있는 많은 기업들의 현실적인 여건을 고려해 볼 때, 직무요구-통제 모형은 굳이 그러한 선택을 하지 않고서도 사원들의 직무긴장과 스트레스를 줄여 나갈 수 있는 새로운 직무설계 방향을 모색하고 있다는 점에서, 상당히 흥미로운 관리적 시사점을 내포하고 있다고 볼 수 있다. 이러한 이유로 인해, 직무요구-통제 모형이 시사하는 주요 가설들을 경험적으로 실증하고 또 그를 바탕으로 이 이론을 보완하기 위해 많은 연구들이 이루어져 왔다(예를 들면, Butler et al., 2005; Demerouti et al., 2001; Dwyer & Ganster, 1991; Fletcher & Jones, 1993; Fox et al., 1993; Landsbergis, 1988; Van Yperen & Hagedoorn, 2003; Warr, 1990 등).

하지만 전반적으로 볼 때, 지금까지 이러한 경험연구들은 그리 일관된 연구결과들을 보여주진 못해 왔다. 즉, 직무요구와 직무통제 요인이 직무긴장과 직무소진 등 심리적인 측정지표들에 대해서 뿐만 아니라, 조사대상자들의 혈압이나 심장혈관 질환 등 객관적인 건강지표들에 미치는 영향 면에 있어서, 그간 직무요구-통제 모형의 주 효과 가설들은 대체로 입증되어 왔다고 볼 수 있으나, 직무요구와 직무통제간의 상호작용 효과는 그리 일관되게 입증되지 못해 왔던 것이다(de Jonge & Kompier, 1997; Jones & Fletcher, 1996). 한 예로, 지난 20년 간 이루어져 왔던 경험연구들에 대한 최근의 한 문헌고찰 연구에서는, 그간 상호작용 효과를 검증했던 총 31개의 연구들 가운데 단지 15개의 연구들만이 이 효과를 (부분적으로 혹은 완전하게) 입증해 주었던 것으로 지적되고 있다(Van der Doef & Maes, 1999). 또한 1980년 이후 이루어져 왔던 총 45개의 종단적 연구들에 대한 검토 역시, 직무요구-통제 모형의 주 효과 이외에 상호작용효과에 대해서는 일관된 결과가 산출되지 못했음을 재확인해 주고 있다(de Lange et al., 2003).

이러한 문제점과 관련해서는 그동안 몇 가지 방법론적, 개념적 이유들이 제시되어 왔다. 우선 방법론적 차원의 비판으로 가장 중요한 것은, 주요 변수의 측정과 관련한 지적을 들 수 있다. 즉, 일부 연구들에서는 직무요구를 측정함에 있어서 '업무량'과 같은 직접적이고 구체적인 요인뿐만 아니라, 이를테면 직무담당자가 겪는 '대인관계적 갈등'과 같은 간접적인 영향 요인들까지를 포함시켜 개념화하기도 하고, 또 직무통제 역시 상당수 연구들에서 막연한 '참여의 정도'나 혹은 '자율성의 정도'로만 개념화하는 등 그간의 연구들이 핵심 변수들을 너무 넓게 정의하고 측정해 왔다는 것이다(de Rijk et al., 1998; Salanova et al., 2002). 따라서 이렇게 측정된 변수들은 기본적으로 구체적인 직무수행 상황을 제대로 반영하지 못할 뿐만 아니라, 무엇보다 '직무요구'와 '직무통제' 변수가 서로 동일한 구체성의 수준에서 대응될 수 있게끔 측정되지 못해 왔다는 비판이 제기되었다. 즉, 응답자가 경험하는 직무요구의 내용과 그들이 행사하는 직무통제의 내용이, 구체적인 직무수행과정을 반영하면서 서로 긴밀히 연관되지 못했던 것이 이들 두 변수 간에 소기의 상호작용 효과가 관찰되기 어렵게 만든 주요 원인이었다는 것이다. 그러므로 가급적 구체적인 직무상황을 반영해 줄 수 있는 설문 문항을 개발하거나 혹은 개별 직업적 범주에 부합되는 측정도구들을 별도로 개발해 나간다면, 직무요구-통제 모형의 설명력은 더욱 증진될 수 있을 것이라는 제안이 있어 왔다(Jimmieson, 2000; Wall et al., 1996).

하지만, 직무요구-통제 모형의 설명력과 유용성을 개선하기 위한 보다 의미있는 진전은 개념적 차원에서 이루어져 왔다고 볼 수 있다. 먼저, 직무요구와 여러 부정적 결과 사이의 관계를 조절할 가능성이 있는 요인들 가운데, 그동안의 연구에서는 간과되어 왔던 다양한 '직무맥락'(job context) 변수들이 적극적으로 탐색되기 시작하였다. 이러한 과정에서 정립되기 시작한 새로운 연구모형이 바로 '직무요구-자원 모형'(JD-R model)이다. 이는 결국 일종의 '확장된 직무요구-통제모형'(extended JD-C model)이라고 할 수 있는데, 왜냐하면 이 모형은 기존의 직무통제 요인 이외에 직무요구와 상호작용하여 직무소진 등 부정적인 심리적 경험을 경감, 완화시켜 줄 수 있는 다양한 조절요인을 규명해 보고자 하는 시도에서 비롯되었다고 볼 수 있기 때문이다.

이 모형에 의하면, 일반적으로 '직무자원'(job resources)이란, '직무담당자가 자신의 직무요구에 효과적으로 대처해 가고, 직무긴장 등 부정적인 영향을 적절히 감소시켜 가는데 기여하며, 또 궁극적으로 직무목표를 달성해 가는데 기능적인 역할을 하는 일체의 직무맥락 요인들'을 일컫는다(Demerouti et al., 2001). 이렇게 볼 때, 실제 업무수행 상황에서 이러한 직무자원으로 구실할 수 있는 것에는 다양한 요인들이 있을 수 있다. 즉, 직무자율성이나 통제, 의사결정에의 참여, 기술 다양화(skill variety), 역할 명료화, 성과피드백 제공 등 개별 직무차원과 관련된 요인들은 물론, 상사나 동료사원들의 지원과 협력적인 팀 분위기 등과 같은 대인관계적 요인들도 이에 포함될 수 있으며, 심지어 전반적인 임금수준과 경력기회, 고용 안정성(job security), 신뢰, 조직공정성의 제공 여부 등과 같은 조직적 차원의 요인들도 이러한 직무자원의 구실을 할 수 있다고 지적되어 왔다(Bakker et al., 2004). 또한 지금까지 다양한 직무자원 요인들의 조절효과를 경험적으로 확인한 많은 연구들은, 직무요구-통제 모형의 개념적 확장모형으로서 직무요구-자원 모형의 유용성을 재확인해 주고 있다(Bakker et al, 2004; Demerouti et al., 2001; Sand & Miyazaki, 2000; Schaufeli & Bakker, 2004; Van Yperen & Hagedoorn, 2003 등).

2.3 개인차 변수의 역할: '적극적 성격'과 '자기효능감'

하지만 직무요구-통제 모형의 설명력을 제고시키기 위해 이 모형을 개념적으로 확장하고자 하는 노력은 또 다른 방향으로도 전개되어 왔다. 사실, 직무요구-자원 모형의 개발을 비롯하여 그동안 연구의 주류적인 흐름은 직무스트레스와 직무소진의 증감 요인을 직무환경에서 찾는 것이었다. 그렇지만, 동일한 직무조건 하에서도 직무소진을 더 느끼는 사람과 그렇지 않은 사람이 있다는 사실은 직무수행자의 개인적 요인 역시 이 과정에 일정한 역할을 할 수 있다는 것을 시사해 준다. 이런 차원에서, 직무요구-통제 모형을 적용함에 있어서도 '성격 특성'(personality characteristics)과 '개인차'(individual differences) 변수들을 적절히 고려할 필요가 있다는 지적이 있어 왔다(Buhler & Land, 2003; Parkes, 1994; Perlman & Hartman, 1982; Van der Doef & Maes, 1999). 즉, 직무요구-통제 모형에서 직무요구가 야기하는 부정적인 영향을 조절할 것으로 기대되는 직무통제 요인만 하더라도, 그것이 어떤 사람들에게는 완화요인으로 작용할 수 있지만, 다른 사람에게는 오히려 직무소진을 더욱 가중시키는 요인으로 작용될 가능성도 없지 않다는 것이다. 이를테면, 적극적이고 통제성향이 큰 사람에게 있어서는 직무통제 요인을 증가시켜 주는 것이, 직무요구의 증대가 수반하는 부정적인 영향을 완화시킬 수 있는 효과적인 '완화제' 구실을 할 수 있지만, 수동적이고 통제성향이 크지 않은 사람에게 있어서는 이러한 조치가 오히려 업무부담과 직무소진을 더 가중시키는 요인이 될 수도 있는 것이다.

이와 같은 취지에서, 지금까지 여러 개인차 변수들이 탐색되어 왔다. 즉, 개인의 '통제성향'(Parkes, 1991), '능동적인 대처 스타일'(de Rijk et al., 1998), '적극적 성격'(Parker & Sprigg, 1999), '목표 지향성'(Van Yperen & Janssen, 2002), '능력-직무 적합성'(ability-job fit)에 대한 인식(Xie, 1996), 그리고 '자기효능감'(Jimmieson, 2000; Schaubroeck & Merritt, 1997) 등 다양한 요인들이 직무요구-통제 모형에서 추가적인 조절역할을 할 수 있는 성격 특성 및 개인차 변수들로 확인되어져 왔던 것이다.

본 연구에서는 앞서 논한 직무소진을 종속변수로 하여, 이 가운데 '적극적 성격'과 '자기효능감' 변수가 수행하는 조절역할을 국내 기업 사원들을 대상으로 재검증해 보고자 한다. 먼저, '적극적 성격'(proactive personality)이란 '당면한 주변 환경에 변화를 이루어내고자 하는 개인적 기질 또는 행동성향'을 뜻한다. 이는 한 개인의 상당히 안정된 행동 경향성 혹은 성격 특징을 지칭하는 개념으로서, '성취동기'(need for achievement)나 '통제성향'(locus of control) 등 내용적으로 유사한 다른 개념들과도 독립적으로 구별되는 성격 특징으로 확인된 바 있다(Bateman & Crant, 1993). 일반적으로 적극적 성격을 가진 사람은 자신이 원하는 변화를 이루어내기 위해 상황적 제약에 구애됨이 없이 적극적으로 기회를 탐색하고, 필요한 행동을 주도적으로 취해 나간다. 반면, 그렇지 못한 사람은 그러한 변화의 기회를 능동적으로 찾아내거나 혹은 포착하지 못하며, 자신이 당면한 주변 여건을 그저 감내하거나 수동적으로 적응해 가는데 만족하기 쉽다.

이렇게 볼 때, 적극적 성격을 많이 가진 사람일수록 능동적인 문제해결 의욕과 변화지향성이 큰 사람이고 또 실제로 필요한 상황변화를 이루어 갈 가능성이 큰 사람이기 때문에, 일반적으로 직무요구가 직무소진에 대해 미치는 부정적 차원의 심리적 영향이 이들에게서는 완화되어 나타날 가능성이 많다고 볼 수 있다. 아울러, 적극적 성격은 직무통제와 직무소진간의 관계를 조절할 가능성도 매우 크다. 즉, 적극적인 사람일수록 상황변화를 위해 자신에게 부여된 자율적 권한과 통제력을 십분 활용해 갈 가능성이 크기 때문에, 직무통제가 직무소진에 대해 미치는 부(-)적 영향 역시 이들에게서 더 현저히 나타날 가능성이 큰 것이다.

또한 직무요구-통제 모형이 가정하고 있는 직무요구와 직무통제간 상호작용도 적극적 성격을 가진 사원들에게서 나타날 가능성이 많다. 즉, 이들은 자신이 당면한 직구요구에 대처해 가기 위해 자신에게 허락된 자율성과 통제력을 적극적으로 활용해 나감으로써, 과도한 업무부담 등 직무요구가 자신에게 미칠 부정적인 영향을 적절히 관리해 나가려고 할 것이다. 이에 비해, 수동적인 직무담당자는 자신에게 주어진 기회와 자율적 여지를 제대로 인식하는데 실패하거나 혹은 적극적으로 활용해 가지 못하고, 과도한 직무요구가 주는 심리적 부담과 영향을 그대로 감내함으로써 직무소진을 더 많이 경험할 가능성이 많다. 실제로, 직무긴장을 종속변수로 활용한 Parker & Sprigg(1999)의 연구에서도 직무요구와 직무통제 그리고 적극적 성격 간의 이러한 3원 상호작용(3-way interaction) 효과가 검증된 바 있다. 즉, 직무요구-통제 모형에서 예측된 직무통제의 완충적 역할은 적극적 성격을 가진 사람들에게서 가장 크게 나타났던 것이다. 또한 '적극적 성격'처럼 개인의 안정적인 기질을 나타내는 개념은 아니지만, 이와 비슷하게 적극적인 문제해결 스타일을 의미하는 '능동적 대처 스타일'(active coping style) 변수를 활용하여 직무소진을 예측한 de Rijk 등(1998)의 연구에서도 이와 비슷한 결과가 관찰되었다.

이상의 논의에 입각하여, 본 연구에서는 직무요구-통제 모형에서 '적극적 성격' 변수가 수행할 가능성이 있는 2원 및 3원 상호작용효과와 관련하여 다음과 같은 가설을 설정하고 이를 실증해 보기로 한다.

가설 Ⅰ-1. 적극적 성격은 직무요구와 직무소진 간의 관계를 조절할 것이다. 즉, 적극적 성격을 가진 사람일수록, 직무요구의 증대에 따라 직무소진이 증가하는 양상이 완화되어 나타날 것이다.

가설 Ⅰ-2. 적극적 성격은 직무통제와 직무소진 간의 관계를 조절할 것이다. 즉, 적극적 성격을 가진 사람일수록, 직무통제의 증가에 따라 직무소진이 감소하는 양상이 더 크게 나타날 것이다.

가설 Ⅰ-3. 적극적 성격은 직무요구 및 직무통제 요인이 직무소진에 대해 가지는 관계를 조절할 것이다. 구체적으로, 직무요구와 직무소진 간의 관계에 대해 직무통제가 수행하는 완화적인 조절효과는 적극적 성격을 가진 사람일수록 더 크게 나타날 것이다.

다음으로, '자기효능감'(self-efficacy)이 수행하는 조절 역할을 확인하는 것 역시 본 연구의 주요 연구과제이다. 자기효능감이란 '주어진 목표를 달성하기 위하여 자신의 행동을 효과적으로 조직화하고 실행해 갈 수 있다고 믿는 신념'을 말한다(Bandura, 1997). 이러한 자기효능감은 상황에 대한 통제력과 행동의 선택, 노력의 수준 및 지속성, 장애나 실패에 대한 극복 정도, 그리고 스트레스에 대한 지각과 반응 등에 영향을 미침으로써 인간의 사고, 동기, 행동에 중요한 영향을 미치는 것으로 알려져 왔다(Bandura, 2001). 또 자기과신 등 자기효능감이 지나칠 경우 초래될 수 있는 부작용에 대해서도 일단의 우려가 제기되기도 했었지만(Vancouver et al., 2001, 2002), 지금까지 자기효능감과 다양한 업무관련 성과 간의 관계를 검증한 여러 실증연구들은, 자기효능감이 개인성과에 대한 강력한 한 예측변수임을 증명해 왔다(Chen et al., 2002; Gist, 1987; Stajkovic & Luthans, 1998; Wood et al., 1990 등).

이처럼, 적극적 성격 변수와는 달리 많은 연구가 이루어져 온 변수이면서도, 사실 이 자기효능감이 직무스트레스나 직무소진 과정에서 수행하는 역할에 대해서는 상대적으로 선행연구가 그리 많지 않은 실정이다. 그렇지만 지금까지의 연구 결과, 자기효능감 역시 직무소진에 대해 다양한 경로로 영향을 미친다는 것이 확인되었다. 우선, 자기효능감이 부족한 것 자체가 바로 직무소진의 한 원인일 수 있다. 자신의 능력에 대한 믿음과 자신감이 결여되면, 주어진 일을 수행하는데도 훨씬 더 힘들게 느껴질 수 있는 것이다(Leiter, 1992; Van Yperen, 1998).

또한 자기효능감은 업무시간과 업무량 등 양적 차원의 직무요구와, 직무긴장과 직무불만족 등 각종 부정적인 심리적 태도간의 관계를 조절하는 요인임이 입증되기도 했다(Jex & Bliese, 1999). 아울러, 인간의 행동이 객관적인 사실에 의해 이루어지기도 하지만, 상당부분 주관적으로 인지된 신념에 근거해서 이루진다고 볼 때, 자기효능감은 직무통제와 직무소진간의 관계 면에서도 중요할 수 있다. 즉, 자기효능감은 자신에게 주어진 통제력을 행사해 나가는 스스로의 능력에 대한 확신과 그 의지에 일정한 영향을 미칠 수 있기 때문에, 직무통제 요인은 그것을 적절히 활용해 나갈 수 있고 또 그것이 효과적일 수 있다고 믿는, 곧 자기효능감이 큰 사람에게 더욱 의미가 있을 수 있다(Litt, 1988). 따라서 비록 직무요구가 큰 상황에 직면하더라도, 자신에게 허용된 직무통제에 대한 인식과 그것을 활용해 나갈 수 있는 자신의 능력에 대한 믿음이 큰 사람일수록, 상황에 대한 평가가 전반적으로 긍정적일 뿐 아니라, 스트레스나 직무소진도 덜 느낄 가능성이 크다고 볼 수 있다.

한편, 비록 소수이긴 하지만 직무요구와 직무통제, 그리고 자기효능감간의 3원 상호작용을 입증한 연구도 있다. 혈압과 같은 생리적 반응을 종속변수로 한 Schaubroeck & Merrit(1997)의 연구에서는, 자기효능감이 높은 사람들에게서 직무요구-통제 모형이 예측하는 직무요구와 직무통제간의 상호작용이 관찰된 반면, 자기효능감이 낮은 사람들에게서는 오히려 직무통제가 스트레스를 증가시키는 요인일 수 있음이 확인되었다. 특히 높은 직무요구 상황에서, 자기효능감이 큰 사람에게 적절한 직무통제를 부여하지 않는 것은 가장 심각한 부정적 결과를 초래하였다. 이에 비해 Salanova 등(2002)의 연구는 직무소진을 종속변수로 한 연구이다. 이 연구에서, IT분야에 종사하는 인력을 대상으로 컴퓨터 활용능력이라는 구체적인 직무차원에서 측정된 자기효능감은, '고갈'과 '일로부터의 심리적 이탈' 등 직무소진의 두 차원 모두에서 직무요구와 직무통제 그리고 자기효능감 간의 기대했던 3원 상호작용 효과를 확인하였다. 즉, 직무요구-통제 모형에서 예측된 직무통제의 완충적 역할은 자기효능감이 큰 사람들에게서 가장 크게 나타났던 것이다. 반면, '심리적 이탈'과 유사한 직무소진의 한 차원을 의미하는 '비개인화'(depersonalization) 변수와 함께, 다른 여러 직무긴장 변수들을 같이 조사해 본 Jimmieson(2000)의 연구에서는, 이러한 3원 상호작용이 단지 일부 변수들에서만 관찰되었다.

이상의 논의에 입각하여, 본 연구에서는 직무요구-통제 모형에서 '자기효능감' 변수가 수행할 가능성이 있는 2원 및 3원 상호작용효과와 관련하여 다음과 같은 가설을 설정하고 이를 실증해 보기로 한다.

가설 II-1. 자기효능감은 직무요구와 직무소진 간의 관계를 조절할 것이다. 즉, 자기효능감이 큰 사람일수록, 직무요구의 증대에 따라 직무소진이 증가하는 양상이 완화되어 나타날 것이다.

가설 II-2. 자기효능감은 직무통제와 직무소진 간의 관계를 조절할 것이다. 즉, 자기효능감이 큰 사람일수록, 직무통제의 증가에 따라 직무소진이 감소하는 양상이 더 크게 나타날 것이다.

가설 II-3. 자기효능감은 직무요구 및 직무통제 요인이 직무소진에 대해 가지는 관계를 조절할 것이다. 구체적으로, 직무요구와 직무소진 간의 관계에 대해 직무통제가 수행하는 완화적인 조절효과는 자기효능감이 큰 사람일수록 더 크게 나타날 것이다.

Ⅲ. 연구의 방법

3.1 표본과 자료수집

이상의 가설을 검증하기 위해서, 본 연구에서는 가정 및 산업용 전자제품과 생활용품, 식품 등을 생산하는 총 8개의 제조기업 사무관리직 사원들을 대상으로 설문조사를 실시하였다. 총 600부의 배포 설문 가운데 545부가 회수되었으나, 불성실한 일부 설문지를 제외한 497부의 설문지가 실제 분석에 활용되었다. 설문지의 회수율이 높았던 이유는, 조사자가 직접 표본 기업을 방문하여 해당 기업의 인사담당자에게 협조를 구한 뒤 설문조사를 실시하고 설문지를 회수해 왔기 때문이다.

응답자들의 인구통계적 특성을 간단히 살펴보면, 전체 응답자중 남자가 410명(82.5%), 여자가 87명(17.5%)으로서, 제조기업 사무관리직의 통상적인 성별구성이 그렇듯 남성 사원이 훨씬 더 많게 나타났다. 연령은 20대가 175명(35.2%), 30대 240명(48.3%), 40대 72명(14.5%), 50대 이상이 10명(2.0%)으로서, 평균 연령 33.48세가 말해주듯 주로 20-30대 사원이 많았다. 또 재직기간별로는, 5년 미만이 194명(39.0%), 5년 이상 10년 미만 124명(25.9%), 10년 이상 15년 미만 106명(21.3%)이며, 15년 이상 20년 미만 44명(8.9%), 그리고 20년 이상 장기근속자들도 29명(5.8%)이 포함되어 있었고, 응답자들의 평균 재직기간은 7.4년이었다.

3.2 변수의 측정과 신뢰도 및 타당도 검증

3.2.1 직무요구(Job Demand)

직무요구 변수는 측정대상인 사무관리직 사원들의 직무특성을 반영하되, 직무통제 변수와 서로 동일한 구체성의 수준에서 대응될 수 있게끔 역할갈등과 역할모호성 등에서 느낄 수 있는 질적 차원의 직무요구는 배제하고, 주로 '업무량'과 '업무수행 중 느끼는 시간적 압박감' 등 양적 차원의 직무요구에 국한하여 측정하였다. Van Yperen & Janssen(2002)와 Van Yperen & Hagedoorn(2003)이 사용한 문항들 가운데, '나는 늘 시간에 쫓기면서 일하는 편이다', '나는 늘 직장 일에 치여 산다고 느낀다' 등 5문항을 7점 척도로 측정하였다. 이들 문항간 신뢰도(Cronbach's α)는 .8244로 나타났다.

02

3.2.2 직무통제(Job Control)

직무통제 변수는 사무관리직 사원들의 업무특성을 감안하고 또 양적 차원의 직무요구에 잘 대응될 수 있게끔, '업무추진 계획과 방법' 그리고 '업무시간 할당'에 관한 자율적 결정 정도를 확인하였다. Wall 등(1996)과 de Rijk 등(1998)이 개발한 문항을 수정하여 활용하였으며, '내 일을 하는데 있어서, 어떤 일에 얼마만큼 시간을 할당할지 스스로 정할 수 있다', '주어진 업무를 완수해 내는 한, 그 추진 방식은 내가 결정할 수 있다' 등 4문항을 7점 척도로 측정하였다. 문항간 신뢰도는 .7462로 나타났다.

3.2.3 개인차 변수: 적극적 성격(Proactive Personality)과 자기효능감(Self-Efficacy)

본 연구에서는 2개의 개인차 변수를 도입한 확장된 직무요구-통제 모형을 실증해 보고자 한다. 먼저, 적극적 성격은 Bateman & Crant(1993)이 개발하고 Parker & Sprigg(1999)이 활용한 문항들을 이용하였다. 4문항(7점 척도)으로 측정하였으며, 신뢰도는 .7251로 확인되었다.

또 자기효능감의 경우, 응답자의 구체적인 개별업무 특성을 통제하기 어려워 과업특수적(task-specific) 역량에 대한 신념을 측정하기는 어렵다고 판단되었다. 따라서 본 연구에서는 사무관리직 사원들의 일반적인 업무상황을 전제로 한 보편적 역량에 대한 신념을 측정하였다. Riggs & Knight (1994), Schaubroeck & Merritt(1997), Salanova 등(2002)이 활용한 문항들 가운데 5문항(7점 척도)으로 측정하였으며, 문항간 신뢰도는 .8365로 나타났다.

〈표 4-1〉은 이들 개인차 변수들에 대한 요인분석 결과이다. 그 결과, 적극적 성격과 자기효능감 변수는 각각 별개의 요인들로 적절하게 적재되어 서로 독립적인 구성개념임이 확인되었다.

표 4-1 개인차 변수(적극적 성격, 자기효능감)에 대한 요인분석 결과

항 목	요인 1 (자기효능감)	요인 2 (적극적 성격)
• 나는 내게 주어진 일을 성공적으로 완수할 수 있는 능력이 있다고 자부한다.	.824	.163
• 나는 어떤 일을 맡게 되어도 성공적으로 수행해 낼 자신이 있다.	.803	.197
• 나는 내가 가진 업무처리 능력과 전문성에 대해 자부심을 가지고 있다.	.776	.209
• 나는 내가 맡은 일에 대해서는 전문가 수준이라고 생각한다.	.736	.154
• 나는 나 자신이 노력만 하면 웬만한 문제는 다 해결할 수 있다고 생각한다.	.598	.297
• 나는 내가 싫어하는 것은 반드시 시정해야 직성이 풀린다.	3.717E-02	.816
• 나는 다른 사람의 반대에도 불구하고, 내 생각을 끝까지 관철시키기 위해 노력하는 편이다.	.172	710
• 나는 한번 마음먹은 일은 반드시 이루고야 마는 성격이다.	.268	.658
• 나는 한번 기회를 포착하면, 거의 놓치지 않고 그것을 활용한다.	.302	.580
고유치(eigen value)	4.065	1.152
설명분산(%)	35.126	22.845
누적분산(%)	35.126	57.971

3.2.4 직무소진(Job Burnout)

본 연구에서 직무소진은 그 핵심 차원으로 일컬어지는 '고갈'(exhaustion)과 '일로부터의 심리적 이탈'(disengagement) 등 두 가지 하위 차원을 갖는 구성 개념으로 측정되었다. 일반적으로 직무소진에 대한 측정도구로는 이 개념의 3차원적 구성을 전제로 하여 개발된 MBI(Maslach Burnout Inventory)를 많이 활용해 왔다. 하지만 이는 원래 간호사, 교사 등 주로 대인관계 접촉이 많은 직무들을 대상으로 개발된 것이다. 따라서 사무관리직 사원들을 연구대상으로 하고 있는 본 연구에서는 보다 일반적인 직무들을 대상으로 적용·측정할 수 있도록 개발된 OLBI(Oldenburg Burnout Inventory)의 문항들을 활용하였다(Demerouti et al., 2001, 2003). 과로로 인한 정서적, 육체적 소진 정도가 심하여 휴식에 대한 강한 욕구를 느끼는 상태를 의미하는 '고갈'과, 과도한 업무부담으로 인해 자신이 하고 있는 일에 대해 회의적이고 냉소적인 태도를 갖게 되는 측면을 의미하는 '일로부터의 심리적 이탈'은 3문항씩 7점 척도로 측정되었는데, 신뢰도는 각각 .8072와 .7918로 나타났다.

이 직무소진 변수의 구성타당도(construct validity)를 확인하기 위해 요인분석을 실시한 결과, 직무소진 변수를 구성하는 두 하위차원들이 각각 2개의 요인들로 적절하게 적재됨을 확인할 수 있었고, 이들 두 요인이 총 분산의 70%를 설명해 주고 있음을 확인할 수 있었다.

Ⅳ. 분석 결과

가설 검증에 앞서, 본 연구에서 측정된 변수들의 기술통계값과 변수들 간의 상관관계가 〈표 4-2〉에 제시되었다. 본 연구의 응답자들이 평균적으로 지각하는 직무요구는 4.27로 보통보다 약간 높은 수준으로 나타난 반면, 직무통제는 4.77로 비교적 높게 나타났다. 이는 연구대상이 된 모든 기업들에서 수년 전부터 팀제로의 전면적인 조직개편과 함께, 업무수행과 관련한 사원들의 권한과 책임이 현업중심으로 과감하게 위양된 추세와 무관치 않아 보인다. 또 응답자들이 지각하는 자신의 적극적 성격과 자기효능감이 비교적 높게 평가되고 있음이 특징적이다. 한편, 이들이 느끼는 직무소진은 평균정도 수준이며, 상대적으로 여성일수록 '일로부터의 심리적 이탈'을 더 많이 느끼는 반면, 연령이 많을수록 더 적게 느끼는 것으로 나타났다. 아울러, 적극적 성격과 자기효능감이 클수록 직무통제에 대한 지각도 더 크게 나타났음에 비해, 이들이 느끼는 직무소진은 대체로 낮게 나타나고 있다.

표 4-2 연구변수들 간의 상관관계 (N = 497)

	평균	표준편차	(1)	(2)	(3)	(4)	(5)	(6)	(7)	(8)	(9)
(1) 성 별	.18	.38	1.00								
(2) 연 령	33.48	6.35	-.395**	1.00							
(3) 재직기간	7.40	5.73	-.212**	.796**	1.00						
(4) 직무요구	4.2732	1.0908	-.075	.069	-.013	1.00					
(5) 직무통제	4.7711	.8623	-.116**	.184**	.065	.002	1.00				
(6) 적극적 성격	4.7493	.7769	-.041	.140**	.077	.119**	.502**	1.00			
(7) 자기효능감	5.0105	.8511	-.136**	.222**	.118**	.033	.650**	.601**	1.00		
(8) 고갈	4.0343	1.3080	.022	-.047	-.066	.694**	-.129**	-.016	-.104*	1.00	
(9) 일로부터의 심리적 이탈	3.9809	1.1409	.094*	-.108*	-.003	.073	-.368**	-.286**	-.340**	.170**	1.00

** $p<.010$, * $p<.050$

1) 성별의 경우는 남자는 0, 여자는 1로 처리함.

4.1 가설 Ⅰ의 검증: '적극적 성격'의 조절효과 분석

본 연구는 기존의 직무요구-통제 모형에 적극적 성격과 자기효능감 등 2개의 개인차 변수들이 수행하는 조절역할을 분석하는 것을 주요 연구과제로 하고 있다. 이를 위해 네 단계에 걸쳐 계층적 다중회귀분석(hierarchical multiple regression)이 수행되었다. 즉, '고갈'과 '일로부터의 심리적 이탈' 등 직무소진의 두 하위차원에 대해, 첫 번째 단계에서는 성별과 재직기간 등 인구통계학적 변수들이 미칠 영향을 사전 통제하고자 이들 변수가 독립변수로 투입되었다. 〈표 4-2〉에서 확인할 수 있듯이, 연령과 재직기간은 서로 상관관계가 매우 높기 때문에($r=.796$, $p<.01$), 다중공선성(multicollinearity)의 문제를 피하기 위해 이 가운데 재직기간만 투입하였다. 다음 단계에서는 직무요구, 직무통제, 그리고 개인차 변수가 투입되었고, 이어서 이들 변수의 2원 및 3원 상호작용항목들이 차례로 투입되었다.

앞서 언급한 것처럼, 개인차 변수들과 직무통제 등 일부 변수간 상관관계가 매우 높을 뿐만 아니라, 본 연구에서처럼 상호작용 항목을 회귀방정식에 포함된 변수들의 곱으로 생성하는 경우, 이들 상호작용항은 기존의 독립변수들과 다중공선성의 문제를 야기할 가능성이 높다(Aiken & West, 1991). 따라서 이러한 문제를 피하기 위하여, 본 연구에서는 모든 독립변수들의 원자료를 중심화(centering)시킨 후 상호작용항을 구성하고 이를 분석에 투입하였다.

〈표 4-3〉은 적극적 성격의 조절효과를 분석하기 위한 가설 Ⅰ의 검증결과이다. 직무요구-통제 모형을 검증해 왔던 많은 선행연구들에서처럼 직무요구는 직무소진과 정(+)적인 관계, 그리고 직무통제는 부(-)적인 관계가 나타나고 있다. 이는 본 연구에서도 이들 변수의 주 효과가 입증되고 있음을 의미한다. 또한 회귀계수 면에서 볼 때, 직무요구는 '고갈'에 대해, 그리고 직무통제는 '일로부터의 심리적 이탈'에 대해 상대적으로 더 큰 영향관계를 나타내고 있는데, 이 역시 선행연구의 결과와 유사한 양상이라고 할

수 있다(Demerouti et al., 2001; Bakker et al., 2004; Schaufeli & Bakker, 2004). 아울러, 적극적 성격은 직무소진에 대해 부(-)적인 관계에 있으나, 이 가운데 '심리적 이탈'에만 유의적인 것으로 나타났다.

표 4-3 적극적 성격의 조절효과 검증을 위한 계층적 다중회귀분석 결과

변 수	고 갈				일로부터의 심리적 이탈			
	모형 I	모형 II	모형 III	모형 IV	모형 I	모형 II	모형 III	모형 IV
성 별	.016 (.346)	.058^{+} (1.765)	.057^{+} (1.732)	.057^{+} (1.727)	.110* (2.378)	.085* (1.976)	.076^{+} (1.771)	.076^{+} (1.768)
재직기간	-.062 (-1.346)	-.034 (-1.047)	-.037 (-1.114)	-.037 (-1.114)	.020 (.438)	.047 (1.097)	.041 (.950)	.041 (.948)
직무요구(JD)		.702*** (21.718)	.694*** (21.297)	.694*** (20.088)		.092* (2.184)	.089* (2.100)	.089* (1.980)
직무통제(JC)		-.107** (-2.862)	-.108* (-2.881)	-.108* (-2.871)		-.288*** (-5.930)	-.286*** (-5.866)	-.286*** (-5.841)
적극적 성격(PP)		-.040 (-1.071)	-.037 (-.984)	-.037 (-.982)		-.155** (-3.178)	-.148** (-3.022)	-.148** (-3.018)
JD × JC			.064^{+} (1.769)	.064^{+} (1.767)			-.008 (-.167)	-.008 (-.167)
JD × PP			-.040 (-1.142)	-.041 (-1.141)			.085^{+} (1.832)	.085^{+} (1.828)
JC × PP			.078* (2.435)	.079* (2.230)			-.063 (-1.492)	-.063 (-1.353)
JC × JD × PP				.002 (.045)				.000 (.005)
F값	1.115	99.229***	64.156***	56.909***	2.831^{+}	19.438***	12.950***	11.487***
R^2	.005	.507	.517	.517	.012	.168	.178	.178
ΔR^2		.502***	.010*	.000		.156***	.010	.000

***p<.001, **p<.010, *p<.050, $^{+}$p<.100

1) 제시된 수치는 표준화된 회귀계수이고, 괄호 안은 t값임.

2원 상호작용 항목들이 직무소진에 미치는 영향은 모형 III에서 확인할 수 있다. 먼저, 본 연구의 가설로 설정되진 않았으나, 응답자들의 적극적 성격 요인의 영향이 통제된 상태에서 직무요구와 직무통제간 상호작용은 '고갈' 차원에서만 유의한 것으로 나타났다. 이러한 상호작용의 관계를 좀 더 자세히 파악해 보기 위해, 응답자들 가운데 직무통제를 상대적으로 더 높게 지각하는 집단과 그렇지 않은 집단을 구분하여 직무요구와 고갈 간의 관계를 비교분석해 보았다. 즉, 직무통제 지각이 평균보다 표준편차 1단위 이상 높거나 낮은 두 집단을 대상으로(M+1SD; M-1SD), 고갈을 직무요구에 단순회귀분석하여 그 기울기를 비교해 보는 것이다(Aiken & West, 1991). 이 분석결과를 도시화 한 [그림 4-2]를 보면, 직무요구가 증대됨에 따라 고갈도 전반적으로 증가하고 있으나, 기존의 직무요구-통제 모형이 예측한 것처럼 직무통제가 높은 집단이(b=.705, t=6.672, p〈.001) 그렇지 않은 집단보다(b=1.045, t=11.914, p〈.001) 그 증가세가 완화되어 나타나고 있음을 알 수 있다.

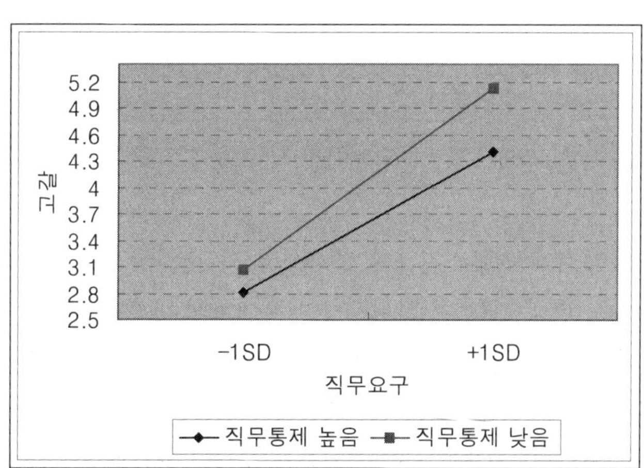

그림 4-2 고갈에 대한 직무요구와 직무통제 간의 상호작용

한편, 직무요구와 직무소진간의 관계에서 적극적 성격이 수행하는 조절

효과는 직무소진의 두 차원 중 '일로부터의 심리적 이탈' 차원에서만 유의적인 것으로 나타났다(가설 Ⅰ-1). 하지만 앞서와 동일한 방법으로 분석해 본 [그림 4-3]에 따르면, 그 결과는 가설과 사뭇 다른 양상으로 나타나고 있음을 알 수 있다. 즉, 적극적 성격이 낮은 집단은 직무요구 수준과 큰 관계없이 이탈이 높게 나타난 반면(b=.009, t=.064, n.s.), 적극적 성격이 높은 집단의 경우에는 낮은 집단에 비해 이탈의 절대적 수준은 전반적으로 낮지만, 가설에서 예측된 바와 다르게 직무요구가 증가함에 따라 이탈 역시 함께 증가하는 양상을 보여주고 있다(b=.254, t=2.041, $p < .05$).

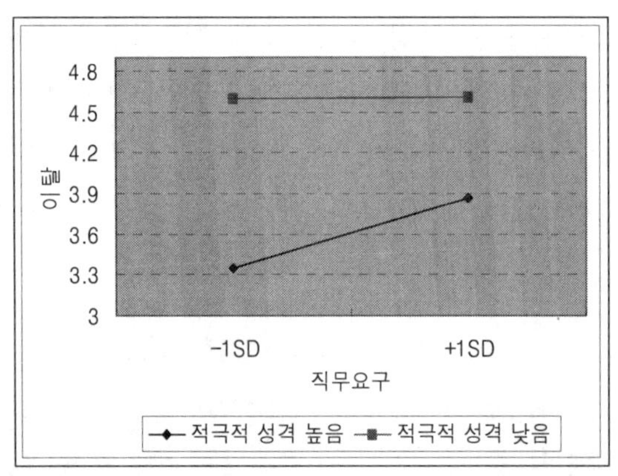

그림 4-3 일로부터의 심리적 이탈에 대한 직무요구와 적극적 성격 간의 상호작용

또한 직무통제와 직무소진간의 관계에서 적극적 성격이 수행하는 조절효과는 이와는 반대로 '고갈' 차원에서만 유의하게 나타났다(가설 Ⅰ-2). 이를 좀 더 자세히 분석한 [그림 4-4]에 따르면, 직무통제가 증가함에 따라 고갈이 전반적으로 감소하고 있지만, 가설 Ⅰ-2에서 예측한 것처럼 적극적 성격이 높은 집단의 경우(b=-.571, t=-3.448, $p < .05$) 낮은 집단에서보다(b=-.076, t=-.484, n.s.) 그 감소양상이 현저히 더 크게 나타나고 있다. 따라서 이상의 분석결과에 의한다면, 적극적 성격의 2원 상호작용에 관한 두 가설 가운데 가설 Ⅰ-2만 부분적으로 입증되고 있다고 볼 수 있다.

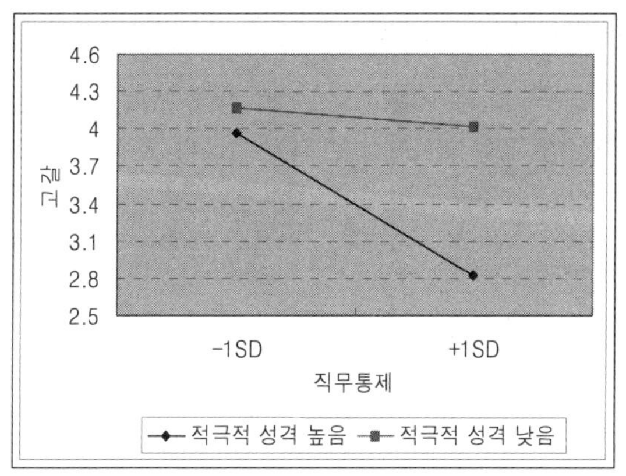

그림 4-4 고갈에 대한 직무통제와 적극적 성격 간의 상호작용

끝으로, 3원 상호작용항목이 추가된 모형 Ⅳ를 통해서는 가설 Ⅰ-3을 검증해 볼 수 있다. 하지만 이 항목의 회귀계수는 직무소진의 두 차원 모두에서 유의하지 않았을 뿐만 아니라, R^2의 추가적인 변화량 역시 관찰되지 않았다. 따라서 가설 Ⅰ-3은 기각되었다.

4.2 가설 Ⅱ의 검증: '자기효능감'의 조절효과 분석

〈표 4-4〉는 또 다른 개인차 변수인 자기효능감의 조절효과를 분석한 결과이다. 적극적 성격 변수와 마찬가지로, 직무요구는 '고갈'에 대해 그리고 직무통제는 '일로부터의 심리적 이탈'에 대해 더 큰 영향관계를 보여주고 있다. 또 자기효능감 역시 직무소진의 두 차원과 부(-)적인 영향관계를 보여주고 있으나, 앞서와 마찬가지로 '일로부터의 심리적 이탈' 차원에 대해서만 유의적인 관계를 나타내고 있다.

표 4-4 자기효능감의 조절효과 검증을 위한 계층적 다중회귀분석 결과

변 수	고 갈				일로부터의 심리적 이탈			
	모형 I	모형 II	모형 III	모형 IV	모형 I	모형 II	모형 III	모형 IV
성 별	.016 (.346)	.054 (1.628)	.051 (1.527)	.050 (1.515)	.110* (2.378)	.071 (1.647)	.063 (1.463)	.064 (1.474)
재직기간	-.062 (-1.346)	-.033 (-.996)	-.040 (-1.209)	-.040 (-1.212)	.020 (.438)	.050 (1.169)	.042 (.982)	.043 (.990)
직무요구(JD)		.699*** (21.792)	.691*** (21.222)	.689*** (18.691)		.079† (1.889)	.073† (1.719)	.079 (1.648)
직무통제(JC)		-.091* (-2.154)	-.090* (-2.114)	-.089* (-2.107)		-.256*** (-4.679)	-.245*** (-4.436)	-.245*** (-4.437)
자기효능감(SE)		-.057 (-1.341)	-.049 (-1.126)	-.048 (-1.119)		-.171** (-3.102)	-.193** (-3.414)	-.193** (-3.419)
JD×JC			.051 (1.167)	.050 (1.153)			.013 (.237)	.014 (.255)
JD×SE			.009 (.211)	.009 (.223)			.014 (.253)	.013 (.228)
JC×SE			.031 (.946)	.033 (.928)			-.083† (-1.943)	-.088† (-1.897)
JC×JD×SE				.006 (.145)				-.014 (-.274)
F값	1.115	99.492***	62.754***	55.670***	2.831†	19.327***	12.631***	11.214***
R^2	.005	.508	.512	.512	.012	.167	.174	.174
ΔR^2		.503***	.004	.000		.155***	.007	.000

*** p〈.001, ** p〈.010, * p〈.050, † p〈.100

1) 제시된 수치는 표준화된 회귀계수이고, 괄호 안은 t값임.

다음으로 모형 III은 2원 상호작용 항목들의 영향을 비교해 주고 있다. 먼저, 응답자의 자기효능감 요인의 영향이 통제된 상태에서 직무요구와 직무통제간 상호작용은 유의하지 않게 나타났다. 또 직무요구와 직무소진간의 관계에서 자기효능감이 수행하는 조절효과를 가정한 가설 II-1 역시 입

증되지 않았다. 하지만, 직무통제와 직무소진간의 관계에서 자기효능감이 수행하는 조절효과는 '일로부터의 심리적 이탈' 차원에서 유의하게 확인되었다. 이를 도시화한 [그림 4-5]에 따르면, 자기효능감이 낮은 집단은 직무통제의 변화에도 불구하고 심리적 이탈이 전반적으로 높은 수준을 나타내고 있음에 비해(b=.010, t=.060, n.s.), 자기효능감이 높은 집단은 직무통제가 증가할수록 심리적 이탈이 현저히 감소하고 있다(b=-.437, t=-3.184, $p<.05$). 그러므로 가설 II-2는 직무소진의 두 차원 가운데 '일로부터의 심리적 이탈 차원'에서만 부분적으로 입증되었다고 할 수 있다.

끝으로, 3원 상호작용항목이 추가된 모형 IV를 통해서 가설 II-3을 검증해 본 결과, 적극적 성격 변수를 투입했을 경우와 마찬가지로 이 항목의 회귀계수는 직무소진의 두 차원 모두에서 유의하지 않았을 뿐만 아니라, R^2의 추가적인 변화량 역시 관찰되지 않았다. 따라서 가설 II-3 역시 기각되었다.

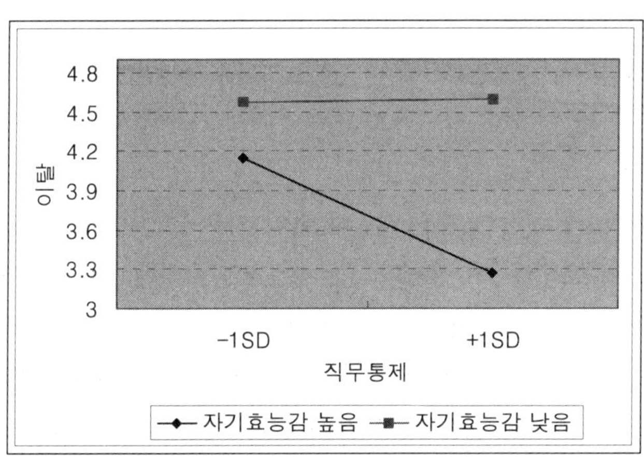

그림 4-5 **일로부터의 심리적 이탈에 대한 직무통제와 자기효능감 간의 상호작용**

Ⅴ. 분석결과에 대한 토론 및 시사점

본 연구는 직무요구-통제 모형에 '적극적 성격'과 '자기효능감' 등 개인차 변수들이 추가로 투입된 확장 모형을 통하여, 종속변수인 직무소진에 대해 이들 변수가 수행하는 조절역할을 확인하는 것을 주요 연구과제로 하였다. 이러한 본 연구의 분석결과는 다음과 같은 몇 가지 시사점과 토론거리를 제기해 주고 있다.

먼저, 적극적 성격과 자기효능감은 직무소진에 대해 전반적으로 부(-)적인 관계를 나타내고 있는데, 이는 선행연구들과 비슷한 결과라고 볼 수 있다(de Rijk et al., 1998; Parker & Sprigg, 1999; Salanova et al., 2002). 하지만 본 연구에서는 이들 두 개인차 변수 모두가 직무소진의 두 차원 가운데 '고갈' 보다는 '일로부터의 심리적 이탈'에 대해 더 큰 부(-)적 영향관계에 있음을 확인할 수 있었다. 이러한 분석 결과는, 적극적 성격과 자기효능감을 크게 가지는 것이 비록 업무부담으로 인한 육체적, 정신적 피로도(고갈)를 완화시키는 데는 일정한 한계가 있을 수 있으나, 대신 일에 대한 냉소적 태도와 거리두기(일로부터의 심리적 이탈) 등 자신의 일에 대한 부정적인 태도를 완화시키고 긍정적 태도를 견지해 가는데 있어서는 중요할 수 있음을 시사해 준다고 볼 수 있다.

또한 직무요구-통제 모형을 실증해 왔던 기존의 연구들에서처럼, 본 연구에서도 직무요구와 직무통제간 상호작용효과는 일관되게 관찰되지 않았다. 즉 [그림 4-2]에서 보았듯이, 적극적 성격 변수의 영향을 통제한 모형에서 직무소진의 '고갈' 차원에서만 이 상호작용효과가 나타났을 뿐, 자기효능감을 투입한 모형에서는 관찰되지 않았다. 그렇지만 사원들의 개인차를 함께 고려했을 때, 본 연구에서도 직무소진을 경감시킴에 있어서 직무통제 요인이 가지는 중요성은 여러 곳에서 확인할 수 있었다. 우선 '적극적 성격' 변수를 투입한 모형에서는, 가설 Ⅰ-2를 검증한 [그림 4-4]에서 보듯이 적극적 성격이 강한 집단에게서 이들의 '고갈'을 경감시키는데 직무통제 요인이 중요할 수 있음을 확인하였다. 한편, 자기효능감을 투입한 모형에서는, 가설 II-2를 검증한 [그림 4-5]에서 확인할 수 있었듯이 직무통제는 자기효능감이 큰 집단에게서 이들의 '심리적 이탈'을 경감시키는데 유효하였다. 특히 자기효능감을 투입한 경우, 이 변수의 영향을 통제했을 때는 직무요구와 직무통제간 상호작용효과가 나타나지 않았던 사실을 감안한다면, 직무통제의 완충효과는 주로 자기효능감이 큰 사람들에게서 나타난다는 사실을 짐작해 볼 수 있다.

이러한 본 연구의 분석결과에 의거해 볼 때, 일반적으로 업무부담이 큰 직무에 대한 사원들의 선발 및 배치에 있어서는 적극적 성격이나 자기효능감 등 개인차 요인들을 적절히 고려하는 것이 필요하다는 결론에 이르게 된다. 아울러, 적극적 성격이나 자기효능감과 같은 개인차 요인들이 비록 상당히 안정적인 기질 요인이라 할지라도, 이 역시 후천적인 경험과 학습의 산물일 수 있음을 주지하는 것이 중요할 수 있다. 즉, 다소 소극적인 행동성향을 가졌거나 혹은 자신감이 부족한 사람이라 할지라도, 좀 더 도전적이고 자율적인 직무수행 경험을 쌓고 또 그 과정에서 일정한 성취를 맛보게 되면, 이들도 얼마든지 적극적이고 자기확신이 큰 사람으로 변화될 가능성이 있기 때문이다(Frese et al., 1996; Parker & Sprigg, 1999). 이런 취지에서도 일선 직무수행자들에게 좀 더 자율적인 통제권한과 여지를 많이 제공하는 직무재설계는 여러 의미에서 중요할 수 있다고 판단된다.

한편, [그림 4-3]에서처럼 애초의 가설I-1과는 반대의 결과가 도출된 것도 흥미롭다. 이 분석결과에 따르면, 적극적 성격을 가진 사람들일수록 그렇지 않은 사람들보다 비록 절대적인 수준에서는 여전히 낮은 편이지만, 직무요구가 증대됨에 따라 '일로부터의 심리적 이탈' 역시 증가하고 있음을 알 수 있다. 하지만 이와 유사한 결과를 보여준 선행연구도 일부 있다. 비록 적극적 성격과는 좀 다른 성격 특성이긴 하지만, 이를테면 Van Yperen & Janssen(2002)의 연구에서는 필요한 역량을 갖추지 못한 채 그저 성과지향성(performance orientation)만 큰 사람일수록, 직무요구가 증가할 경우 피로는 더 많이 느끼는 반면, 직무만족은 더 쉽게 감소하는 것으로 나타났다. 또 Buhler & Land(2003)에 따르면, 일반적으로 외향적인 성격을 가진 사람들일수록 소진에 더 취약할 수 있음이 주장되기도 했다. 이러한 연구 결과들에 비추어 볼 때, 목표달성과 업무추진에 대한 의욕이 강한 적극적 성격의 사람일수록, 해당 업무부담이 지속될 경우 더 쉽게 지치고 또 자신의 일에 대한 열정이 더 급격히 식어버릴 수도 있음을 짐작해 보게 된다.

또 본 연구에서 도입했던 자기효능감 변수의 경우, 적극적 성격 변수에 비해 직무요구 및 직무통제 변수들과의 상호작용효과가 전반적으로 약하게 나타난 경향이 있었다. 짐작컨데, 이는 자기효능감 측정의 '구체성' 문제와 무관하지 않아 보인다. 많은 선행연구들에 따르면, 자기효능감이 보다 강건한 설명력을 가지기 위해서는 '보편적인 능력'에 대한 신념으로서 보다는, 가급적 '구체적인 과업(specific task)이나 활동영역과 관련된 능력'에 대한 신념으로 측정될 필요가 있다는 지적을 해 왔다(Bandura, 1997; Chen et al., 2002). 하지만 앞서 지적한 대로, 본 연구에서는 응답자의 직무특성을 일일이 고려하고 통제하기 어려워 자기효능감을 보편적인 역량에 대한 신념으로 정의하고 측정할 수밖에 없었다. 때문에, 본 연구에서 측정된 자기효능감과 또 직무요구 및 직무통제 개념이 서로 동일한 구체성의 수준에서 대응되기 어려워 이런 결과가 나왔을 수도 있다고 여겨진다. 따라서 이러한 사항은 자기효능감 변수를 활용하는 후속연구에서 유념해 볼 사항이라 생각된다.

아울러, 본 연구에서는 가설 Ⅰ-3과 가설 Ⅱ-3에서 기대했던 직무요구, 직무통제, 그리고 개인차 변수들 간의 3원 상호작용효과가 관찰되지 않았다. 여러 가지 이유가 있을 수 있겠지만, 이 역시 본 연구의 측정상의 문제가 일부 개재되었을 수 있다고 생각된다. 계층적 다중회귀분석은 매우 보수적인 성격의 통계분석 방법이기 때문에, 일반적으로 이 분석방법을 통하여 3원 상호작용효과를 관찰해 볼 수 있기 위해서는 예측변수들의 신뢰성이 상당히 높은 수준이라야 한다(Dunlap & Kemery, 1988). 하지만 앞서 보고한 바와 같이, 본 연구에서는 직무통제 변수와 적극적 성격 변수의 문항간 신뢰도가 각기 .7462와 .7251로서 그리 높지 않았던 것이 한 원인이었을 수 있다.

그 밖에도 본 연구는 몇 가지 한계점을 안고 있다. 무엇보다 본 연구에서는 독립변수와 종속변수를 동일한 정보원천으로부터 측정한 설문조사 방법에 의존하였기 때문에, 이른바 동일방법 사용문제(common method variance)가 개재되었을 가능성이 있다. 아울러, 본 연구의 표본이 제조업 분야 사무관리직 사원들에 한정되었다는 것도 또 다른 제약이라고 할 수 있다. 이러한 여러 한계점들 때문에 본 연구의 결과를 일반화하는 데는 세심한 주의가 필요할 것이다. 그렇지만 본 연구는 기존의 직무요구-통제 모형에 개인차 변수들을 도입한 확장된 모형을 검증해 본 국내연구가 아직 없다는 점에서 그 의의를 찾아볼 수 있을 것이다.

Reference 참고문헌

박상언·김주엽·김민용 (2005), 소진(Burnout)에 대한 직무요구, 직무통제 그리고 사회적 지원의 효과, 『인사관리연구』, 29(2): 25-57.

박상언·김민용 (2006), 직무요구와 직무소진(Job Burnout)간의 관계에서 조직공정성 요인의 조절역할에 관한 연구, 『경영학연구』, 35(2): 367-388.

Aiken, L. S. & West, S. G. (1991), *Multiple regression: Testing and interpreting interactions*, Beverly Hills, CA: Sage.

Bakker, A. B., Demerouti, E., & Verbeke, W. (2004), Using the job demand resources model to predict burnout and performance, *Human Resource Management,* 43: 83-104.

Bakker, B. A., Schaufeli, W. B., Sixma, H., Bosveld, W. & Van Dierendonck, D. (2000), Patient demands, lack of reciprocity and burnout: A five-year longitudinal study among general practitioners, *Journal of Organizational Behavior*, 21: 425-441.

Bandura, A. (1997), *Self-efficacy: The exercise of control*. New York: Freeman and Company.

Bandura, A. (2001), Social Cognitive Theory: An Agentic Perspective, *Annual Review of Psychology*, 52: 1-26.

Bateman, T. S. & Crant, J. M. (1993), The Proactive Component of Organizational Behavior: A Measure and Correlates, *Journal of Organizational Behavior*, 14: 103-118.

Buhler, K. E. & Land, T. (2003), Burnout and Personality in Intensive Care: An Empirical Study, *Hospital Topics*, 81(4): 5-12.

Butler, A. B., Grzywacz, J. G., Bass, B. L. & Linney, K. D. (2005), Extending the Demands-Control Model: A Daily Diary Study of Job Characteristics, Work-Family Conflict and Work-Family Facilitation, *Journal of Occupational and Organizational Psychology,* 78: 155-169.

Chen, G., S. S. Webber, P. D. Bliese, J. E. Mathieu, S. C. Payne, and D. H. Born (2002), Simultaneous examination of the antecedents and consequences of efficacy beliefs at multiple levels of analysis, *Human Performance,* 15(4): 381-409.

Cordes, C. L. & Dougherty, T. W. (1993), A review and an integration of research on job burnout, *Academy of Management Review*, 18: 621-656.

Cordes, C. L., Dougherty, T. W. & Blum, M. (1997), Patterns of burnout among managers and professionals: A comparison of models, *Journal of Organizational Behavior*, 18: 685-701.

Dunlap, W. P. & Kemery, E. R. (1988), Effects of Predictor Intercorrelations and Reliabilities on Moderated Multiple-Regression, *Organizational Behavior and Human Decision Precesses*, 41: 248-258.

de Jonge, J., & Kompier, M. A. J. (1997), A critical examination of the demand-control-support model from a work psychological perspective, *International Journal of Stress Management,* 4: 235-258.

de Lange, A. H., Taris, T. W., Kompier, M. A. J., Houtman, I. L. D. & Bongers, P. M. (2003), The Very Best of Millennium: Longitudinal Research and the Demand-Control-(Support) Model, *Journal of Occupational Health Psychology*, 8: 282-305.

Demerouti, E., Bakker, A. B., Nachreiner, F. & Schaufeli, W. (2001), The Job Demands-Resources Model of Burnout, *Journal of Applied Psychology*, 86(3), 499-512.

Demerouti. E., Bakker, A. B., Vardkou, I. & Kantas, A. (2003), The Convergent Validity of Two Burnout Instruments: A Multitrait-multimethod Analysis, *European Journal of Psychological Assessment*, 19: 12-23.

de Rijk, Le Blanc, P. M., Schaufeli, W. B. & de Jonge, J. (1998), Active coping and need for control as moderators of the job-demand-control model: Effects on burnout, *Journal of Occupational and Organizational Psychology*, 71: 1-18.

Dwyer, D. J. & Ganster, D. C. (1991), The effects of job demands and control on employee attendance and satisfaction, *Journal of Organizational Behavior*, 7: 595-608.

Fletcher, B. C. & Jones, F. (1993), A refutation of Karasek's demand-discretion model of occupational stress with a range of dependent of measures, *Journal of Organizational Behavior*, 14: 319-330.

Fox, M. L., Dwyer, D. J. & Ganster, D. C. (1993), Effects of stressful job demands and control on physiological and attitudinal outcomes in a hospital setting, *Academy of Management Journal,* 36: 289-318.

Frese, M., Kring, W., Soose, A. & Zempel. J. (1996), Personal Initiative at Work: Differences between East and West Germany, *Academy of Management Journal,* 39: 37-63.

Freudenberger, H. (1974), Staff Burnout, *Journal of Social Issues*, 30(1): 159-165.

Gist, M. E. (1987), Self-efficacy: Implications for organizational behavior and human resource management, *Academy of Management Review,* 12(3): 472-485.

Jex, S. M. & Bliese, P. D. (1999), Efficacy Beliefs as a Moderator of the Impact of Work-related Stressors: A Multilevel Study, *Journal of Applied Psychology*, 84: 349-361.

Jimmieson, N. (2000), Employee reactions to behavioral control under conditions of stress: The moderating role of self-efficacy, *Work and Stress*, 14: 262-280.

Jones, F. & Fletcher, B. C. (1996), Job control and health, in M. J. Schabracq, J. A. M. Winnubst & C. L. Cooper (Eds.), *Handbook of Work and Health Psychology*, 33-50, Chichester: Wiley Karasek, R. A. (1979), Job demands, job decision latitude, and mental strain: Implications for job redesign, *Administrative Science Quarterly*, 24: 285-311.

Karasek, R. A., & Theorell, T. (1990), *Healthy Work: Stress, Productivity, and the Reconstruction of Working Life*, New York: Basic Books.

Landsbergis, P. A. (1988), Occupational stress among health care workers: A test of the job demands-control model, *Journal of Organizational Behavior,* 9: 217-239.

Lee, R. T. & Ashforth, B. E. (1996), A meta-analytic examination of the correlates of the three dimensions of job burnout, *Journal of Applied Psychology*, 81: 123-133.

Leiter, M. P. (1992), Burnout as a Crisis in Self-Efficacy: Conceptual and Practical Implications, *Work and Stress*, 6: 107-115.

Leiter, M. P. (1993), Burnout as developmental process: Consideration of models, in W. B. Schaufeli, C. Maslach & T. Marek (Eds.), *Professional Burnout: Recent Development in Theory and Research*, 237-250, New York: Taylor & Francis.

Leiter, M. P. & Schaufeli, W. B. (1996), Consistency of the burnout construct across occupations, *Anxiety, Stress and Coping,* 9: 229-243.

Litt, M. D. (1988), Cognitive Mediators of Stressful Experience: Self-Efficacy and Perceived Control, *Cognitive Therapy and Research*, 12: 241-260.

Maslach, C. (1982), Understanding burnout: Definitional issues in analyzing a complex phenomenon, in W. S. Paine (Ed.), *Job Stress and Burnout,* 29-40, Beverly Hills, CA: Sage.

Maslach, C., & Jackson, S. E. (1981), *The Maslach Burnout Inventory*, Palo Alto, CA: Consulting Psychologists Press.

Maslach, C. & Schaufeli, W. B. (1993), Historical and conceptual development of burnout, in W. B. Schaufeli, C. Maslach & T. Marek (Eds.), *Professional Burnout: Recent Development in Theory and Research*, 1-18, New York: Taylor & Francis.

Maslach, C., Schaufeli, W. B. & Leiter, M. P. (2001), Job burnout, *Annual Review of Psychology,* 52: 397-422.

Parker, S. & Sprigg, C. A. (1999), Minimizing strain and maximizing learning: The role of job demands, job control, and proactive personality, *Journal of Applied Psychology*, 84: 925-939.

Parkes, K. R. (1991), Locus of control as moderator: An explanation for additive versus interactive findings in the demand-discretion model of work stress?, *British Journal of Psychology*, 82: 291-312.

Parkes, K. R. (1994), Personality and coping as moderators of work stress processes: Models, methods and measures, *Work and Stress*, 8: 110-129.

Perlman, B. & Hartman, E. (1982), Burnout: Summary and Future Research, *Human Relation*, 35(4): 283-305.

Riggs, M. L. and A. J. Knight (1994), The impact of perceived group success-failure on motivational beliefs and attitudes: A causal model, *Journal of Applied Psychology,* 81(5): 187-198.

Salanova, M., Peiro, J. M. & Schaufeli W. B. (2002), Self-efficacy specificity and burnout among information technology workers: An extension of the job demand-control model, *European Journal of Work and Organizational Psychology,* 11(1): 1-25.

Sand, G. & Miyazaki, A. D. (2000), The impact of social support on salesperson burnout and burnout components, *Psychology & Marketing*, 17(1): 13-26.

Schaubroeck, J. & Merritt, D. E. (1997), Divergent effects of job control on coping with work stressors: The key role of self-efficacy, *Academy of Management Journal,* 40(3): 738-754.

Schaufeli, W. B. & Bakker, A. B. (2004), Job Demand, Job Resources, and their Relationship with Burnout and Engagement: A Multi-sample Study, *Journal of Organizational Behavior*, 25: 293-315.

Stajkovic, A. D. and F. Luthans (1998), Self-efficacy and work-related performance: A meta-analysis, *Psychological Bulletin,* 124(2): 240-261.

Vancouver, J. B., C. M. Thompson, and A. A. Williams (2001), The changing signs in the relationships among self-efficacy, personal goals, and performance, *Journal of Applied Psychology,* 86(4): 605-620.

Vancouver, J. B., C. M. Thompson, C. Tischner, and D. J. Putka (2002), Two studies examining the negative effect of self-efficacy on performance, *Journal of Applied Psychology,* 87(3): 506-516.

Van der Doef M. & Maes, S. (1999), The job demand-control(-support) model and psychological well-being: A review of 20 years of empirical research, *Work and Stress*, 13(2): 87-114.

Van Yperen, N. W. (1998), Informational Support, Equity and Burnout: The Moderating Effect of Self-Efficacy, *Journal of Occupational and Organizational Psychology*, 71: 29-33.

Van Yperen, N. W. & Hagedoorn, M. (2003), Do high job demands increase intrinsic motivation or fatigue or both? The role of job control and job social support, *Academy of Management Journal*, 46(3): 339-348.

Van Yperen, N. W. & Janssen, O. (2002), Fatigued and dissatisfied or fatigued but satisfied? Goal orientations and responses to high job demands, *Academy of Management Journal*, 45: 1161-1171.

Wall, T. D., Jackson, P. R., Mullarkey, S., & Parker, S. K.(1996), The demands-control model of job strain: A more specific test, *Journal of Occupational and Organizational Psychology*, 69: 153-166.

Warr, P. B. (1990), Job control, Job demands, and employee well-being, *Work and Stress*, 4: 285-294.

Westman, M., Ezion, D. & Danon, E. (2001), Job Insecurity and Crossover of Burnout in Married Couples, *Journal of Organizational Behavior*, 22: 453-46.

Wood, R., A. Bandura, and T. Bailey (1990), Mechanisms governing organizational performance in complex decision-making environments, *Organizational Behavior and Human Decision Processes,* 46(2): 181-201.

Wright, T. A. & Bonett, D. G. (1997), The Contribution of Burnout to Work Performance, *Journal of Organizational Behavior*, 18(5): 491-499.

Xie, J. L. (1996), Karasek's model in the People's Republic of China: Effects of job demands, control, and individual differences, *Academy of Management Journal*, 39(6): 1594-1618.

5장 직무소진과 직무자원: 공정성 요인의 역할[7)]

Ⅰ. 머리말

최근 '고용없는 성장'과 '청년실업' 문제가 우리 사회의 새로운 화두가 될 정도로 기업은 강도 높은 구조조정과 함께, 신규인력의 채용을 가급적 억제해 가고 있다. 또한 기업의 경쟁력 제고를 위해 그 어느 때보다 지속적으로 생산성 향상을 위한 노력이 전개되고 있다. 그 결과, 기업에 잔존한 사원들은 예전보다 훨씬 더 높은 수준으로 고용불안과 업무과부하를 느끼면서 성과경쟁에 직면하게 되었다. 때문에, 이들이 겪게 되는 각종 스트레스성 질환과 직무긴장(job strain)이 심각한 수준에 이르고 있다는 우려의 목소리도 함께 제기되고 있는 실정이다(장세진, 2000).

사실, 구성원들이 조직생활 속에서 직면하는 업무부담 즉, 직무요구(job demand)는 이들의 태도와 행동에 상당히 상반된 영향을 미칠 수 있는 것으로 알려져 왔다. 적당한 수준에서 주어지는 직무요구와 관련 스트레스는 사람에게 긴장감을 불어넣어 심신의 활력을 제공하고 성취동기를 부여해 주는 긍정적 역할도 한다. 하지만 과도한 업무부하와 그로 말미암은 피로, 스트레스, 직무소진(job burnout) 등은 개인적 차원에서 불안감의 증대, 업

7) 이 글은 김민용과 함께 썼다.

무 집중력의 저하, 업무의욕의 상실, 각종 스트레스성 질환 등 정신적, 육체적으로 매우 부정적인 영향을 미칠 수 있다. 또한 이러한 영향은 결국 안전사고의 발생, 각종 건강관리 비용의 증대, 생산성 감소, 이직 증가 등 조직차원의 성과에도 직·간접적으로 심각한 부정적인 영향을 미칠 수 있는 것이다(de Jonge & Schaufeli, 1998).

그렇지만 지금까지의 여러 연구결과들에 의하면, 실제 업무환경과 조직적 맥락 속에는 직무요구와 직무담당자들의 태도 및 행동반응 간의 관계에 영향을 미치고 또 이를 조절할 수 있는 다른 요인들이 많이 있을 수 있다. 그 중의 가장 대표적인 한 예가 바로 조직구성원의 '공정성 지각'(justice or fairness perception)이다. 공정성 지각은 지금까지 많은 국내외 연구들을 통하여 조직내 보상이나 승진, 고과, 다운사이징 등 다양한 맥락에서, 조직구성원의 직무만족과 신뢰, 조직몰입, 이직의도, 조직시민행동 등 여러 태도 및 행동 변수들에 직·간접적인 영향을 미치는 요인으로 지적되어 왔다(예를 들면, Aryee et al., 2002; Greenberg, 1987, 1990; Masterson et al., 2000; McFalin & Sweeney, 1992; 박상언, 2001; 이경근·박성수, 1999; 이재훈·최익봉, 2004; 임준철·윤정구, 1998; 정범구 1994 등). 하지만 이러한 공정성 지각이 조직구성원들이 경험하는 직무요구와 직무소진간의 관계에서 어떠한 역할을 수행하는 지에 관해서는 아직 이렇다 할 선행연구가 제시되어 있지 않다.

이러한 취지에서, 본 연구는 직무요구와 직무소진 그리고 조직공정성 변수를 각각 다루어 왔던 선행 연구성과들에 기초하면서, 공정성이론(Equity theory)과 직무요구-자원모형(Job-Demand Resource model)을 주요 이론적 배경으로 하여, 공정성 지각이 조직구성원들이 경험하는 직무소진의 느낌을 완화시키고 또 직무요구와 직무소진간의 관계를 조절하는 또 하나의 '조직자원'의 구실을 할 수 있는 지를 살펴보고자 한다.

Ⅱ. 이론적 배경과 가설

2.1 직무요구

‘직무요구’란 ‘직무담당자에게 지속적인 육체적 혹은 정신적(즉, 인지적 또는 정서적) 노력을 요구하는 제반 직무특성이나 측면들’로 흔히 정의되어진다(Bakker et al., 2004). 즉, 직무요구는 특정 직무의 수행을 위해 요구되는 육체적, 정신적 노력과 부담을 의미하며, 이를테면 업무부하(work load), 업무완수를 위한 시간적 압박(time pressure), 그리고 역할 갈등 등의 측면을 지칭한다고 볼 수 있다. 일반적으로, 많은 양의 업무를 처리해야 하거나 또는 같은 양의 업무를 상대적으로 짧은 시간 내에 처리해야 하는 경우, 그리고 담당해야 할 업무와 관련하여 모호성이나 갈등을 느끼는 경우처럼 어느 정도 높은 수준의 양적 혹은 질적 직무요구에 직면하게 되면, 직무담당자는 일정한 생리적, 심리적 각성 상태와 스트레스를 경험하게 된다.

지금까지의 여러 논의에 따르면, 이러한 직무요구는 개별 직무담당자에게 다양한 결과를 초래할 수 있다. 우선, ‘활성화 이론’(activation theory)(Gardner, 1986; Gardner & Cummings, 1996)과 ‘개인-환경간 적합성 이론’(person-environment fit theory)(Caplan, 1983; Edwards & Cooper, 1990) 등에 따르면, 적절한 수준으로 주어지는 직무요구는 직무담당자의 신경활동과 집중력을 활성화시키고 또 높은 직무요구 환경에 자신을 적응시키기 위해 노력하도록 유인할 수 있다. 그리하여 자신의 능력과 과업수행 기술을 향상시키거나 혹은 과업수행 방법 자체의 변화를 통해 증대된 직무요구에 대처해 나감으로써, 결과적으로 이들의 혁신행동과 직무만족 그리고 직무성과가 제고될 수 있다.

반면, ‘직무요구-통제모형’(Job Demand-Control model, JD-C model)(Karasek, 1979; Karasek & Theorell, 1990)이나 혹은 ‘직무요구-자원모형’(Job Demand-Resource model, JD-R model)(Demerouti et al., 2001;

Bakker et al., 2004)에 따르면, 높은 수준의 직무부담에 대처해 나갈 수 있는 적절한 통제력과 자원이 제공되지 않은 상태에서 직무담당자가 과도한 수준의 직무요구에 직면하게 되면, 이는 곧 업무추진 동기의 상실은 물론, 직무긴장과 스트레스, 심지어 불안과 소진 등 매우 부정적인 생리적, 심리적 경험을 초래할 수도 있게 된다. 그 결과, 이는 곧 직무만족과 조직몰입의 저하는 물론, 이직의도의 증대 등 해당 조직에 대해서도 심각한 부정적 영향을 줄 수가 있다.

사실, 조직구성원에게 일정한 업무부담이 주어지는 것은 어쩌면 현실 경영과정에서 불가피한 일일 뿐만 아니라, 또한 직무요구 그 자체는 반드시 부정적일 이유가 없는 개념이기도 하다. 하지만, 날로 심화되고 있는 기업의 경쟁 환경은 경쟁력 확보 차원에서 끊임없는 생산성 향상을 요구하고 있고, 그 결과 개별 조직구성원들이 직면하는 직무요구 수준은 양적, 질적으로 더욱 가중되고 있는 것이 현실이다. 이러한 저간의 사정을 감안할 때, 여러 가지 부정적인 부작용이 초래되지 않도록 적절하고 도전적인 수준으로 직무요구를 관리하고 또 이를 위한 직무환경을 조성해 가는 것은 오늘날 기업과 그 경영자에게 제기되고 있는 여전히 유효한 경영과제라고 할 수 있을 것이다.

2.2 직무소진

한편, 과도한 직무요구가 초래할 수 있는 한 부정적 결과로서, 직무담당자가 느끼는 직무소진(job burnout 또는 burnout)에 관한 연구가 최근 구미지역에서 활발히 진행되고 있다. 1980년대 이후 Maslash와 그의 동료 연구자들(Maslach & Jackson, 1981, 1986)이 측정도구를 개발하면서 촉발된 직무소진 개념에 대한 연구관심은, 그 후 특히 '직무요구-통제 모형'에 기반한 여러 연구들에서 이 직무소진 변수가 직무긴장(job strain)과 함께 주요 종속변수로서 자주 측정, 활용되면서 더욱 활발히 전개되어 왔다(Cordes & Dougherty, 1993).

직무소진은 원래 '대인적인 접촉이 잦을 수밖에 없는 직무들에서 직무담당자가 장시간 스트레스 요인에 노출됨으로 인해 겪게 되는 부정적인 심리적 경험'을 의미해 왔다(Maslach & Schaufeli, 1993). 하지만 최근의 연구결과들에 의하면, 이러한 직무소진 현상은 비단 대인접촉 직무에서 뿐만 아니라, 거의 모든 직종과 조직 구성원들에게서 발견할 수 있다는 것을 보여주고 있다(예를 들면, Cordes et al., 1997; Demerouti et al., 2001; Leiter & Schaufeli, 1996; Sand & Miyazaki, 2000 등).

한편, 지금까지 이루어진 여러 실증연구들에 따르면, 이러한 직무소진의 두 하위차원 간에도 흥미로운 관계가 존재하는 것으로 밝혀졌다. 먼저 일부 연구들에 의하면, 직무소진의 두 핵심차원 가운데, '고갈'이 '일로부터의 심리적 이탈'을 심화시키는 한 요인인 것으로 지적되기도 했다.(Bakker et al., 2000; Cordes et al., 1997). 즉, 육체적, 정신적 고갈 상태는 자신의 일에 대한 냉소적인 태도와 염증을 더 가중시킬 수 있다는 것이다. 하지만 최근에 이루어진 여러 연구들은 직무소진 개념의 두 하위 차원들이 각각 서로 독립적인 심리적 과정을 추동할 수 있다는 것을 보여주고 있다. 즉, Demerouti 등(2001)의 연구에 따르면, 직무요구는 직무담당자의 육체적 피로감과 정서적 소진 상태를 증대시킴으로써 주로 직무소진의 '고갈' 차원과 연관되는 반면, 해당 직무수행의 자율적 통제력을 갖지 못하거나 혹은 직무수행과정에서 상사나 동료로부터 사회적 지원을 받지 못하는 등 적절한 직무자원을 확보하지 못하는 것은 직무소진의 '심리적 이탈' 차원에 더 큰 영향을 미치는 것으로 확인되었다. 그리하여, 직무요구의 증대는 '고갈'의 증대를 매개로, 주로 조직내 공식적인 역할내 성과에 부정적인 영향을 미치는 반면, 직무자원의 결핍은 '일로부터의 심리적 이탈'을 매개로 하여, 조직시민행동이나 혁신추구 행동 등 주로 자발적인 차원의 역할외 성과와 직무행동을 감소시킬 수 있다는 것이다(Bakker et al., 2004; Schaufeli & Bakker, 2004).

아울러, 조사대상자의 성별과 나이 등 인구통계적인 변수들도 직무소진의 두 차원과 일정한 관련성이 있는 것으로 밝혀졌다. 지금까지의 연구들에서는 일반적으로 나이가 많은 사원들보다 젊은 층의 사원들에게서 전반적인 직무소진의 수준이 더 높게 나타났다. 또한 비록 성별 요인은 종속변수로서의 직무소진을 설명해 주는 강력한 예측변인은 아니었지만, 남성의 경우 일반적으로 '냉소주의적 태도'(즉, '심리적 이탈' 차원)가, 그리고 여성의 경우 '고갈' 차원에서 비교적 일관되게 더 높은 측정치를 나타내었다 (Maslach et al., 2001; Salanova et al., 2002).

2.3 공정성 요인의 역할: 직무요구–자원 모형과 공정성 이론

과도한 직무요구와, 그 결과 발생될 수 있는 긴장과 피로, 직무소진 등 부정적인 심리적 경험 간의 관계는, 그간 '직무요구-통제 모형'에 입각해서 주로 실증되어 왔다(Dwyer & Ganster, 1991; Fox et al., 1993; Karasek, 1979; Wall et al., 1996; Xie, 1996). 이 모형이 함축하고 있는 핵심 가정은, 직무요구와 직무긴장 혹은 직무소진간의 관계에 있어서 직무통제 요인이 조절효과(moderating effects)를 가진다는 것이다. 즉, 직무담당자가 자신의 직무활동을 얼마나 자율적으로 통제할 수 있는가를 의미하는 직무통제 요인은, 직무요구의 증대에 따른 여러 가지 부정적인 심리적, 생리적 경험과 태도들을 완충 혹은 완화시키는 역할을 수행하게 된다는 것이다.

하지만 전반적으로 볼 때, 직무요구와 직무통제간의 상호작용 효과는 그리 일관되게 입증되지 못해 왔다고 볼 수 있다. 이처럼 그간 일관되지 못한 실증연구 결과들이 제기되어 왔던 것과 관련해서는 몇 가지 이유가 제시되어 왔다. 그 중 하나는, 많은 선행연구들이 직무담당자의 '성격 특성'과 '개인차'(individual differences) 요인을 충분히 고려하지 못해 왔다는 것이다(Parkes, 1994; Van der Doef & Maes, 1999). 이를테면, 적극적이고, 통제성향이 크며, 자기효능감을 크게 지니고 있는 사람에게 있어서는 직무통제 요인을 증가시켜 주는 것이 직무요구의 증대가 수반하는 부정적인 영향을 완화시킬 수 있는 효과적인 '완화제'(buffering) 구실을 할 수 있겠지만,

반면 수동적이고 통제성향이 크지 않은 사람에게 있어서는 이것이 오히려 직무긴장과 스트레스를 더욱 가중시키는 조치가 될 수도 있다는 것이다(Daniels & Guppy, 1994; de Rijk et al., 1998; Parker & Sprigg, 1999; Schaubroeck & Merritt, 1997; Van Yperen & Janssen, 2002 등)

또한 최근 들어서는 직무요구와 여러 부정적 결과 사이의 관계를 조절할 수 있는 또 다른 범주의 상호작용 요인으로서, 직무수행 상황과 관련된 '직무맥락'(job context) 변수들이 적극적으로 탐색되기 시작하였다. 이러한 과정에서 정립된 새로운 '직무요구-자원 모형'(JD-R model)은 말하자면 '확장된 직무요구-통제모형'(extended JD-C model)이라고 할 수 있는데, 이는 기존의 직무통제 요인 이외에 직무요구와 상호작용하여 직무소진 등 부정적인 심리적 경험을 경감, 완화시켜 줄 수 있는 다양한 조절요인을 규명해 보고자 하는 시도에서 비롯되었다(Demerouti et al., 2001; Sand & Miyazaki, 2000; Van Yperen & Hagedoorn, 2003; Bakker et al, 2004).

이 모형에 의하면, 일반적으로 '직무자원'(job resources)이란, '직무담당자가 자신의 직무요구에 효과적으로 대처해 가고, 직무긴장 등 부정적인 영향을 적절히 감소시켜 가는데 기여하며, 또 궁극적으로 직무목표를 달성해 가는데 기능적인 역할을 하는 일체의 직무맥락 요인들'을 일컫는다(Demerouti et al., 2001). 따라서 실제 업무수행 상황에서 이러한 직무자원으로 구실할 수 있는 것에는 다양한 요인들이 있을 수 있다. 즉, 직무자율성이나 통제, 의사결정에의 참여, 기술 다양화(skill variety), 역할 명료화, 성과피드백 제공 등 개별 직무차원과 관련된 요인들은 물론, 상사나 동료사원들의 지원과 협력적인 팀 분위기 등과 같은 대인관계적 요인들도 이에 포함될 수 있으며, 심지어 전반적인 임금수준과 경력기회, 고용 안정성(job security) 등과 같은 조직적 차원의 요인들도 이러한 직무자원의 구실을 할 수 있다고 지적되고 있다(Bakker et al., 2004).

이와 같이 직무자원의 개념을 폭넓게 해석할 경우, 직무요구와 직무소진 간의 관계에서 또 다른 상황요인이자 조직 및 대인관계 차원의 '자원'으로 구실할 수 있는 요인으로서 조직구성원의 '공정성 지각'(justice or fairness perception)을 생각해 볼 수 있다. 일반적으로, 공정성 지각은 개별 조직구성원의 행동과 이들의 정서적 태도에 영향을 미치는 매우 중요한 동기유발 요인으로 주목되어 왔다. 인지부조화이론(Cognitive dissonance theory)과 균형이론(Balance theory) 등 다양한 이론적 기반에 기초한 공정성이론(Equity theory)에 따르면, 조직구성원들은 조직과정에서 수시로 자신이 속한 조직과의 교환관계들을 평가하게 된다(Adams, 1965). 그리하여 이 과정에서 지각되는 불공정한 느낌은 그로 말미암은 불편한 감정과 긴장상태를 완화시키기 위해 조직구성원으로 하여금 다양한 대처방안을 강구하게 만들 수 있는데, 이를테면 실제 직무노력과 자발적인 역할외 직무행동을 감소·철회시킬 수도 있지만, 또한 공정성을 평가하는 주관적인 기준이나 틀 혹은 인지적인 차원의 태도를 변화시켜 가지게 만들 수도 있다(Adams, 1965; Dittrich & Carrell, 1979; Mowday, 1991).

직무요구-자원 모형과 공정성이론에 관한 이상의 논의에 입각해 보자면, 직무수행과정에서 조직구성원이 지각하는 공정성의 정도는, 부담스런 직무요구에 직면하여 이에 얼마나 적극적으로 대응·노력하는 가 뿐만 아니라, 스트레스와 직무소진 등 이들이 느끼는 주관적인 심리적, 생리적 판단에도 일정한 영향을 미칠 수 있는 또 하나의 '조직자원' 요인으로 기능할 것으로 판단된다. 우선, 공정성 지각은 직무담당자가 느끼는 직무소진과 부(-)적 영향관계에 있음을 예상해 볼 수 있다. 불공정성 지각에 수반되는 불편한 감정과 긴장상태는 그 자체가 직무소진을 증가시키는 한 요인이 될 것이기 때문이다.

아울러, 공정성 지각은 직무담당자가 직면하는 직무요구 수준과 상호작용하여, 직무요구와 직무소진간의 관계를 조절하는 요인으로도 작용될 수 있을 것이다. 즉, 불공정한 느낌을 가지는 사람은 기존의 직무요구 수준이 야기하는 일정한 '고갈'과 '일로부터의 심리적 이탈' 수준에 더하여, 그가 지각하는 불공정성 자체가 추가적인 스트레스 요인으로 작용되어 이러한 직무소진을 더욱 가중적으로 느끼게 될 수 있을 것이다. 이와는 반대로, 높은 수준의 업무부담으로 인해 이미 일정 수준의 직무소진을 경험할 수밖에 없는 여건에 처한 사람이라 할지라도, 본인이 평가하는 조직공정성이 클 경우에는 이러한 공정성 지각에 수반되는 긍정적인 느낌과 태도 등이 직무소진의 정도를 완화시켜 느끼게 만들 가능성도 있다. 본 연구가 주목하고 또 실제 경험적으로 검증해 보고자 하는 것이 바로 공정성 요인의 이러한 역할이다.

한편, 조직공정성은 그동안 분배공정성과 절차공정성 그리고 상호작용공정성 등 세 가지 차원에서 주로 연구되어져 왔다. '분배공정성'(distributive justice)은 조직구성원들이 받는 보상의 양에 대한 공정성 평가에 초점을 두는 반면, '절차공정성'(procedural justice)은 그러한 배분 결정에서 적용되는 절차나 규칙의 공정성 평가에 주안점을 두는 개념이다(Lind & Tyler, 1988; Greenberg, 1990). 한편, '상호작용공정성'(interactional justice)은 절차의 실행과정에서 타인으로부터 받는 처우의 질(quality of interpersonal treatment)을 공정성 평가의 핵심내용으로 한다(Bies & Moag, 1986). 이것은, 설령 절차가 아무리 공정하게 설정되어 있더라도 그 절차의 실제 집행과정에서 나타나는 대인적 처우의 방식은 그 실행자에 따라 다르게 구현될 수 있다는 전제 하에서 나온 개념이다. 이러한 상호작용공정성을 절차공정성과 구분되는 독립적인 개념으로 볼 것인지, 아니면 절차공정성의 한 하위개념으로 볼 것인지에 대해서는 약간의 논란이 있어왔다. 하지만 의사결정을 위한 절차의 공정성과, 그 절차의 실행과정에서 겪게 되는 대인관계적인 대우의 질에 대한 지각은 질적으로 다른 차원이며, 또한 그 역할과 효과 역시 다르다는 것이 그간의 많은 연구결과 입증되어 왔다(Aquino et al., 1997; Aryee et al., 2002; Bies, 1987; Moorman, 1991 등).

공정성의 구성 개념에 대한 이러한 제반 논의와, 제조업 분야 생산직 직원들을 대상으로 이들이 느끼는 직무요구와 직무소진 그리고 공정성 지각 간의 관계를 살펴보고자 하는 본 연구의 성격을 감안해 볼 때, 다소 포괄적이고 추상적인 성격의 절차공정성 개념보다는 상사와의 구체적인 상호작용 과정을 반영할 수 있는 상호작용공정성 개념이 분배공정성과 함께 응답자들의 태도와 반응에 더욱 유의하게 영향을 미칠 수 있는 요인일 것으로 생각해 볼 수 있다. 왜냐하면, 절차공정성의 평가 대상이 되는 조직의 의사결정 절차나 시스템은 생산라인에서 반복적인 일상적 과업을 수행하는 이들 생산직 사원들에게 있어서는 대부분 이미 '주어진' 조건 내지는 상황으로 받아들여져, 직무소진과 같은 극히 개인적인 차원의 심리적인 태도와 생리적인 반응을 결정하는데 있어서는 직접적으로 영향을 미치기 어려울 수 있다. 반면, 이들에게 있어서 그러한 절차의 집행자인 팀장 등 상사와의 상호작용은 실제 작업장에서 매우 빈번하게 발생될 뿐만 아니라 또한 작업자의 일상적인 태도에 영향을 미칠 수 있는 보다 직접적이고 민감한 요인일 것으로 생각되기 때문이다.

이상의 논의에 입각하여, 본 연구에서는 다음과 같은 가설을 설정하고 이를 실증해 보기로 한다.

가설 I. 공정성에 대한 지각은 직무소진에 대해 부(-)의 영향관계에 있을 것이다.

가설 I-1. 분배공정성에 대한 지각은 '고갈'과 '일로부터의 심리적 이탈' 등 직무소진에 대해 부(-)의 영향관계에 있을 것이다.

가설 I-2. 상호작용공정성에 대한 지각은 '고갈'과 '일로부터의 심리적 이탈' 등 직무소진에 대해 부(-)의 영향관계에 있을 것이다.

가설 II. 직무요구와 공정성 지각은 직무소진에 대해 상호작용 효과를 가질 것이다. 즉, 분배공정성과 상호작용공정성을 각각 크게 지각하는 사람일수록, 직무요구의 증대에도 불구하고 직무소진의 증가는 완화되어 나타날 것이다.

Ⅲ. 연구의 방법

3.1 표본과 자료수집

이상의 가설을 검증하기 위해서, 본 연구에서는 전자부품, 생활용품, 화장품 등을 생산하는 총 6개의 제조기업 생산직 사원들을 대상으로 설문조사를 실시하였다. 표본 기업의 인사담당자와 작업 팀장들에 대한 사전 인터뷰와 조사에 따르면, 이들 기업에서는 대부분 감량경영 차원에서 사원들의 신규충원을 최대한 자제하는 인력정책을 실시해 왔다. 따라서 일부 생산라인의 자동화 도입에도 불구하고, 기존 사원들이 경험하는 전반적인 노동강도와 업무부담 수준은 이전 시기보다 더 높아지고 있다는 것이 일반적인 반응이었다.

총 240부의 배포 설문 가운데 201부가 회수되었으나, 불성실한 일부 설문지를 제외한 164부의 설문지가 실제 분석에 활용되었다. 설문지의 회수율이 높았던 이유는, 조사자가 직접 표본 기업을 방문하여 해당 기업의 인사담당자와 작업 팀장의 협조를 구한 뒤 설문조사를 실시하고 설문지를 회수해 왔기 때문이다.

응답자들의 특성을 간단히 살펴보면, 전체 응답자중 남자는 53명(32.3%), 여자가 111명(67.7%)이었다. 또한 재직기간별로는, 5년 미만이 89명(54.3%), 5년 이상 9년 미만이 34명(20.7%), 10년 이상 15년 미만이 28명(17.1%)이며, 15년 이상 장기근속자들도 13명(7.9%)이 포함되어 있었고, 응답자들의 평균 재직기간은 6.41년이었다.

3.2 변수의 측정과 신뢰도 및 타당도 검증

3.2.1 직무요구(Job Demand)

직무요구 변수는 측정대상인 생산직 사원들의 직무특성을 충분히 반영할 수 있도록, '작업속도', '작업량', 그리고 '작업 중 느끼는 시간적 압박감'

등 주로 작업자가 느끼는 양적 차원의 업무부담 증가 요인에 국한하여 측정하였다. Janssen(2002)과 Van Yperen & Hagedoorn(2003)이 사용한 문항들 가운데, '귀하는 작업 중 시간적 압박감을 느끼면서 일하십니까?' 등 3문항을 5점 척도로 측정하였다. 이들 문항간 신뢰도(Cronbach's α)는 .6308로 나타났다.

02

3.2.2 공정성(Justice)

먼저, 분배공정성은 Price & Muller(1986)와 de Boer(2002) 등이 활용한 문항을 사용하여 측정되었다. 응답자가 비교적 반복적인 과업을 수행하는 생산직 사원임을 감안하여, 작업량과 작업노력에 초점을 맞춘 2개의 간단한 문항(5점 척도)으로 보상의 공정성을 측정하였다. 신뢰도는 .8818로 확인되었다.

상호작용공정성은 절차의 추진과정에서 나타나는 대인적 처우의 공정성을 말한다. 본 연구에서는 선행연구들(Masterson et al., 2000; Niehoff & Moorman, 1993; de Boer, 2002)에서 언급된 상호작용공정성의 주요 차원들 가운데, 상사가 보여주는 의견존중, 편견배제, 솔직성, 의사결정사항에 대한 설명 제공 등 4가지 차원에 대한 척도를 생산직 응답자가 이해하기 쉽도록 수정하여 활용하였다. 5점 척도로 측정된 총 4문항의 문항간 신뢰도는 .8412로 나타났다.

〈표 5-1〉은 공정성 변수에 대한 요인분석 결과이다. 요인분석 방법으로는 주성분분석법(principal components analysis)을 사용하였고, 직교회전(varimax) 방식에 의해 고유치(eigen value)가 1 이상인 요인만을 선택하였으며, 요인적재량이 0.5이상이면 유의한 것으로 간주하였다. 그 결과, 분배공정성과 상호작용공정성 등 두 차원은 각각 독립적인 요인들로 적절하게 적재됨을 확인할 수 있었고, 이들 두 요인이 총 분산의 73%를 설명해 주고 있음을 알 수 있다.

표 5-1 **공정성 변수에 대한 요인분석 결과**

항 목	요인 1 (상호작용 공정성)	요인 2 (분배 공정성)
• 상사는 나에게 불리한 일이 발생했을 때 친절하게 설명해 준다.	.823	.216
• 상사는 무엇을 결정하려 할 때 그 일과 관련한 정보와 의견을 먼저 청취하려 노력한다.	.821	.004
• 상사는 항상 정직하고 솔직한 태도로 대화한다.	.780	.132
• 상사는 사원들의 불평에 진지하게 귀를 기울여 준다.	.767	.158
• 회사내 다른 사원과 비교할 때, 내 작업량에 비추어 나의 급여는 공정하다.	.123	.926
• 회사내 다른 사원과 비교할 때, 내 노력정도에 비추어 나의 급여는 공정하다.	.151	.820
고유치(eigen value)	2.587	1.772
설명분산(%)	43.124	29.528
누적분산(%)	43.124	72.652

3.2.3 직무소진(Job Burnout)

본 연구에서 직무소진은 그 핵심 차원으로 일컬어지는 '고갈'(exhaustion)과 '일로부터의 심리적 이탈'(disengagement) 등 두 가지 하위 차원을 갖는 구성 개념으로 측정되었다. 또한 앞서 언급한 바와 같이, 본 연구의 대상은 생산직 사원들이다. 이상의 사항들을 고려하여, 본 연구에서는 간호사, 교사 등 주로 대인관계 접촉이 많은 직무들을 대상으로 하고 또 직무소진 개념의 3차원적 구성을 전제로 하여 개발된 MBI(Maslach Burnout Inventory)나 MBI-GS(MBI-General Survey)를 쓰지 않고, 최근에 개발된 OLBI(Oldenburg Burnout Inventory)의 문항들을 활용하였다(Demerouti et al., 2001, 2003). 이는 직무소진 개념을 '고갈'과 '일로부터의 심리적 이탈' 등 두 가지 차원을 갖는 구성 개념으로 전제하고 있을 뿐만 아니라, 고갈 차원과 관련해서도 종래와 같이 '정서적' 고갈만이 아니라, 피로도 등 '육체적' 소진 측면을 함께 측정해 주는 등, 보다 일반적인 직무들을 대상으로 적용·측정할 수 있도록 개발된 측정도구이다.

02

표 5-2 직무소진 변수에 대한 요인분석 결과

항 목	요인 1 (일로부터의 심리적 이탈)	요인 2 (고갈)
• 나는 내가 담당하고 있는 일이 지겹고 신물이 난다고 느낀다.	.799	.226
• 나는 내가하는 일이 별 볼일 없는 일이라고 말하곤 한다.	.701	-.142
• 내가 하는 일은 나에게 도전감을 제공해 준다.(*)	.684	.178
• 나는 일을 하면 할수록 나의 일에 몰입하게 된다.(*)	.655	-0.23
• 나는 일을 한 후에 피로감과 함께, 심신이 녹초가 됨을 느낀다.	-.112	.802
• 나는 내 몸의 회복을 위해서 보통 일한 시간보다 더 많은 시간을 쉬어야 한다.	.289	.712
• 나는 일을 한 후에도 여가활동을 즐길 수 있을 만큼 충분히 힘이 남아 있음을 느낀다.(*)	-.178	.656
• 나는 일을 한 후에 내 감정까지도 메마르게 소진되는 것을 느낀다.	.204	.631
고유치(eigen value)	2.732	1.549
설명분산(%)	32.395	22.571
누적분산(%)	32.395	54.966

(*)는 역서술 항목으로서, 반대방향으로 recode하였음.

먼저, 과로로 인한 정서적, 육체적 소진 정도가 심하여 휴식에 대한 강한 욕구를 느끼는 상태를 의미하는 '고갈'은, '나는 일을 한 후에 피로감과 함께, 심신이 녹초가 됨을 느낀다' 등 4개의 문항(5점 척도)으로 측정하였고, 이들 문항간 신뢰도는 .6642로 나타났다. 또한 과도한 업무부담으로 인해 자신이 하고 있는 일에 대해 회의적이고 냉소적인 태도를 갖게 되는 측면을 의미하는 '일로부터의 심리적 이탈'은, '나는 내가 담당하고 있는 일이 지겹고 신물이 난다고 느낀다' 등 4개의 문항으로 측정되었고, 신뢰도는 .7021로 확인되었다.

이러한 직무소진 변수의 구성타당도(construct validity)를 확인하기 위해 요인분석을 실시한 결과, 〈표 5-2〉에서 볼 수 있듯이 직무소진 변수를 구성하는 두 하위차원들이 각각 2개의 요인들로 적절하게 적재됨을 확인할 수 있었다.

Ⅳ. 분석 결과

가설 검증에 앞서, 본 연구에서 활용된 변수들의 기술통계값과 변수들 간의 상관관계가 〈표 5-3〉에 제시되었다. 앞서 이론적 배경에서 논한 바 있듯이, 선행연구들에 따르면 응답자의 성별과 나이, 재직기간 등 주요 인구통계적 속성들도 직무소진과 같은 변수에 일정한 영향을 미치는 것으로 확인되었다. 따라서 본 연구에서는 연구모형의 간명성(parsimony)을 확보하는 차원에서 인구통계변수 중 '성별'과 '재직기간' 등 두 변수만을 통제변수로 도입·활용하였다. 또한 변수들에 대한 다중공선성(multi-collinearity)의 문제를 확인하기 위하여 각 독립변수별로 VIF(Variance Inflation Factor)를 살펴본 결과, 그 값이 모두 2 이하로 나타나 다중공선성의 문제는 없는 것으로 판단되었다.

표 5-3 연구변수들 간의 상관관계 (N = 164)

	평균	표준편차	(1)	(2)	(3)	(4)	(5)	(6)	(7)
(1) 성 별	.68	.44	1.00						
(2) 재직기간	6.41	5.31	-.205**	1.00					
(3) 직무요구	3.5513	.7812	.001	-.002	1.00				
(4) 분배공정성	2.7152	.6964	-.201**	.024	-.094	1.00			
(5) 상호작용공정성	2.6543	.7749	-.340**	.135*	-.217**	.295**	1.00		
(6) 고 갈	3.1225	.7582	.199**	-.167*	.382**	-.221**	.229**	1.00	
(7) 일로부터의 심리적 이탈	2.8531	.6892	.083	-.069	.097	-.186*	-.211**	.213**	1.00

**p〈.010, *p〈.050

1) 성별의 경우는 남자는 0, 여자는 1로 처리함.

본 연구의 응답자들이 평균적으로 지각하는 직무요구는 3.55로서 비교적 높은 수준으로 나타난 반면, 이들이 느끼는 공정성의 수준은 비교적 낮게 나타났다. 특히 여성 응답자들일수록 분배공정성(r=-.201)과 상호작용공정성(r=-.340)을 낮게 지각하고 있었으며, 이는 둘 다 통계적으로 유의한 수준이었다(p〈.010). 또한 응답자들이 느끼고 있는 직무소진의 수준은 전반적으로 그리 높게 나타나지 않고 있다. 그 가운데서도 '고갈'은 보통보다 약간 높은 수준인데 비해, '일로부터의 심리적 이탈'은 보통보다 약간 낮은 수준을 보여주고 있다. 아울러, 직무소진의 두 하위차원 가운데, 일로부터의 심리적 이탈은 성별과 재직기간 등 인구통계변수들과 별다른 상관관계가 없었지만, 고갈 차원과 관련해서는 여성 사원일수록, 그리고 재직기간이 짧은 사원일수록 직무소진을 더 많이 느끼는 것으로 나타났다. 직무소진과 인구통계적 속성간의 관계에 관한 이러한 양상은, 앞서 이론적 배경 부분에서 언급했던 선행연구의 결과와도 어느 정도 유사한 측면이 있다(Maslach et al., 2001; Salanova et al., 2002).

표 5-4 직무소진에 대한 회귀분석 결과와 상호작용 효과 분석

변 수	고 갈			일로부터의 심리적 이탈		
	모형 I	모형 II	모형 III	모형 I	모형 II	모형 III
성 별	.168* (2.409)	.123 (1.658)	.129 (1.854)	.069 (.887)	-.023 (-.259)	.005 (-.056)
재직기간	-.134 (-1.905)	-.132 (-1.913)	-.121 (-1.779)	-.050 (-.630)	-.041 (-.524)	-.031 (-.399)
직무요구	.378*** (5.624)	.361*** (5.266)	.344** (5.042)	.075 (-.878)	.101 (1.465)	.160* (2.301)
분배공정성		-.151* (-2.281)	-.132+ (-1.829)		-.149+ (-1.981)	-.144+ (-1.848)
상호작용공정성		-.057 (-.682)	-.030 (-.387)		-.183* (-2.294)	-.131 (-1.576)
직무요구×분배공정성			-.088 (-1.280)			-.189* (-2.545)
직무요구×상호작용 공정성			-.097 (-1.410)			-.080 (-1.081)
F값	14.536***	10.055***	7.764***	.794	2.797*	3.217**
R^2	.197	.228	.239	.012	.079	.118
ΔR^2		.031*	.011		.067**	.039*

***p<.001, **p<.010, *p<.050, +p<.100
제시된 수치는 표준화된 회귀계수이고, 괄호 안은 t값임.

〈표 5-4〉는 본 연구의 가설을 검증하기 위하여 세 단계에 걸쳐 이루어진 계층적 다중회귀분석 결과이다. '고갈'과 '일로부터의 심리적 이탈' 등 직무소진의 두 하위차원에 대해, 첫 번째 단계에서는 성별과 재직기간 등 인구통계학적 변수들과 직무요구가 미칠 영향을 사전 통제하고자 이들 변수들이 독립변수로 투입되었다. 다음 단계에서는 가설 I에서 설정된 바와 같이, 분배공정성과 상호작용공정성 등 두 공정성 변수들이 종속변수에 미치는 영향을 살펴보기 위해 이들 변수들이 투입되었다. 또한 마지막 단계에

서는 가설 II를 검증하기 위한 목적으로, 직무요구와 두 공정성변수들 간의 상호작용 항목이 투입되었다. 이처럼 상호작용 항목을 회귀방정식에 포함된 변수들의 곱으로 생성하는 경우, 이들 상호작용항은 직무요구 및 공정성 변수들과 다중공선성의 문제를 야기할 가능성이 높다. 따라서 이러한 문제를 피하기 위하여, 본 연구에서는 모든 변수들의 원자료를 중심화(centering)시킨 후 상호작용항을 구성하고 이를 분석에 투입하였다.

이제 논의의 편의를 도모하기 위해 모형별로 검토해 보기로 한다. 먼저, 모형 I에서는 통제변수인 직무요구 변수와 인구통계변수들이 직무소진의 두 하위차원에 미치는 영향을 살펴볼 수 있다. 직무요구는 '고갈'에 대해서 강한 정(+)적 영향을 미치는 반면, '일로부터의 심리적 이탈' 차원에 대해서는 비록 정적인 영향관계에 있긴 하지만 그 정도가 유의적이지 않게 나타났다. 또한 재직기간은 고갈과 일로부터의 심리적 이탈 등 직무소진의 두 차원과 부정적인 관계를 보여주고 있지만 그 영향이 유의적이지는 못한 반면, 성별은 고갈에 대해 유의적인 정(+)적 영향관계를 보여주고 있다. 즉, 여성일수록 고갈을 더 많이 느끼는 것이다. 하지만 이 역시 일로부터의 심리적 이탈 차원에 대해서는 유의한 영향력을 보여주지 못하고 있다.

조직구성원의 공정성 지각이 이들의 직무소진에 대해 미치는 영향은 모형 II에서 확인해 볼 수 있다. 가설 I에서 예측한 바와 같이, 전반적으로 공정성 지각은 구성원의 직무소진에 대해 부정적인 영향관계에 있음을 알 수 있다. 하지만 '고갈'에 대해 유의적인 것은 분배공정성인 반면, '일로부터의 심리적 이탈' 차원에 있어서는 비록 분배공정성(β=-.149, $p<.100$)도 어느 정도 영향을 주고 있지만 상호작용공정성(β=-.183, $p<.050$)이 더 큰 부정적 영향관계에 있음을 확인해 볼 수 있다. 공정성 변수가 추가된 두 번째 모형은 고갈(F=10.055, $p<.001$, R^2=.228)과 일로부터의 심리적 이탈(F=2.797, $p<.050$, R^2=.079)에 대해 모두 통계적으로 유의하였고, R^2의 변화량에 대한 F검증 역시 고갈은 $p<.050$ 수준에서 그리고 심리적 이탈은 $p<.010$ 수준에서 각각 유의한 것으로 밝혀졌다. 그러므로 공정성 지각이

직무소진에 미치는 부정적 영향을 확인하기 위한 가설 Ⅰ의 경우, 분배공정성과 관련한 가설 Ⅰ-1은 주로 고갈 차원에서, 그리고 상호작용공정성에 대한 가설 Ⅰ-2는 일로부터의 심리적 이탈 차원에서만 입증되고 있다고 할 수 있다.

한편, 직무요구와 직무소진간의 관계에서 공정성 지각이 수행하는 조절효과를 살펴보기 위해 상호작용항목을 추가 투입한 모형 Ⅲ의 경우, 고갈에 대해서는 그 이전 모형 Ⅱ에 비해 설명력(R^2)이 유의적으로 증가하지 않았음에 비해, 일로부터의 심리적 이탈 차원에 있어서는 7.9%에서 11.8%로 증가하였고, 이 설명력의 증분(ΔR^2)에 대한 F 검증 역시 유의한 것으로 나타났다($p<.050$). 다시 말하면, 고갈 차원에 있어서는 직무요구와 두 공정성 변수 간에 예상한 상호작용 효과가 나타나지 않은 반면, 일로부터의 심리적 이탈 차원과 관련해서는 특별히 분배공정성과 직무요구간의 상호작용 효과가 의미있는 것으로 나타났다. 또한 이 경우, 모형 Ⅱ에서는 별다른 유의성을 갖지 못했던 직무요구와 분배공정성의 주효과도 유의한 것으로 밝혀졌다. 이와 같은 분석결과는, 분배공정성 지각이 직무요구와 일로부터의 심리적 이탈간의 관계를 조절할 것이라는 사실을 뒷받침해 주는 것으로 볼 수 있다.

이러한 상호작용의 관계를 좀 더 자세히 파악해 보기 위해, 응답자들 가운데 분배공정성을 상대적으로 더 높게 지각하는 집단과 그렇지 않은 집단을 구분하여 직무요구와 직무소진간의 관계를 비교분석해 보았다. 즉, 분배공정성 지각이 평균보다 표준편차 1단위 이상 높거나 낮은 두 집단을 대상으로(M+1SD; M-1SD), 심리적 이탈을 직무요구에 단순회귀분석하여 그 기울기를 비교해 보는 것이다(Aiken & West, 1991; Janssen, 2000). 그 결과, 상대적으로 분배공정성을 높게 지각하는 집단에서는 직무요구와 일로부터의 심리적 이탈이 서로 유의적인 관계를 나타내지 못하는 반면(b=-.031, t=-.701, n.s.), 상대적으로 분배공정성을 낮게 지각하는 집단에서는 직무요구가 증대될수록 심리적 이탈도 함께 증가하는 양상을 보여주었다

(b=.212, t=2.537, p<.050).

이와 같은 분석결과를 보다 이해하기 쉽도록 시각적으로 도시화한 것이 [그림 4-5]이다. 이 그림을 통해 우리는, 조직에서 보상이 작업량이나 작업 노력에 따라 공정하게 분배되지 않고 있다고 느끼는 사람들은 직무요구가 증가할수록 자신의 일에 대한 심리적 이탈 즉, 일에 대한 냉소적 태도와 염증을 더 많이 느끼는 반면, 분배공정성을 높게 지각하는 사람들에게 있어서는 직무요구의 증가가 반드시 일로부터의 심리적 이탈을 함께 초래하지 않을 수 있음을 짐작해 볼 수 있다. 따라서 이상의 분석결과에 의한다면, 직무요구와 직무소진간의 관계에 대해 공정성 지각의 조절효과를 가정한 가설 II 역시 본 연구에서는 직무소진의 두 차원 가운데 '일로부터의 심리적 이탈'에 대해서만 부분적으로만 입증되고 있다고 볼 수 있다.

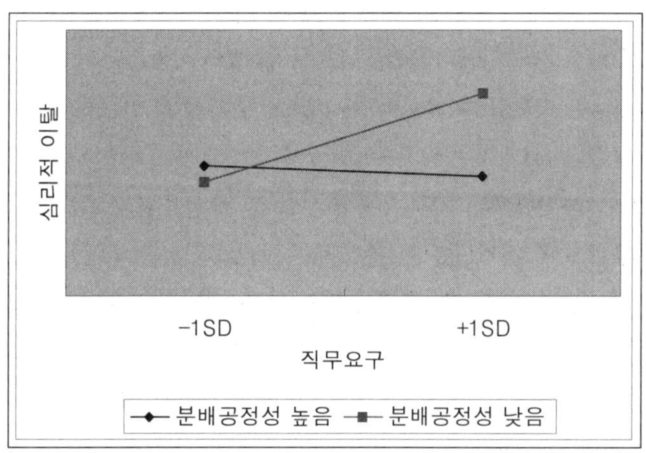

그림 4-5 일로부터의 심리적 이탈에 대한 직무요구와 분배공정성 간의 상호작용

Ⅴ. 토론 및 시사점

본 연구는 직무요구-자원 모형(JD-R medel)과 공정성 이론(Equity theory)을 배경으로, 공정성 지각이 조직구성원의 직무소진을 경감시키고 또 직무요구와 직무소진간의 관계를 조절하는 요인인지를 살펴보는 것을 주요 연구과제로 하고 있다. 이와 관련하여, 본 연구의 분석결과는 다음과 같은 몇 가지 시사점과 토론거리를 제기해 주고 있다.

먼저 가설 Ⅰ에 대한 검증결과에서 확인할 수 있듯이, 공정성 변수는 그 자체가 조직구성원들이 느끼는 직무소진의 느낌을 부분적으로 덜어줄 수 있는 한 요인임을 짐작해 볼 수 있다. 곧, 조직구성원들이 자신의 노력이나 성과에 따라 공정하게 대우받고 있으며 또한 조직생활 속에서 적절한 인간관계적 처우를 받고 있다고 여길 경우, 그러한 공정성 지각은 이들이 자신의 업무로부터 느낄 수 있는 각종 육체적, 정신적 피로도(고갈)와 일에 대한 냉소적 태도 및 거리두기(일로부터의 심리적 이탈) 등 일련의 부정적인 심리적 경험과 태도를 완화시켜 가지는데 긍정적인 기능을 할 수 있다는 것이다.

하지만 본 연구에서는 직무소진 변수의 두 하위차원에 따라 이러한 관계가 조금씩 다르게 전개되었다. 즉, 분배공정성은 '고갈'과 '일로부터의 심리적 이탈' 등 직무소진의 두 차원 모두에 부(-)적인 영향관계에 있었지만, 상호작용공정성 지각은 '고갈'의 감소에는 큰 역할을 하진 못한 반면, '일로부터의 심리적 이탈'과는 의미있는 부(-)적 영향관계에 있었다.

이처럼 상호작용공정성이 직무소진의 두 차원 가운데 일에 대한 부정적 태도와 관련해서만 유의적인 관계를 나타낸 이유에 대해서는, 기존의 선행연구결과들에 기대어 유추해 볼 수 있다. 앞서 이론적 배경 부분에서 논한 바와 같이, 상호작용공정성은 상사나 리더가 보여주는 대인적 처우와 관련된 공정성 평가이다. 즉, 관리과정에서 일정한 권한을 보유한 상급자가 얼마나 친절하고 솔직하게 행동하며, 또 필요한 정보와 설명을 제공해 주는 등 상대방을 잘 배려해 가면서 행동해 주는가에 대한 부하직원의 평가인 것이다. 이런 점에서, 상호작용공정성 개념은 그간 직무요구-자원 모형(JD-R model) 등에서 조직구성원들의 직무긴장과 소진을 완화시키는데 기여하는 한 조직자원으로 주목해 왔던 '상사의 사회적 지원'(social support from a supervisor) 개념과 일맥상통한다고 볼 수 있다(Demerouti et al., 2001; Van Yperen & Hagedoorn, 2003)

그런데 그간의 실증연구들에 의하면, 일반적으로 상사의 사회적 지원과 같은 직무자원 변수들은 직무소진의 두 차원 가운데 고갈 보다는 일로부터의 심리적 이탈을 경감 내지는 완화시키는데 더 기여를 한다는 것이 밝혀졌다(Cohen & Willis, 1985; Eastburg et al., 1994; Sand & Miyazaki, 2000; Schaufeli & Bakker, 2004; 박상언 외, 2005). 즉, 작업방식에 대한 조언과 따뜻한 격려 등 상사로부터 제공되는 도구적, 정서적 지원은 작업자가 업무수행과정에서 느끼는 절대적인 피로감을 완화시키는 데는 한계가 있지만, 그 대신 이들이 자신의 일에 대해 염증을 느끼거나 기피하는 태도를 완화시키고 몰입을 유도하는 데는 효과가 있다는 것이다. 바로 이러한 연유로 인해, 개념상 '상사의 사회적 지원' 개념을 일정부분 대리한다고 볼 수 있는 상호작용공정성 변수는, 본 연구에서도 직무소진의 두 차원 가운데 고갈보다 일로부터의 심리적 이탈 차원과 더 큰 부(-)적 관계를 나타내고 있는 것으로 추측된다.

한편, 가설 II에 대한 검증과정에서 알 수 있었듯이, 조직구성원의 공정성 지각은 직장생활에서 이들이 경험하는 직무소진의 느낌을 덜어줄 수 있는 직접적인 한 요인일 뿐만 아니라, 특히 직무요구의 증대로 말미암은 직무소진의 증가를 완화시켜줄 수 있는 조절요인이자 중요한 상황적 조건일 수 있음이 본 연구의 분석결과 부분적으로 확인되었다. 보다 구체적으로, 이 경우 직무소진의 두 차원 가운데 고갈과 관련해서는 별다른 조절효과를 찾아볼 수 없었지만, 일로부터의 심리적 이탈에 있어서는 분배공정성 지각이 이러한 구실을 할 가능성이 있음이 확인되었다.

이와 같은 연구결과는, 오늘날의 경영여건처럼 조직의 생산성 제고를 위해 사원들의 업무량을 늘려가고 또 품질향상과 원가절감을 위해 더 많은 제안실적을 요구하는 등 일정부분 직무요구를 강화시켜 나갈 수밖에 없는 경우에도, 상호작용공정성과 함께 분배적 차원의 공정성을 잘 관리해 나가는 것이 상당히 중요할 수 있음을 시사한다. 본 연구에서는 사원들의 분배공정성 지각이 이들의 고갈과 일로부터의 심리적 이탈에 대한 경감 요인으로 작용할 뿐만 아니라, 특히 직무요구 즉 업무부하를 많이 느끼는 사원들에게 있어서 일에 대한 심리적 이탈을 완화시키는데 일정한 기여를 할 가능성이 있음을 보여주고 있다.

공정성에 대한 관리가 조직구성원들의 공식성과에 있어서 뿐만 아니라, 이들이 발휘할 수 있는 조직시민행동과 혁신행동 등 자발적인 역할외 성과를 유도해 내는데 있어서도 매우 중요한 조건이 된다는 사실은 이미 많은 선행연구들에 의해 밝혀져 왔다(Janssen, 2000, 2001; Konovsky & Pugh, 1994; Moorman, 1991; Niehoff & Moorman, 1993; Organ, 1990; Organ & Ryan, 1995; 안관영, 1999; 이지우, 2002 등). 본 연구의 결과는, 이에 더하여 사원들의 노력이나 성과에 따라 공정한 보상제도를 시행해 나가고, 또 작업현장에서 이들에게 적절한 도구적, 정서적 지원을 제공해 주는 것이, 직무소진과 같이 이들이 업무수행과정 중에 느낄 수 있는 여러 가지 부정적인 심리적 경험과 태도를 예방 내지는 완화시키는데도 상당한 도움이 될 수 있다는 사실을 시사해 주고 있다.

하지만 본 연구는 설문조사 방법에 의존함으로써 다음과 같은 몇 가지 한계를 갖고 있다. 우선, 이 연구는 횡단적이고 비실험적인 연구설계에 의존하고 있기 때문에, 변수들 간의 인과관계를 유추하는데 무엇보다 조심할 필요가 있다. 비록 공정성 지각이 직무소진과 상당부분 연관이 있음을 확인하긴 했지만, 기본적으로 본 연구결과 제시된 두 변수간의 부(-)적인 관계는 상관관계이지 인과관계를 나타내는 것이 아니다. 실제로, 불공정성 지각이 직무소진을 증대시킬 수도 있지만, 그 반대로 직무소진의 증가가 공정성 지각을 훼손시킬 수도 있는 것이다. 그러므로 향후에는 이러한 변수간 인과관계 규명이 가능한 실험(experiment)이나 통시적인 조사연구 등 다양한 연구방법이 적용되어질 필요가 있다. 또한 본 연구의 표본이 제조업 생산직 사원들에 한정되었다는 것도 또 다른 제약이라고 할 수 있다. 이러한 여러 한계점들 때문에 본 연구의 결과를 일반화하는 데는 세심한 주의가 필요할 것이다.

그렇지만 본 연구는 국내에서 아직 그리 많은 연구성과가 축적되지 않고 있는 직무소진 변수를 도입·측정하고, 이를 공정성 변수와 연관시켜 분석해 본 의의가 있다고 할 수 있다. 향후에는 직무소진에 영향을 미치는 보다 다양한 요인들을 함께 고려하는 연구모형의 개발과 함께, 앞서 지적한 연구방법과 표본구성상의 한계를 극복해 갈 수 있는 많은 후속연구들이 이어지길 기대해 본다.

Reference 참고문헌

박상언 (2001), 다운사이징을 실시한 조직에 있어서 생존 직원들의 반응에 관한 경험적 연구,『경영학연구』, 30(2): 319-347.

박상언·김주엽·김민용 (2005), 소진(Burnout)에 대한 직무요구, 직무통제 그리고 사회적 지원의 효과,『인사관리연구』, 29(2): 25-57.

안관영 (1999), 조직공정성지각이 조직시민행동에 미치는 효과,『인사관리연구』, 23(1): 115-144.

이경근·박성수 (1999), 조직공정성과 임금만족간의 인과관계: 절차적 공정성, 상호작용적 공정성, 분배적 공정성간의 관계와 역할을 중심으로,『인사·조직연구』, 7(2): 191-229.

이재훈·최익봉 (2004), 조직공정성, 신뢰, 조직유효성간의 관련성에 관한 연구,『인사·조직연구』, 12(1): 93-132.

이지우 (2002), 분배공정성에 따른 직무부담과 혁신적 업무행동과의 관계,『인사관리연구』, 26(1); 113-130.

임준철·윤정구 (1998), 분배공정성과 절차공정성이 직무만족과 조직몰입에 미치는 차별적 영향에 관한 연구,『경영학연구』, 27(1): 939-111.

장세진 (2000), 직장인 스트레스 실태조사", 한국예방의학회 직무스트레스 예방전략 심포지움 발표논문집

정범구 (1994), 조직공정성과 조직유효성: 분배공정성과 절차공정성의 상호작용효과,『인사관리연구』, 18: 469-497.

Adams, J. S. (1965), Inequity in social exchange, in L. Berkowitz (Ed.), *Advances in experimental social psychology*, vol.2, 267-299. N.Y.: Academic Press.

Aiken, L. S. & West, S. G. (1991), *Multiple regression: Testing and interpreting interactions*, Beverly Hills, CA: Sage.

Aquino, K., Griffeth, R. W., Allen, D. G. & Hom, P. W. (1997), Integrating justice constructs into the turnover process: A test of a referent cognitions model, *Academy of Management Journal,* 40: 1208-1227.

Aryee, S., Budhwar, P. S. & Chen, Z. X. (2002), Trust as a mediator of the relationship between organizational justice and work outcomes: Test of a social exchange model, *Journal of Organizational Behavior*, 23: 267-

385.

Bakker, A. B., Demerouti, E., & Verbeke, W. (2004), Using the job demand resources model to predict burnout and performance, *Human Resource Management,* 43: 83-104.

Bakker, B. A., Schaufeli, W. B., Sixma, H., Bosveld, W. & Van Dierendonck, D. (2000), Patient demands, lack of reciprocity and burnout: A five-year longitudinal study among general practitioners, *Journal of Organizational Behavior*, 21: 425-441.

Bies, R. J. (1987), The predicament of injustice: The management of moral outrage, in L. L. Cummings & B. M. Staw (Eds.), *Research in Organizational Behavior*, vol.9, 289-319, Greenwich, Connecticut: JAI Press.

Bies, R. J. & Moag, J. S. (1986), Interactional justice: Communication criteria of fairness in R. J. Lewick, B. H. Sheppard & M. H. Bazerman (Eds.), *Research in Negotiations in Organizations*, vol. 1 43-55, Greenwich, Connecticut: JAI Press.

Caplan, R. D. (1983), Person-environment fit: Past, present and future, in C. L. Cooper (Ed.), *Stress Research*, 35-78, London: Wiley.

Cohen, S. & Wills, T. A. (1985), Stress, social support, and the buffering hypothesis, *Psychological Bulletin*, 98: 310-357.

Cordes, C. L. & Dougherty, T. W. (1993), A review and an integration of research on job burnout, *Academy of Management Review*, 18: 621-656.

Cordes, C. L., Dougherty, T. W. & Blum, M. (1997), Patterns of burnout among managers and professionals: A comparison of models, *Journal of Organizational Behavior*, 18: 685-701.

Daniels, K. & Guppy, A. (1994), Occupational stress, social support, job control, and psychological well-being, *Human Relations*, 12: 1523-1544.

de Boer, E. M., Bakker, A. B., Syroit, J. E. & Schaufeli, W. B. (2002), Unfairness at work as a predictor of absenteeism, *Journal of Organizational Behavior*, 23: 181-197.

de Jonge, J., & Schaufeli, W. B. (1998), Job characteristics and employee well-being: A test of Warr's Vitamin Model in health care workers using structural equation modeling, *Journal of Organizational Behavior*, 19: 387-407.

Demerouti, E., Bakker, A. B., Nachreiner, F. & Schaufeli, W. (2001), The Job

Demands-Resources Model of Burnout, *Journal of Applied Psychology*, 86(3): 499-512.

Demerouti. E., Bakker, A. B., Vardkou, I. & Kantas, A. (2003), The Convergent Validity of Two Burnout Instruments: A Multitrait-multimethod Analysis, *European Journal of Psychological Assessment*, 19: 12-23.

de Rijk, Le Blanc, P. M., Schaufeli, W. B. & de Jonge, J. (1998), Active coping and need for control as moderators of the job-demand-control model: Effects on burnout, *Journal of Occupational and Organizational Psychology*, 71: 1-18.

Dittrich, J. E. & Carrell, M. R. (1979), Organizational equity perceptions, employee satisfaction, and departmental absence and turnover rates, *Organizational Behavior and Human Performance*, 24: 29-40.

Dwyer, D. J. & Ganster, D. C. (1991), The effects of job demands and control on employee attendance and satisfaction, *Journal of Organizational Behavior*, 7: 595-608.

Eastburg, M. C., Williamson, M., Gorsuch, R., & Ridley, C. (1994), Social support, personality, and burnout in nurses, *Journal of Applied Social Psychology*, 24: 1233-1250.

Edwards, J. R. & Cooper, C. L. (1990), The person-environment fit approach to stress: Recurring problems and some suggested solutions, *Journal of Organizational Behavior*, 11: 293-307.

Fox, M. L., Dwyer, D. J. & Ganster, D. C. (1993), Effects of stressful job demands and control on physiological and attitudinal outcomes in a hospital setting, *Academy of Management Journal,* 36: 289-318.

Gardner, D. G. (1986), Activation theory and task design: An empirical test of several new predictions, *Journal of Applied Psychology*, 71: 411-418.

Gardner, D. G. & Cummings, L. L. (1988), Activation theory and job design: Review and reconceptualization, in B. M. Staw & L. L. Cummings (Eds.), *Research in Organizational Behavior*, vol. 10, 81-122. Greenwich, Connecticut: JAI Press.

Greenberg, J. (1987), A Taxonomy of Organizational Justice Theories, *Academy of Management Review,* 12: 9-22.

Greenberg, J. (1990), Organizational Justice: Yesterday, Today, and Tomorrow, *Journal of Management*, 16: 399-432.

Janssen, O. (2000), Job demand, perceptions of effort-reward fairness and innovative work behavior, *Journal of Occupational and Organizational Psychology*, 73: 287-302.

Janssen, O. (2001), Fairness perceptions as a moderator in the curvilinear relationships between job demands, and job performance and job satisfaction, *Academy of Management Journal,* 44: 1039-1050.

Karasek, R. A. (1979), Job demands, job decision latitude, and mental strain: Implications for job redesign, *Administrative Science Quarterly*, 24: 285-311.

Karasek, R. A., & Theorell, T. (1990), *Healthy Work: Stress, Productivity, and the Reconstruction of Working Life*, New York: Basic Books.

Konovsky, M. A. & Pugh, S. D. (1994), Citizenship Behavior and Social Exchange, *Academy of Management Journal,* 37(3): 656-669.

Lind, E. A. & Tyler, T. R. (1988), *The Social Psychology of Procedural Justice*, N.Y.: Plemum Press.

Lee, R. T. & Ashforth, B. E. (1996), A meta-analytic examination of the correlates of the three dimensions of job burnout, *Journal of Applied Psychology*, 81: 123-133.

Leiter, M. P. (1993), Burnout as developmental process: Consideration of models, in W. B. Schaufeli, C. Maslach & T. Marek (Eds.), *Professional Burnout: Recent Development in Theory and Research*, 237-250, New York: Taylor & Francis.

Leiter, M. P. & Schaufeli, W. B. (1996), Consistency of the burnout construct across occupations, *Anxiety, Stress and Coping,* 9: 229-243.

Maslach, C. (1982). Understanding burnout: Definitional issues in analyzing a complex phenomenon, in W. S. Paine (Ed.), *Job Stress and Burnout,* 29-40, Beverly Hills, CA: Sage.

Maslach, C., & Jackson, S. E. (1981), *The Maslach Burnout Inventory*, Palo Alto, CA: Consulting Psychologists Press.

Maslach, C., & Jackson, S. E. (1986), *Maslach Burnout Inventory: Second Edition*, Palo Alto, CA: Consulting Psychologists Press.

Maslach, C. & Schaufeli, W. B. (1993), Historical and conceptual development of burnout, in W. B. Schaufeli, C. Maslach & T. Marek (Eds.), *Professional Burnout: Recent Development in Theory and Research*, 1-18,

New York: Taylor & Francis.

Maslach, C., Schaufeli, W. B. & Leiter, M. P. (2001), Job burnout, *Annual Review of Psychology,* 52: 397-422.

Masterson, S. S., Lewis, K., Goldman, B. M. & Taylor, M. S. (2000), Integrating justice and social exchange: The differing effects of fair procedures and treatment on work relationships, *Academy of Management Journal,* 43(4): 738-748.

McFarlin, D. B. & Sweeney, P. D. (1992), Distributive and Procedural Justice As Predictors of Satisfaction with Personal and Organizational Outcomes, *Academy of Management Journal,* 35(3): 626-637.

Moorman, R. H. (1991), Relationship between organizational justice and organizational citizenship behavior: Do fairness perceptions influence employee citizenship?, *Journal of Applied Psychology,* 76: 845-855.

Mowday, R. T. (1991), Equity theory perceptions of behavior in organizations, in R. M. Steers & L. W. Porter (Eds.), *Motivation and Work Behavior,* 111-131. N.Y.: McGraw-Hill.

Niehoff, B. P. & Moorman, R. T. (1993), Justice as a mediator of the relationship between methods of monitoring and organizational citizenship behavior, *Academy of Management Journal,* 36: 527-556.

Organ, D. W. (1990), The Motivational Basis of Organizational Citizenship Behavior, in B. M. Staw & L. L. Cummings (Eds.), *Research in Organizational Behavior,* vol. 12, 43-72, Greenwich, Connecticut: JAI Press.

Organ, D. W. & Ryan, K. (1995), A meta-analytic review of attitudinal and dispositional predictors of organizational citizenship behavior, *Personnel Psychology,* 48: 775-802.

Parker, S. & Sprigg, C. A. (1999), Minimizing strain and maximizing learning: The role of job demands, job control, and proactive personality, *Journal of Applied Psychology,* 84: 925-939.

Parkes, K. R. (1994), Personality and coping as moderators of work stress processes: Models, methods and measures, *Work and Stress,* 8: 110-129.

Price, J. L. & Muller, C. W. (1986), *Handbook of Organizational Measurement,* Marshfield, MA: Pitman Publishing Inc.

Salanova, M., Peiro, J. M. & Schaufeli W. B. (2002), Self-efficacy specificity and burnout among information technology workers: An extension of the job demand-control model, *European Journal of Work and Organizational Psychology,* 11(1): 1-25.

Sand, G. & Miyazaki, A. D. (2000), The impact of social support on salesperson burnout and burnout components, *Psychology & Marketing*, 17(1): 13-26.

Schaubroeck, J. & Merritt, D. E. (1997), Divergent effects of job control on coping with work stressors: The key role of self-efficacy, *Academy of Management Journal,* 40(3): 738-754.

Schaufeli, W. B. & Bakker, A. B. (2004), Job Demand, Job Resources, and their Relationship with Burnout and Engagement: A Multi-sample Study, *Journal of Organizational Behavior*, 25: 293-315.

Van der Doef M. & Maes, S. (1999), The job demand-control(-support) model and psychological well-being: A review of 20 years of empirical research, *Work and Stress*, 13(2): 87-114.

Van Yperen, N. W. & Hagedoorn, M. (2003), Do high job demands increase intrinsic motivation or fatigue or both? The role of job control and job social support, *Academy of Management Journal*, 46(3): 339-348.

Van Yperen, N. W. & Janssen, O. (2002), Fatigued and dissatisfied or fatigued but satisfied? Goal orientations and responses to high job demands, *Academy of Management Journal*, 45: 1161-1171.

Wall, T. D., Jackson, P. R., Mullarkey, S., & Parker, S. K. (1996), The demands-control model of job strain: A more specific test, *Journal of Occupational and Organizational Psychology*, 69: 153-166.

Xie, J. L. (1996), Karasek's model in the People's Republic of China: Effects of job demands, control, and individual differences, *Academy of Management Journal*, 39(6): 1594-1618.

03

감정노동과 직무소진의 직무현장 사례 : 콜센터(call center) 상담직

03

지금까지 Ⅰ, Ⅱ부에서 살펴본 '감정노동'과 '직무소진', 이 두 현상을 전형적으로 관찰해 볼 수 있는 실제 직무현장 중의 하나가 바로 '콜센터'(call center)일 수 있다. 고객과의 커뮤니케이션 증진을 통해 고객서비스 품질과 고객만족 제고를 위해 등장하기 시작한 콜센터는, 어느덧 우리 주변에서 흔히 접할 수 있는 익숙한 일터로 자리 잡아 왔다. 이 새로운 작업장에서 근무하기 시작한 많은 상담직 사원들은, 비록 비대면적인 상황이긴 하지만 고객과 접촉하면서 반복적인 감정노동을 수행해야 하고, 그 결과 상당한 수준의 직무소진을 경험하고 있는 것으로 알려져 왔다.

* 이런 취지에서, ***'Ⅲ부 감정노동과 직무소진의 직무현장 사례'***에서는 콜센터의 상담직에 초점을 둔 실증연구를 통하여, 이들의 노동과정과 직무특성을 들여다본다. 특히 금융, 유통, 전문 서비스직 등 다른 고객서비스 직종과의 비교를 통해, 이들 콜센터 상담직 사원들이 어떠한 직무여건에 처해 있으며, 또 이러한 직무여건은 이들의 직무정서와 직무태도에 어떠한 영향을 미치고 있는 지를 간접적으로 추론해 본다.

사실, 콜센터라는 특수한 작업장의 성격을 둘러싸고 그간 많은 논의가 있어왔다. 하지만 ***'6장 콜센터 상담직의 직무특성과 직무정서 및 태도'***를 통해 분석한 결과에 따르면, 대부분의 콜센터는 '고몰입 서비스 모델'을 지향해 갈 것이라는 일부 논자들의 낙관적인 전망과는 달리, '대량서비스 모델'에 입각한 고객서비스 노동의 테일러주의화가 더욱 흔히 관찰될 수 있으며, 그 결과 콜센터 상담직은 다른 고객서비스 직종보다 여러 면에서 더 열악한 직무조건 하에 놓여있음을 확인해 볼 수 있다.

6장 콜센터 상담직의 직무특성과 직무정서 및 태도: 타 고객서비스 직종과의 비교를 통한 탐색적 진단

"일할 때, 나는 없다", "저희는 영혼 없는 비서예요" - 콜센터 상담노동자들의 인터뷰 내용 중에서

Ⅰ. 머리말

정보통신기술의 발전으로 인해 빠른 시간내 확산되어, 이제 우리 주변에서 쉽게 접하게 된 새로운 작업장의 하나가 바로 콜센터(call center)이다. 주지하듯이, 콜센터는 상담원들이 고객으로부터 걸려오는 전화를 통해 주문이나 불만처리 업무를 수행하거나(인바운드 콜, inbound calls) 혹은 고객들에게 전화를 걸어 상품에 대한 홍보 및 판매를 수행하는(아웃바운드 콜, outbound calls) 작업장을 일컫는다. 이 과정에서, 자동통화배분시스템(automatic call distribution system)이나 고객정보데이터베이스 등 관련 정보처리기술이 활용되어 고객관리 및 서비스제공 업무가 제어되고, 그 결과 기업으로서는 이 콜센터를 통해 직접적인 대면접촉에 의존하던 기존 고객서비스 제공방식의 시·공간적 제약을 뛰어넘을 수 있다는 큰 이점을 갖게 되었다(Houlihan, 2000; Miozzo & Ramirez, 2003).

이러한 콜센터에 대해 그간 상당한 연구가 축적되어 왔다. 콜센터의 상담 노동자(customer service representative, CSR)와 이들의 노동과정에 대해 전례없이 강화된 기술적 통제방식이 적용되는 측면과 함께, 감정노동이 요구되는 독특한 직무 성격으로 인해, 콜센터 작업장은 적지 않은 사회과학자들의 연구관심을 끌어왔다. 먼저, 그간 고객과의 직접적인 대면접촉을 통해 이루어지던 거래와 상담, 불만처리의 상당부분이 이 콜센터를 통해 처리되기 시작하면서, 일부 학자들은 콜센터 작업장이 제조업의 일관조립공정에서처럼 고객서비스 업무를 가능한 한 표준화, 단순화시키고 대량처리하는 모델로 진화하기 시작한 측면에 대해 주목하였다. 그리하여 새로운 콜센터 작업장의 '화이트칼라 공장'(white-collar factory)화와 '고객서비스 노동의 테일러주의화'(Taylorization of customer service work) 경향에 대해 우려하는 견해가 피력되었다(Taylor & Bain, 1999; Thompson & Warhurst, 1998 등). 또 콜센터 상담원의 노동과정에 대한 전자적 감시와 통제가 기술적으로 현실화되면서, 일부 학자들 간에는 '원형전자감옥'(electronic panopticon)화를 둘러싼 논쟁이 야기되기도 했다(예를 들어, Fernie & Metcalf, 1998 vs. Bain & Taylor, 2000). 이에 비해, 무조건적인 표준화에 일정한 제약이 있을 수밖에 없는 서비스 노동의 고유한 특성과 기업 측의 차별화된 고객서비스 전략, 그리고 각국의 고용관계 사정 등과 맞물려, 콜센터 역시 획일화된 기술결정적인 모델로 수렴되기 보다는, '대량맞춤 관료제'(mass customization bureaucracy)나 '절충형 작업조직'(hybrid work organization) 등 다양한 유형과 경로로 분화된 양상을 보일 것이라는 전망도 제기되었다(Batt, 2000, 2001; Batt & Moynihan, 2002; Frankel et al., 1998 등).

한편, 1990년대 이후 우리나라에서도 콜센터는 빠른 속도로 보편화되었다. 이러한 실정을 반영하듯, 콜센터에 대한 국내 연구도 어느 정도 축적되어 왔다. 먼저, 콜센터 작업장의 독특한 고용관계에 대해 주목하고 이를 논하고 있는 연구(강혜영, 2004; 이병훈, 2007)와 함께, 개별 콜센터 작업장에 대해 감정노동(신경아, 2009)과 전자감시체계(이병훈·김종성, 2004)에 초점을 둔 질적 사례연구가 있어 왔다. 또 콜센터 노동자의 종합적인 인권상황을 실태조사한 보고서도 출간된 바 있다(국가인권위원회, 2008). 이에 비해, 콜센터 작업장과 그 노동자들을 대상으로 한 실증연구는 상대적으로 그리 많지 않아 왔다. 그나마 콜센터를 대상으로 한 그간의 실증연구들은 심리학과 경영학적 관점 하에서 콜센터 노동자들이 수행하는 감정노동과 이들이 경험하는 소진(burnout) 등 심리적 결과 변수 간의 관계를 확인하는 단순한 가설검증적 연구가 대부분이었다(예를 들어, 이랑 외, 2006; 윤시내·박완순, 2007; 최항석 외, 2008 등).

따라서 본 연구는 기왕의 이러한 실증연구와는 차별화되는 연구설계를 통해, 콜센터 상담직 노동자들의 직무특성과 이들의 직무관련 태도 및 정서를 확인해 보려한다. 즉 콜센터 상담직 노동자들의 직무특성과 직무태도, 그리고 이들이 직무수행과정에서 느끼는 직무정서 등을, 비슷한 고객서비스 노동을 수행하는 다른 직종의 노동자들과 비교하여, 콜센터 노동자들의 노동조건과 상태를 비교, 확인해 보려 하는 것이다. 이러한 본 연구는 그간 주로 개념적 연구나 혹은 질적 사례연구에 천착해 왔던 비판적 관점의 연구경향을 실증연구를 통해 보완하는 의의를 가질 수 있을 것으로 생각된다. 또한 비록 제한된 표본과 변수들에 의존한 분석이긴 하지만, 본 연구의 분석결과는 유사 고객서비스 직종과의 비교를 통해 콜센터 노동자들이 처한 특수한 노동조건과 상태를 규명해 보는 기회가 될 수 있을 것으로 판단된다. 아울러, 콜센터 상담직 노동자들의 직무특성과 직무태도, 그리고 직무정서에 대한 종합적인 실증분석을 통해, 본 연구는 한국 콜센터 작업장의 성격과 실태를 간접적으로나마 점검하고 추론해 보는 기회도 제공해 줄 수 있을 것으로 기대해 본다.

Ⅱ. 이론적 배경

2.1 콜센터 작업장: 기원과 현황

콜센터는 고객만족을 위한 서비스 제고와 이를 위한 고객과의 커뮤니케이션 증진을 위해 설치된 조직으로서, 실제 기업 현장에서는 고객(지원)센터, 고객상담센터, 컨택센터, CRM(Customer Relations Management) 센터 등 다양한 이름으로 운영되고 있다. 이러한 콜센터는, 리콜제도가 일반화되기 전인 1960년대 중반 미국 포드자동차회사가 불량자동차의 회수 및 수리를 위해 설립한 무료전화(toll-free) 고객서비스센터가 그 기원으로 알려져 왔다(Holtgrewe et al., 2002). 그렇지만, 본격적으로는 관련 정보통신기술이 뒷받침되기 시작한 1990년대 이후 금융·통신서비스 산업을 필두로 제조, 유통, 관광 등 전 산업 분야에 걸쳐 급속히 확산되어 갔다. 또한 정보통신기술에 기반하여 지역적 제약에 구애받지 않고 운영될 수 있는 특성으로 인해, 다국적 기업의 콜센터는 글로벌 아웃소싱 전략의 일환으로 인도와 아일랜드 등 저임금 영어권 국가들에 주로 입지하는 한편, 각국 내에서도 본사나 혹은 생산시설의 위치와 관계없이 콜센터 운영비용을 효율화할 수 있는 곳에 주로 입지하는 경향을 보여 왔다.

1990년대 이후 정보통신기술의 급속한 발전과 기업들의 각종 고객서비스 혁신전략에 편승하여 콜센터는 전 세계적으로 급속히 확산되어 갔다. 각 국에서는 이러한 콜센터의 유치 및 설립을 신종 일자리 창출 기회로까지 간주하여 이를 정책적으로 지원하기 시작하였고, 그 결과 2000년대에 들어서 미국, 유럽, 일본 등 주요 선진국들에서도 년 평균 10% 이상의 빠른 성장을 구가하였다(Burgess & Connell, 2007; 이병훈, 2007).

관련 정보통신기술이 발전한 한국에서도 콜센터는 역시 빠르게 확산되었다. 하지만 국내의 경우, 아직도 콜센터 조직 전체의 현황과 규모를 정확히 파악할 수 있는 통계가 부족한 실정이다. 이를테면, 콜센터 종사자 규모에 대해 통계청에서 파악하고 있는 인원은 5만6천 명 정도인데 비해, 업계에서 추정하고 있는 규모는 40만 명에 달할 정도로 편차가 크다(한국콜센터산업정보연구소, 2007). 그나마 2009년 말 나름 공신력 있는 한 기관에 의해 이루어진 실태조사와 그에 입각한 추계에 따르면, 우리나라 콜센터 종사자는 17만 6천여 명이며, 2014년에는 약 27만 여명에 이를 것으로 전망되었다(정보통신산업진흥원, 2010).

2.2 콜센터 작업장의 주요 특징

그간의 국내외 연구들에 따르면, 콜센터 작업장은 다음과 같은 몇 가지 특징을 갖는 것으로 정리될 수 있다. 첫째로, 콜센터는 앞서 언급한 바와 같이 작업장의 설계와 운영에 있어서 정보통신기술의 영향이 매우 큰 특징이 있다. 콜센터는 한마디로 컴퓨터(정보)와 전화(통신)를 결합하여 고객관련 서비스 업무를 처리하는 곳이기 때문에, 거의 모든 업무가 자동통화배분시스템 등 관련 정보통신기술에 의해 제어되는 특징을 가진다. 따라서 콜센터 작업장의 이러한 고유 특성은 업무처리 속도와 방식 등 노동과정의 상당수 구성 요인들에 대해 기술적인 통제와 전자적인 감시를 가능하게 만들어 주었고, 그 결과 작업자가 행사할 수 있는 직무재량권은 극히 제한되는 결과를 초래하였다. 콜센터 노동과정의 이러한 성격에 주목한 일군의 비판적인 논자들은 이를 '고객서비스 노동의 테일화주의화' 경향, 즉 서비스 노동의 탈숙련화 경향이 관철된 결과로 파악하였다(Bain & Taylor, 2000; Taylor & Bain, 1999),

하지만 콜센터 노동의 탈숙련화 경향에 대해 유보적인 입장을 취하는 관점도 제기되었다. 이들은 무엇보다 서비스 노동이 가지는 고유한 속성에 주목한다. 주지하듯이, 서비스 노동과정은 그 서비스 수혜대상인 고객이 직·간접적으로 노동과정에 관여 내지는 개입한다는 큰 특징이 있다(Frenkel et al., 1999; Korczynski et al., 2000; Leidner, 1999). 따라서 사용자와 노동자의 양자관계에 기반하는 제조업의 작업장과는 달리, 고객서비스부문의 작업장에서는 여기에 고객과의 상호작용과정이 더해지고 또 감정적 개입이 일어나는 등 불확실성이 크기 때문에, 이를 완전히 표준화한다는 것이 현실적으로 결코 쉽지 않을 수 있다(Bolton & Houlihan, 2005; Leidner, 1999). 나아가, 차별화된 고객서비스 전략을 구사하려는 기업은 고객의 다양한 요구에 부응하여 맞춤형의 서비스를 제공하려는 고객세분화 전략을 의도적으로 선택할 수 있고, 그에 따라 일부 고객에 대해서는 획일적이고 표준화된 서비스가 아니라 더욱 전문화되고 질 높은 서비스를 제공하려는 동인을 가질 수도 있다. 따라서 이러한 입장에서는 콜센터의 노동과정이 탈숙련화 경향 일색으로 진화하리라는 예측에 반대하면서, 서비스 노동자에게 일정부분 직무재량권을 허용하면서 이들의 자발적인 몰입과 전문지식을 유인하는 작업체계를 가질 수 있을 것이라는 견해를 피력해 왔다(Batt, 2000, 2002; Frankel et al., 1998; Houlihan, 2002).

이처럼, 그간의 논의에 따르면 콜센터 작업장의 기본 성격에 대해서는 다소 상반된 견해와 전망이 제시되어 왔다. 일부 논자들에 의하면, 콜센터 작업장의 기본 성격에 관한 이러한 두 견해는 '대량 서비스 모델'(mass service model)과 '고몰입 서비스 모델'(high commitment service model)로 각기 일컬어져 왔다(Batt, 2002; Holman, 2003; Zapf et al., 2003). 따라서 본 연구에서는 다른 고객서비스 직종과의 비교를 통해, 국내 콜센터 작업장이 탈숙련화 경향이 관철되는 대량 서비스 모델에 가까운지, 아니면 서비스 노동자의 자발적인 몰입과 헌신을 유인하는 고몰입 서비스 모델에 가까운지를 확인해 보는 것을 핵심 연구과제 중의 하나로 삼고자 한다.

콜센터 작업장이 가지는 두 번째 주요 특징은, 비록 고객과 비대면적인 상호작용을 하긴 하지만, 이곳의 상담 노동자들도 이른바 '감정노동'(emotional labor)을 핵심 직무요구로 수용하고 이를 수행해야 한다는 점이다. 감정노동은 조직이 요구하는 감정을 표현하기 위해 자신의 어조나, 표정, 몸짓 등을 조절해가는 노력을 의미한다(Grandey, 2000; Morris & Feldman, 1996). 일찍이 사회학자 Hochschild(1983)는 서비스 분야의 종사자들이 기존의 육체노동이나 정신노동뿐만 아니라, 고객들과의 상호작용 과정에서 자신의 감정을 통제하고 적절한 감정을 표출하는 또 다른 형태의 노동을 함께 수행하고 있음을 주목하고, 이를 '감정노동'으로 개념화한 바 있다.

앞서도 언급한 바 있듯이, 서비스 직종의 노동 수행에 있어서는 많은 경우 사원과 고객 사이에 이루어지는 '상호작용의 질' 자체가 고객에게 전달되는 '서비스'라는 상품의 핵심적인 한 부분을 구성하게 된다. 이러한 이유로 인해, 서비스 노동은 통상적인 제조업 분야의 노동과는 달리, 노동의 주체와 제품으로서의 서비스, 그리고 그러한 노동이 수행되는 과정이 명확하게 구분되지 않고 통합되어 있는 특징을 가지기 쉽다(Leidner, 1999). 또한 상품으로서의 서비스 제공이 원활히 이루어지려면 일정부분 고객의 관여와 협력이 필수적인 특징도 있다. 즉, 고객의 일정한 협력 없이는 서비스 제공 과정이 언제든 지체되고 중단될 수 있기 때문에, 서비스 직종의 직무수행자는 업무수행과정에서 자신의 감정표현을 의도적으로 조절하여 서비스 수용자로서의 고객이 원하는 심리상태(이를테면, 만족과 기쁨, 흥겨움 등)를 충족시킴으로써 서비스 제공을 성공적으로 완결시킬 필요가 있는 것이다 (Mills & Morris, 1986; Steinberg & Figart, 1999).

이처럼 고객서비스 산업에서 사원들이 적절한 감정노동을 수행하는 것은 기존 고객의 반복적인 구매와 긍정적인 구전 효과를 유인하고 신규 고객을 유치하는 등, 조직의 경쟁우위 확보에 절대적으로 중요할 수 있다 (Philips et al., 2006; Pugh, 2001). 따라서 고객과의 서비스 접점을 가지는 거의 모든 기업들은 단순히 사원들의 '몸'과 '머리' 만이 아니라, 그들의 '표정'과 '마음'까지 통제하고 관리해 가야 하기 때문에, 조직이 요구하는 감정표현규칙(emotional display rule)을 설정하고 이를 지키도록 요구하고 있다. 이러한 상황에서 고객접점에서 일하는 서비스 노동자는 표현규칙이 요구하는 감정과 자신의 원래 감정 간의 차이에 따라 두 가지 종류의 감정노동을 수행해 가게 된다. 먼저, 조직이 표현규칙을 통해 요구하는 규범적 감정을 내면화시키고, 이를 자신의 내적 감정으로 동일화 시킨 상태에서 감정노동을 수행하는 '심층연기'(deep acting)를 수행할 수 있다. 이러한 경우

03

에는 조직이 요구하는 규범적 감정과 본인의 내적 감정 사이에 별다른 괴리가 존재하기 않기 때문에 일반적으로 '감정적 부조화'(emotional dissonance)의 폐해는 적을 수 있다. 하지만, 조직의 규범적 감정을 내면화하기 위해서는 통상 많은 의도적 노력이 필요해 진다(Grandey, 2003; Rafaeli & Sutton, 1987).

반면, 고객접점의 노동자들은 자신의 내적 감정을 변화시키지 않고 외적인 표현만을 조직이 요구하는 표현규칙에 준하여 행하는 '표면연기'(surface acting)를 행할 수도 있다. 이럴 경우, 사원들은 자신의 내적 감정과 조직이 요구하는 규범적 감정 간의 괴리와 충돌로 인해 대개 '감정적 부조화'를 경험할 가능성이 높아진다(Rafaeli & Sutton, 1987; Van Dijk & Kirk-Brown, 2006; Zapf, 2002). 이처럼 표면행위를 수행하면서 감정부조화를 경험하는 노동자들은 흔히 스스로를 위선적이라 생각하는 '거짓 자아'(false self) 개념을 키워가지기 쉽고, 심할 경우 자기 비하와 냉소주의에 함몰될 가능성이 큰 것으로 알려지고 있다(Ashforth & Humphrey, 1993).

또한 고객과 주로 비대면적인 상호작용을 해야만 하는 콜센터에서는 이러한 상호작용의 질을 관리하기 위한 추가적인 노력과 지원이 대개 시행된다. Holman(2003)의 분류에 의하면, 콜센터 상담노동자들이 업무상황에서 유선이나 인터넷을 통해 접하게 되는 고객과의 상호작용은 대개 상대적으로 짧고 1회적인 성격이 강하다(encounters). 상대방과 일정한 기억을 공유하는, 신뢰에 기반한 관계적 상호작용(relationships)이 아닌 것이다. 따라서 많은 경우 콜센터에서는 이러한 1회성의 상호작용을 '유사-관계적 상호작용'(pseudo-relationships)으로 포장하기 위해, 해당 고객의 과거 거래실적이나 구매성향에 관한 정보를 제공하는 고객데이터베이스시스템이 적극 활용되어지는 경우가 많다(Holman, 2003; Zapf et al., 2003).

콜센터 작업장이 가지는 세 번째 특징은, 콜센터가 비정규직 고용 비율이 높은, 전형적인 여성 집중 작업장이라는 것이다. 이러한 세 번째 특징은 특히 한국의 콜센터에서 더욱 두드러진다. 먼저, 콜센터 상담노동자들에게서 여성 비율이 높은 이유로는 앞서 설명한 콜센터 상담직의 감정노동 요구와 무관치 않다. 고객 서비스 노동과정에 내재하는 여러 가지 불확실성을 극복하고 고객만족을 도모하기 위해서는, 고객의 마음을 읽고 즉흥적인 차원의(improvisational) 응대를 효과적으로 수행해야 하는데, 상냥함과 섬세함 그리고 보살핌 등으로 대변되는 여성의 특성이나 자질이 바로 이러한 감정노동 수행에 적합하다는 통념이 주요한 한 요인이라는 것이다(Callaghan & Thompson, 2002; Marshall & Richardson, 1996).

이런 점에서, 콜센터의 급격한 성장이 분명 여성고용의 증가에 일정부분 기여한 바도 있겠지만, 앞서 논한 바와 같이 대부분의 콜센터 노동과정이 대량 서비스 모델에 의거한 단순반복적인 업무 수행에 그치는 실정을 감안한다면 이는 반드시 긍정적인 결과로만 평가되기 어렵다. 이런 점에서, 일부 학자들은 콜센터의 여성 집중화가 여성 노동력의 '게토'(ghetto)화와 노동시장의 성별 분단을 초래하는데 기여하고 있다고 지적한다(Belt, 2002; Fernandez & Sosa, 2005; Mulholland, 2002). 아울러, 준익명성이 보장되는 콜센터의 상담과정에서 대다수 여성 상담노동자들이 각종 성희롱에 노출되기 쉬운 현실도 큰 문제점으로 지적되어오고 있다(Sczesny & Stahlberg, 2000).

또한 회사 직영체제보다 외주용역 콜센터를 운영하는 경우가 많은 한국에서는, 콜센터 상담노동자의 비정규직 비율이 높은 것으로 나타나고 있다. 이 역시 정확한 통계가 없어 추정에 의존하고 있지만, 국내 콜센터의 비정규직 비중은 약 60%에 이르고 있어서, OECD 선진국의 30%안팎 비율과 비교할 때 상당히 높은 것으로 알려지고 있다(국가인권위원회, 2008). 일반적으로 회사 직영체제에서보다는 외주용역 콜센터에서 비정규직 비율이 더 높으며, 대부분 파견 및 용역 신분이거나 혹은 임시계약직으로 근무하는 경우가 많은 것으로 확인되고 있다(이병훈 외, 2006).

2.3 콜센터 작업장의 노동과정과 직무특성

이제 콜센터 작업장의 노동과정과 직무특성, 그리고 작업체계 등에 대해 좀 더 자세히 고찰해 보기로 한다.

먼저, 콜센터 업무는 고객의 전화를 받고 주문이나 불만처리 업무를 수행하는 인바운드 콜과, 고객에게 직접 전화를 걸어 판매 및 홍보 업무를 수행하는 아웃바운드 콜 업무로 크게 구분된다. 이 가운데, 인바운드 콜 업무는 통신, 제조, 유통산업 등에 속한 대기업들에 의해 고객(지원)센터 형태로 운영되는 경우가 많은 편이다. 또 인바운드 콜 업무의 성격이 주로 반품이나 불만처리가 많아 업무 수행 중 예측이 어렵거나 혹은 감정노동이 강하게 요구되는 상황이 많고, 따라서 인바운드 상담노동자들은 이로 인한 스트레스가 많은 것으로 알려지고 있다(신경아, 2009).[8] 또한 소비자들에게 양질의 서비스를 제공하고 기업 이미지를 관리하기 위한 차원에서, 인바운드 콜 부문에 대해서는 상대적으로 숙련도가 높은 인력이 투입되는 경우가 많다. 이를 위해 상담노동자들에 대한 교육훈련에도 일정부분 투자가 시행되는 편이어서, 한 조사에 따르면 신입 상담원에 대한 교육비 지출규모가 2003년도 기준 260만원이 넘는 것으로 나타나기도 했다(이병훈 외, 2006). 그만큼 인바운드 콜 업무에 요구되는 숙련은 업체특유성을 지니기 쉬워, 기업들은 상대적으로 아웃바운드 콜에 비해 임금과 고용조건 면에서 좀 더 양호한 조건을 제공하고, 따라서 이들의 근속 및 경력기간 역시 약간은 더 길게 나타나는 경향이 있다(국가인권위원회, 2008).

이에 비해, 아웃바운드 콜 업무의 경우는 상품별 특성만 익히고 나면 고객응대 방식이 대동소이하기 때문에 그만큼 전문성이 덜 요구되는 경우가 많다. 따라서 이들에 대한 교육훈련은 인바운드 콜에 비해 상대적으로 느

8) 고객의 불만처리를 주로 담당하는 인바운드 콜 상담노동자는 그만큼 고객으로부터 폭언이나 욕설을 듣는 상황을 빈번히 접할 수 있다. 한 콜센터 상담노동자는 인터뷰 내용에서, 이러한 조건에 빈번히 노출된 자신의 처지를 '총알받이'에 비유하고 있다(신경아, 2009: 237쪽).

슨한 편이고, 그만큼 외부노동시장에 의존하여 인력을 조달하는 경향이 크다. 그래서 아웃바운드 콜 상담직의 경우, 일반적으로 비정규직 비율이 더 높고, 근속기간이 더 짧으며, 이들은 영업실적 향상을 위한 심리적 압박을 주된 스트레스 요인으로 경험하는 경우가 많다(국가인권위원회, 2008).

다음으로 콜센터 업무의 직무특성을 좀 더 구체적으로 살펴보자. 콜센터의 노동과정은, 앞서 지적한 바와 같이 관련 정보통신기술에 의해 강하게 규정되는 특징이 있다. 고객들의 전화는 자동통화배분시스템에 의해 통화가 가능한 상담노동자에게 자동으로 연결되고, 이 통화과정은 중앙에서 실시간으로 모니터링이 가능하도록 되어 있다. 상담노동자들은 구획화된 자신의 부스(또는 워크스테이션)에서 컴퓨터의 지원을 받아 상담업무를 수행하는 등 극히 개별화된 작업환경 속에서 일하게 된다.

콜센터 상담노동자들은 하루 평균 120-150 콜을 처리하는데, 1통화 당 소요시간은 일반상담인 경우 평균 2분 10초일 정도로 과업주기(task cycle)가 극히 짧고 반복적이다(강혜영, 2004). 이들의 업무성과는 평균응대속도, 평균통화시간, 평균 후처리시간, 평균 E-mail 처리 시간 등 대개 초단위로 세분화된 여러 가지 생산성 지표를 통해 관리 및 평가된다. 따라서 상담노동자들은 대개 감정노동으로 인한 소진(burnout)과 더불어, 시간적 압박을 많이 느끼는 직무여건 하에 놓여 져 있다고 볼 수 있다. 또 개인 단위의 이러한 성과지표들은 다시 팀 단위로 통화성립율(총 통화에 대한 실제 상담율)이나 서비스 레벨율(고객들로부터 걸려온 전화를 20초 이내 응답하는 비율) 등의 지표로 집계되어 팀 수준의 성과가 관리된다(강혜영, 2004).

그렇지만 콜센터의 상담과정은 이러한 양적 성과지표들만으로 온전히 통제될 수 있는 것이 아니다. 일반적으로 인바운드 콜의 경우에는 매뉴얼이나 스크립트(scripts) 등이 사전 준비되어 있어서 정형화된 콜업무의 처리에 도움이 되기도 한다. 그렇지만 앞서 지적한 바와 같이, 콜센터의 상담과정은 비록 고객과 비대면적으로 접촉하는 것이긴 하지만, 여러 가지 예측이 어려운 상황이나 불확실성에 직면할 수 있고, 그 과정에서 상담노동자들의 직관적, 즉흥적 대응이나 감정노동 및 의사소통 능력 등 질적인 차원의 업무 수행이 매우 중요할 수 있다(Bolton & Houlihan, 2005; Callaghan & Thompson, 2002). 이런 의미에서 보자면, 콜센터 업무의 완벽한 정형화나 표준화는 현실적으로 결코 쉽지 않다고 볼 수 있다. 이러한 질적인 차원의 성과 평가를 위해 콜센터에서는 다양한 모니터링이 수행된다. 즉 이들의 통화는 통화품질 수준을 평가하고 필요시 상담원을 교육도 하는 QAA(quality assurance analyst)나 혹은 팀장으로부터 수시로 모니터링 되는데, 이에는 일반적인 실시간 모니터링 이외에도, 통화내용을 녹취해서 무작위적으로 점검하는 녹취콜 모니터링, 고객을 가장해서 상담원과 직접 통화하며 평가하는 미스터리 콜링(mistery calling) 모니터링 등 다양한 방법이 동원되기도 한다(국가인권위원회, 2008; 37쪽). 많은 경우, 콜센터에서는 이러한 모니터링을 통해 통화내용이 조직의 감정표현규칙을 잘 준수하고 있는지를 확인함과 동시에, 그 결과를 성과평가와 보상에 반영하고 있다.

따라서 콜센터 상담노동자들이 업무수행과정에서 발휘할 수 있는 재량권, 즉 직무자율성은 극히 제한적인 것이 현실이다. 정형화된 매뉴얼이나 스크립트에 의존하기 어려운 통화 상황에서는, 상담노동자의 즉흥적인 판단이나 대응이 때로는 효과를 발휘할 수 있는 경우도 있겠지만, 대부분의 경우 콜센터 상담직이 가지는 직무자율성은 매우 제한적인 것으로 확인되고 있다(이병훈 외, 2006). 그 이유는, 이들의 업무가 대부분 고객들의 불만을 접수하고 해당부서에 통보하는 것일 뿐, 그 처리과정에 대한 실질적인 권한과 책임이 주어져 있지 않기 때문이다. 그래서 많은 경우, 콜센터 노동자들은 고객의 불만을 그야말로 '총알받이'로서 감내해야 하는 경우가 많고, 그렇기 때문에 통상 이들의 감정노동은 더욱 중요한 직무요구 사항 중의 하나가 된다.

이런 이유 때문에라도, 콜센터 상담직에 필요한 직무기술(job skill)에는 이른바 사회적 기술(social skill)이 차지하는 비중이 매우 크다. 콜센터 상담직 수행을 위해서는 여러 개의 응용프로그램을 동시에 활용할 수 있는 기본적인 컴퓨터 관련 기술이 물론 필수적이지만, 고객응대와 감정노동에 필요한 사회적 기술과 의사소통 능력이 많이 요구된다. 특히 청취력과 언어적 표현 능력뿐만 아니라, 고객의 감정을 정확히 그리고 빠르게 읽어낼 수 있는 감수성, 그리고 고객과 불편한 상황에 직면했을 때 자신의 감정을 빠른 시간 내 수습, 조절할 수 있는 자기회복능력 등이 매우 중요한 평가요소로 활용되어지고 있다(신경아, 2009).

다음으로, 콜센터의 보편적인 작업체계에 대해 살펴보면 다음과 같다. 대부분의 콜센터가 통상 한 명의 팀장이 15명 안팎의 팀원을 관리하는 팀(혹은 실) 체제를 갖고 있지만, 앞서 언급한 바와 같이 콜센터 상담직은 극히 독립적이고 개별화된 노동과정을 갖기 때문에, 이러한 팀제는 대개 관리적 목적의 조직편제일 가능성이 많다. 즉 콜센터에서의 팀은 팀원 간의 협력과 시너지를 위한 조직편제라기 보다는, 근무스케쥴을 편성하고, 지시사항을 전달하며, 성과통제를 위한 목적의 편제라는 의미이다. 팀장이나 실장은 무엇보다 팀원들에 대한 통화 모니터링과 교육을 주 임무로 담당한다. 또 개별 상담원이 처리할 수 없는 통화를 넘겨받아 문제해결을 지원하는 역할을 수행하기도 한다. 신입사원의 OJT 역시 이들이 담당하는 경우가 많다.

콜센터 상담직에도 승진을 위한 직급체계가 운영되는 경우가 많다. 하지만 실제로 센터장이나 센터 내 스텝직으로의 승진 또는 전환이 불가능한, 상담직 내의 폐쇄적인 직급체계로 대개 운영되어진다. 물론 성과가 좋을 경우 팀장으로의 승진은 가능하지만, 상담원들의 팀장 승진 욕구는 일반적으로 그리 크지 않은 것으로 알려져 있다. 일반 상담원과는 달리 팀장은 직접적인 콜업무를 수행하지는 않아 고객접점에서 받는 스트레스는 별로 없는 대신, 상담원과 실질적인 임금차이도 그리 크지 않을 뿐만 아니라, 팀 실적을 책임지고 관리해야 하기 때문에 팀원들의 성과를 독려하는 '악역'을 담당하는 등 실적에 대한 압박을 많이 받기 때문이다(국가인권위원회, 2008).

끝으로, 많은 콜센터가 안고 있는 공통된 경영과제 중의 하나가 바로 콜센터 상담노동자의 높은 이직율이다. 앞서 지적한 바와 같이, 콜센터 상담직의 단조로운 업무 성격과 강도 높은 실적 통제로 인한 스트레스와 압박은 물론, 높은 노동강도에 비해 낮은 임금수준과, 이른바 '진상고객들'[9]로부터의 스트레스가 이들의 주요 이직 사유인 것으로 보고되고 있다(국가인권위원회, 2008). 이처럼 콜센터 상담노동자들의 높은 이직율은 다른 국가에서도 익히 문제로 제기되어 왔다(Deery et al., 2002; Holman, 2002, 2003). 하지만 한국의 경우 이는 더욱 심각해서, 위탁운영되는 아웃바운드 콜센터의 경우 통상 근속기간이 6개월 정도밖에 되지 않을 정도로 문제는 심각한 수준이다. 그래서 콜센터 업계에서는 '1년이면 고참'이라는 말이 현장에서 통용될 정도로, 콜센터 상담직 노동자들의 근속기간은 일반적으로 매우 짧은 편이다(국가인권위원회, 2008; 31쪽).

Ⅲ. 연구방법

3.1 표본조직과 자료수집

앞서 지적한 바와 같이, 본 연구는 감정노동을 비롯한 여러 직무특성과 직무관련 태도, 그리고 직무수행 중에 느끼는 직무정서 면에서 고객서비스 노동을 수행하는 타 직종과 콜센터 상담노동자 간의 비교를 통해, 콜센터 상담노동자의 노동조건과 상태를 상대적으로 비교, 확인해 보고자 한다. 이러한 연구목적을 위하여, 본 연구에서는 5개 종합병원에서 근무하는 임

9) 상품을 구입한 고객이 특별한 이유 없이 환불 요구를 반복하거나 또는 말도 안 되는 서비스를 강요하는 등 일반적인 사회 통념상 상식 수준을 벗어나는 행위를 하는 고객을 지칭하는 용어로서, 일명 블랙슈머(blacksumer)라고도 한다. 서비스직 노동자가 처한 '을 중의 을'의 입장을 악용하여 폭언과 폭행을 서슴지 않는 등, 이들을 함부로 대하는 고객을 칭하는 용어로도 흔히 쓰인다.

상간호사, 8개 금융기관의 지점에서 창구업무를 담당하는 직원, 백화점과 편의점, 패밀리 레스토랑과 식품 프랜차이즈 서비스 업체 각 1곳의 다수 점포에서 근무하는 매장 직원, 대기업 직영 콜센터 3곳의 상담노동자들을 대상으로 설문조사를 실시하였다. 이들 응답표본들은 고객과의 상호작용 특성이나 직무수행에 필요한 소요 지식과 요건이 다소 상이한 서비스 직종에 속해 있지만, 감정노동을 필요로 하는 고객접점에서 근무하는 서비스직 노동자라는 점이 공통적이라 할 수 있다.

그간 연구자에 따라 고객서비스 부문의 여러 직종은 다양하게 구분되어 왔다. Frenkel 등(1999)은 일선 고객서비스노동을 판매노동과 서비스노동, 그리고 전문직에 해당하는 지식노동 등으로 구분한 전례가 있다. 또 Othman 등(2008)은 전문 서비스(professional service), 서비스 샵(service shop), 매스 서비스(mass service) 등 크게 3가지 유형으로 서비스 직종을 구분하고 있다. 전문 서비스 직종은 컨설턴트나 의사, 변호사 등으로, 특정 분야의 전문적인 서비스를 제공하는 직종이며, 그렇기 때문에 고객과의 대면접촉 역시 상대적으로 긴 시간 동안 이루어지고, 주로 고객맞춤형의 상호작용이 이루어지는 특징이 있다. 반면 매스 서비스 직종은 서비스 제공에 있어서 특별한 전문적 지식이 요구되지 않으며, 고객과의 접촉도 비교적 짧고 일회적이고, 이들이 수행하는 감정노동은 주로 표면연기를 중심으로 이루어지는 특징을 가진다. 백화점이나 패밀리 레스토랑의 매장 직원, 그리고 패스트푸드 프랜차이즈 서비스 업체의 판매직원 등이 그 전형적인 예이다. 이에 비해, 서비스 샵 직종은 전문서비스 직종과 매스 서비스 직종의 중간 정도의 특징을 가진다고 볼 수 있다. 즉 직무수행을 위해 어느 정도의 전문적인 업무지식이나 스킬이 요구되기도 하지만, 보통 전문 서비스 직종처럼 심층적인 지식이나 자격이 요구되지는 않으며, 고객과의 대면접촉시 매스 서비스 직종보다 좀 더 긴 시간 동안 상호작용하고 또 좀 더 많은 심층연기가 요구된다는 점에서 차이가 있다. 이에는 보험 및 자동차업체의 영업사원, 은행의 창구직원이 대표적이다.

선행연구에서의 이러한 분류 전례는 물론, 본 연구의 표본 서비스직종이 가지는 고객과의 상호작용 특징, 그리고 직무수행에 필요한 전문지식 등을 종합적으로 고려하여, 본 연구에서는 설문 응답표본들을 총 4가지 직종으로 구분하였다. 먼저, 종합병원 임상간호사들은 의사나 변호사와 같은 고도의 전문성을 요하지는 않지만, 다른 표본 직종들에 비해 상대적으로 전문성이 많이 요구되는 직종인 만큼 본 연구에서 '전문서비스직'으로 구분하고자 한다. 또 서비스 샵 직종에 속한다고 볼 수 있는 금융기관의 일선 창구업무를 담당하는 직원은 '금융서비스직'으로, 그리고 매스 서비스 직종으로 볼 수 있는 백화점과 편의점 등의 매장 직원은 '유통서비스직'으로 구분하고자 한다. 콜센터의 상담노동자들도 유통서비스직과 마찬가지로 전형적인 매스 서비스 직종의 하나로 볼 수 있지만, 이들은 앞서 구분한 다른 직종들과는 달리, 고객을 직접 대면접촉하지 않고 유선이나 인터넷을 통해 응대한다는 특징이 있다. 즉 고객과의 비대면접촉을 통해 감정노동을 수행하고 관련 서비스를 제공한다는 점에서 다른 직종들과 큰 차이가 있다고 볼 수 있다. 이런 점에서, 본 연구에서는 이들 '콜센터직'을 별도의 직종으로 구분하여, 다른 고객서비스 직종과의 차이를 비교, 분석해 보고자 한다.

표 6-1 응답자의 직종별 인구통계변수 현황

직종	표본 수[1]	성별[2]	연령	근속년수	고용형태[3]
(1) 전문서비스직	161	.28	31.71	4.15	.85
(2) 금융서비스직	64	.38	32.17	5.68	.70
(3) 유통서비스직	93	.34	28.45	2.77	.58
(4) 콜센터직	106	.05	27.85	3.15	.64
전체	424	.25	30.10	3.82	.72

1) 일부 변수에 대해 결측처리된 응답이 있을 경우 표본 수에서 제외됨.
2) 성별: 여성 = 0, 남성 = 1
3) 고용형태: 비정규직 = 0, 정규직 = 1

본 연구에서는 일부 응답이 불성실한 설문지들을 제외한 총 425명의 유효 응답 설문지가 분석에 활용되었으며, 〈표 6-1〉은 이들 4가지 직종의 응답자 분포와 함께, 주요 인구통계변수 면에서 직종별 현황을 요약해 주고 있다.

3.2 변수의 측정과 신뢰도 및 타당도 검증

본 연구에서는 이들 4가지 고객서비스 직종에 대해, 직무특성과 직무정서, 그리고 직무태도에 관련된 여러 변수들을 측정하고 있다. 각 변수의 측정 문항들은 대부분 기존의 선행연구들에서 활용된 것을 4가지 표본 고객서비스 직종의 근무여건을 감안하여 그 표현을 적절히 수정, 활용하였으며, 모든 문항들은 5점 척도로 측정되었다.

03

3.2.1 직무특성: 업무부하(workload)와 직무자율성(job autonomy)

본 연구에서 업무부하는 주로 '업무량'과 '업무수행 중 느끼는 시간적 압박감' 등 양적 차원의 직무요구에 초점을 두고 측정되었다. Spector & Jex(1998)의 QWI(Quantitative Workload Inventory) 문항들을 참조하여, '나는 늘 시간에 쫓기면서 일하는 편이다', '내가 처리해야 할 일이 너무 많다고 느낀다' 등 4문항으로 측정하였다. 이들 문항 간 신뢰도(Cronbach's α)는 .776으로 나타났다.

직무자율성이란, 직무수행자가 자신의 업무수행과정에서 발휘할 수 있는 재량의 정도를 의미한다. 본 연구에서는 '세부 업무수행 계획', '구체적인 업무수행 방법', 그리고 '개별 업무에 대한 시간 할당' 등에 대해서 본인이 얼마나 재량권을 행사할 수 있는 지를 주로 측정하였다. de Rijk 등(1998)이 개발한 문항을 주로 참조하였으며, '나는 어떤 업무에 얼마만큼 시간을 할당할 지 스스로 정할 수 있다' 등 4개의 문항으로 측정하였다. 문항 간 신뢰도는 .805로 비교적 높게 확인되었다.

3.2.2 감정노동 관련 변수들: 표면연기와 감정부조화

표면연기는 감정노동을 수행할 때 진심은 그렇지 않으면서도, 겉으로만 공손하게 고객을 대하는 경우를 의미한다. 본 연구에서는 Brotheridge & Grandey(2002)가 개발한 문항을 참조하여, '업무상 나에게 요구되는 감정 표현은 실제로 내가 느끼는 기분과 다를 때가 많다' 등 2문항으로 측정하였다. 이들 두 문항의 신뢰도는 .627로 나타났다.

감정부조화는, 감정노동의 수행과정에서 자신이 느끼는 순수한 내적 감정과 조직이 표현규칙을 통하여 요구하는 감정표현내용이 서로 상충할 경우, 해당 직무수행자가 겪게 되는 불편한 심리 상태를 의미한다. 앞서 언급한 표면연기는 대개 크고 작은 정도의 감정부조화를 수반하기 마련이다. 본 연구에서는 Van Dijk & Kirk-Brown(2006) 등 선행연구들에서 예시된 설문문항들을 참조하여, '업무 수행 중에 내가 실제로 느끼는 감정과 다른 감정을 표현해야 하기 때문에 힘들 때가 있다', '업무수행 중에 고객에게 항상 밝은 모습으로 표정관리를 해야 하는 것이 힘들 때가 있다' 등 5문항으로 측정하였으며, 문항 간 신뢰도는 .821로 높게 확인되었다.

3.2.3 직무정서(job-related emotion)

직무정서란, 구체적인 직무상황에서 직무수행자가 자신의 업무수행과 관련하여 느끼는 정서적 경험을 의미한다. 이는 직무담당자가 직무수행 맥락에서 경험하는 순수한 정서적 상태를 의미한다는 점에서, 사람들이 자신의 직무에 대해 가지는 일종의 인지적 태도인 직무만족과는 다른 개념이라 할 수 있다(Van Katwyk et al., 2000).

본 연구에서는 이러한 직무관련 정서 상태를 측정하기 위해 Van Katwyk 등(2000)이 개발한 JAWS(Job-related Affective Well-being Scale)를 활용하였다. JAWS는 구체적인 직무수행 맥락에서 직무담당자가 느껴온 다양한 긍정적 및 부정적인 정서 경험을 상태적으로 측정해 주는 척도라고 할 수 있다. 구체적으로, JAWS는 응답자가 최근 한 달 동안 자신의 일과 관련해서 느낀 다양한 긍정적 및 부정적 정서 경험을 측정한다. 그렇지만 원래의 JAWS 문항이 총 30개로 너무 많아서, 본 연구에서는 이 가운데 긍정적 및 부정적 정서 경험을 묻는 각 6문항씩 총 12문항을 활용하였다. 이 문항들의 신뢰도는 각기 .877과 .888로 높게 나타났다.

표 6-2 직무정서 문항들에 대한 요인분석 결과

문 항	〈요인 1〉 부정적 직무정서	〈요인 3〉 긍정적 직무정서
• 최근 한 달간 내 일과 관련하여 전반적으로 우울함을 느낌.	.846	-.184
• 최근 한 달간 내 일과 관련하여 전반적으로 불안감을 느낌.	.829	-.091
• 최근 한 달간 내 일과 관련하여 전반적으로 화가 남을 느낌.	.793	-.186
• 최근 한 달간 내 일과 관련하여 전반적으로 짜증스러움을 느낌.	.789	-.297
• 최근 한 달간 내 일과 관련하여 전반적으로 피곤함을 느낌.	.720	-.134
• 최근 한 달간 내 일과 관련하여 전반적으로 의기소침함을 느낌.	.702	-.132
• 최근 한 달간 내 일과 관련하여 전반적으로 활력감을 느낌.	-.182	.821
• 최근 한 달간 내 일과 관련하여 전반적으로 희열감을 느낌.	-.075	.820
• 최근 한 달간 내 일과 관련하여 짜릿한 흥분감을 느낌.	.038	.800
• 최근 한 달간 내 일과 관련하여 전반적으로 만족감을 느낌.	-.297	.780
• 최근 한 달간 내 일과 관련하여 전반적으로 편안함을 느낌.	-.367	.707
• 최근 한 달간 내 일과 관련하여 전반적으로 심리적 여유로움을 느낌.	-.290	.655
고유치(Eigen Value)	5.540	2.199
설명된 변량(Percentage of Variance; %)	46.169	18.323
누적 변량(Cumulative Percentage; %)	46.169	64.492

또 〈표 6-2〉는 이러한 직무정서 변수의 구성타당도(construct validity)를

확인하기 위해 요인분석을 실시한 결과이다. 요인분석 방법으로는 주성분 분석법(principal components analysis)을 사용하였고, 직교회전(varimax) 방식에 의해 고유치(eigen value)가 1 이상인 요인만을 선택하였으며, 요인 적재량(factor loading)이 0.5이상이면 유의한 것으로 간주하였다. 그 결과, 직무정서 변수를 구성하는 긍정적 및 부정적 정서 등 두 하위차원들이 각각 2개의 요인들로 적절하게 적재됨을 확인할 수 있어, 변수의 구성타당도에 별다른 문제가 없음을 확인해 볼 수 있다.

3.2.4 직무 및 조직에 대한 태도 변수: 직무만족, 조직몰입, 이직의향, 조직시민행동

본 연구에서 직무만족은 Hackman & Oldham(1975)의 문항을 이용하여 전반적인 차원의 직무만족도를 측정하였다. '전반적으로 볼 때, 나는 지금 하는 일에 매우 만족한다' 등 2문항으로 측정하였으며, 신뢰도는 .797로 나타났다.

또 본 연구에서 응답자가 자신의 소속 조직에 대해 갖는 태도를 측정하기 위해 도입한 변수는 조직몰입과 이직의향이다. 먼저, 조직몰입은 구성원들이 자신이 속한 조직에 대해 일체감을 느끼고 조직 성원으로 계속 남아 있으려는 태도를 지칭한다고 볼 수 있는데, 본 연구에서는 Allen & Meyer(1990)에 기초하여, '나는 내 직장에 대해 강한 소속감을 느끼고 있다' 등 5문항으로 측정하였으며, 신뢰도는 .881로 높게 나타났다. 이직의향은 회사를 그만두고 싶어 하는 태도를 가리키는 개념이다. 본 연구에서는 Price & Mueller(1986) 등을 참조하여, '기회만 닿는다면, 나는 이 회사를 그만두고 다른 직장을 구했으면 한다' 등 3문항으로 측정하였으며, 이들 문항의 신뢰도는 .764로 나타났다.

한편, 본 연구에서는 조직시민행동(organizational citizenship behavior) 변수도 함께 측정해 보았다. 일반적으로 조직이 효과적으로 기능하기 위해서는 공식적으로 요구되는 직무행동 이외에 구성원들의 자발적이고 이타적인 차원의 조직시민행동을 필요로 하기 마련이다(Bateman & Organ, 1983; Organ, 1988). 조직시민행동은 이타성, 양심성, 예의성, 스포츠맨십, 그리고 시민정신 등의 여러 하위차원으로 구성된 다차원적 개념이지만, 이 가운데 이타적 행동이 구성원의 역할외적인 자발적 행동을 가장 적극적으로 포착해 준다고 볼 수 있다. 이러한 이타적 행동을 측정하는 설문문항은 Bateman & Organ(1983)과 Podsakoff 외(1996) 등의 연구에서 개발된 항목을 이용하였으며, '과다한 업무를 맡게 된 동료 직원을 기꺼이 도와준다' 등 4개의 문항으로 측정하였다. 이들 문항의 신뢰도는 .765로 나타났다.

03

Ⅳ. 분석 결과

4.1 일반적 직무특성에 있어서의 직종 간 차이분석

이제 고객서비스 노동을 수행하는 4가지 직종 간에 주요 직무특성 면에서 어떤 차이가 있는 지를 살펴보기로 하자. 〈표 6-3〉은 그 분석결과를 요약해 주고 있다.

먼저, 업무부하 면에 있어서는 전문서비스직과 금융서비스직이 콜센터직과 유통서비스직보다 대체로 더 높은 수준을 보여주고 있다. 이는 종합병원의 임상간호사와 금융기관의 창구업무 담당자들이 콜센터직이나 유통서비스직보다 '업무량'과 '업무수행 중 느끼는 시간적 압박감' 등 양적 차원의 직무요구에 있어서는 더 크게 지각하고 있음을 의미한다. 콜센터직의 업무부하는 유통서비스직보다는 좀 더 높게 지각되고 있지만 그 차이가 통계적으로 유의하지 않은 반면, 전문서비스 및 금융서비스직보다는 통계적으로 유의하게 낮은 수준을 나타내고 있다. 한편, 업무수행의 재량의 정도를 의미하는 직무자율성에 있어서는 다른 고객서비스 직종들에 비해 콜센터직이 가장 낮은 수준을 보여주고 있으며, 그 차이 역시 통계적으로 유의한 것으로 나타나고 있다.

표 6-3 일반적 직무특성에 있어서의 직종 간 차이분석

직 종	표본 수	업무부하	직무자율성
(1) 전문서비스직	158	3.141 (.84)*	3.397 (.66)
(2) 금융서비스직	65	2.992 (.93)	3.315 (.65)
(3) 유통서비스직	92	2.644 (.87)	3.401 (.75)
(4) 콜센터직	105	2.786 (.64)	2.930 (.45)
전 체	420	2.920 (.84)	3.269 (.66)
분산분석 결과	*d.f.=3, 416*	F=8.414, p=.000	F=13.773, p=.000
사후검증 (Scheffe 방식)		(1)=(2)〉(4)=(3)	(3)=(1)=(2)〉(4)

* 괄호 안은 표준편차임.

콜센터 상담노동자의 업무부하가 생각보다 크지 않게 나타난 본 연구의 분석결과는, 선행연구들의 논의나 조사결과를 면밀히 고찰해 볼 경우 결코 뜻밖의 사실이 아니라고 할 수 있다. 콜센터직의 직무특성에 대해 조사했던 지금까지의 많은 선행연구들이 공통적으로 지적해 왔던 사항 중의 하나는, 콜센터 직무가 기본적으로 노동과정을 제어하는 각종 정보통신기술과 고객응대를 위한 각종 스크립트 등에 의존하여 매우 단순반복적으로 이루어지며, 작업과정에 불확실성이 상대적으로 적고, 직무통제 즉 직무재량의 수준이 낮다는 것이다(Grebner et al., 2003; Lewig & Dollard, 2003; Zapf et al., 2003 등). 그래서 비록 분, 초 단위로 측정되는 여러 생산성 지표들을 통해 이들의 직무성과가 통제되고 있지만, 직무에 대한 집중도나 다양성이 크게 요구되지 않아서 통상적인 기대와는 달리 콜센터 작업자들이 체감하는 시간적 압박감이나 업무로 인한 스트레스가 다른 고객서비스직보다 상대적으로 그리 크지 않다는 분석이 제기되어 왔다(Grebner et al., 2003; Zapf et al., 2003). 이러한 사실은 다른 국내 조사연구를 통해서도 간접적으로 뒷받침되고 있다. 이병훈 외(2006)의 분석에서도, 은행의 여성행원들이 주로 근무시간이나 업무량에 대해 불만을 느끼는 것과는 달리, 콜센터의 상담직은 초과근무에 대한 부담이 없어 오히려 고용보장이나 임금, 성과급 등이 더 큰 직무불만요인인 것으로 나타난 바 있다.

이에 비해, 임상간호사를 예로 들면, 이들은 환자나 보호자들에 대한 빈번한 직접적인 접촉은 물론, 심야 교대근무와 돌발적으로 발생하는 위급상황 등 노동과정에 여러 가지 불확실성이 많아 이러한 요인들이 상당한 직무스트레스 요인으로 작용되는 것으로 지적되어 왔다(Bakker & Heuven, 2006; Farrington, 1995; 강현아, 2002; 박상언·신다혜, 2011 등). 반면, 비록 통계적으로 유의한 차이는 아니었지만, 본 연구에서는 유통서비스직이 업무부하가 가장 적은 것으로 나타났는데, 대부분 백화점이나 패밀리 레스토랑, 그리고 편의점 매장의 판매사원들인 이들의 경우, 비록 고객과의 직접적인 대면상호과정에서 많은 감정노동을 요구받고 있기는 하지만, 이 역시 업무의 단순반복성이 강한 반면, 콜센터나 금융서비스직보다 연속적인 고객응대의 필요성이 적기 때문인 것으로 짐작된다.

한편, 다른 고객서비스 직종들에 비해 콜센터 상담노동자들의 직무자율성이 가장 낮게 나타난 것은, 선행연구들에서 익히 지적되어 온 사실을 뒷받침해 주는 분석결과라 볼 수 있다. 이러한 낮은 직무자율성은 콜센터 상담노동자들의 높은 이직의향의 주 원인인 것으로 지적되어 왔으며(Grebner et al., 2003), 또 이들이 직무수행 중에 느끼는 좌절감과 스트레스의 핵심 원인으로도 지적되어 왔다(Holman et al., 2002)

4.2 감정노동 관련 특성에 있어서의 직종 간 차이분석

다음은 감정노동과 관련된 특성에 있어서의 직종 간 차이이다. 본 연구의 결과를 요약한 〈표 6-4〉에 의하면, 4가지 고객서비스 직종 간에 비록 약간의 차이를 보이고 있지만, 그 차이가 통계적으로 유의한 정도는 아닌 것으로 나타났다. 하지만 전반적으로 모든 고객서비스 직종의 표면연기 정도와 함께, 이들 고객서비스 노동자들이 경험하는 감정부조화의 수준은 비교적 높은 것으로 확인되고 있다.

표 6-4 감정노동 관련 요인에 있어서의 직종 간 차이분석

직 종	표본 수	표면연기	감정부조화
(1) 전문서비스직	159	3.516 (.78)	3.615 (.70)
(2) 금융서비스직	64	3.383 (.71)	3.478 (.77)
(3) 유통서비스직	92	3.532 (.83)	3.510 (.86)
(4) 콜센터직	104	3.524 (.63)	3.676 (.68)
전 체	419	3.501 (.74)	3.586 (.74)
분산분석 결과	*d.f.=3, 415*	F=.647, p=.585	F=1.369, p=.252
사후검증 (Scheffe 방식)		(3)=(4)=(1)=(2)	(4)=(1)=(3)=(2)

감정노동에 관한 그간의 많은 선행연구들에 따르면, 감정노동자가 지각하는 감정부조화가 계속 누적될 경우, 이는 자신이 가식적이고 위선적이라는 느낌과 함께, 그에 따른 자기 비하와 냉소주의, 정서적 소진과 직무불만족의 심화 등 여러 가지 심각한 역기능이 초래될 수 있다는 지적이 있어 왔다(Abraham, 1999; Brotheridge & Grandey, 2002; Grandey, 2003; Martinez-Inigo et al., 2007; Zapf, 2002 등). 또한 이러한 선행연구들에 의하면, 일반적으로 감정노동의 여러 가지 폐해는 감정노동의 수행 그 자체보다, 그 과정에서 감정부조화를 얼마나 많이 경험했는가가 더욱 중요하는 지적이 많아 왔다(Kruml & Geddes, 2000; Lewig & Dollard, 2003; Zapf & Holz, 2006 등). 따라서 이러한 점들을 고려할 때, 세부 직종에 관계없이 고객서비스 노동자들의 감정부조화 경험 수준이 전반적으로 높게 나타나고 있는 본 연구의 조사결과는, 이러한 측면에 대해 적지 않은 우려를 제기해 주고 있다.

4.3 직무정서에 있어서의 직종 간 차이분석

앞서 설명한 바와 같이, 본 연구에서는 고객서비스 노동자들이 최근 한 달 동안 업무를 수행해 가는 과정에서 자신의 일과 관련해 느낀 긍정적 및 부정적 정서 경험을 긍정적 및 부정적 직무정서란 개념으로 측정해 보고 있다. 이를 요약하고 있는 〈표 6-5〉에 의하면, 콜센터 상담노동자들은 다른 직종에 비해 긍정적인 직무정서를 현저히 낮게 지각하고 있으며, 이러한 차이는 통계적으로 유의한 수준으로 나타났다. 반면, 부정적인 직무정서의 경우, 유통서비스직에 비해 나머지 3가지 직종들이 더 높게 지각하고 있는 가운데, 비록 유의한 차이는 아니지만 그 가운데 콜센터직 상담노동자가 가장 높은 수준인 것으로 확인되고 있다.

표 6-5 직무정서에 있어서의 직종 간 차이분석

직 종	표본 수	긍정적 직무정서	부정적 직무정서
(1) 전문서비스직	160	2.903 (.79)	2.958 (.87)
(2) 금융서비스직	65	2.987 (.69)	2.701 (.68)
(3) 유통서비스직	90	2.954 (.72)	2.583 (.92)
(4) 콜센터직	105	2.606 (.65)	2.979 (.75)
전 체	420	2.853 (.74)	2.842 (.84)
분산분석 결과	*d.f.=3, 416*	F=5.632, p=.001	F=5.522, p=.001
사후검증 (Scheffe 방식)		(2)=(3)=(1)〉(4)	(4)=(1)=(2)≥(3)

콜센터 상담노동자들이 자신의 직무수행과정에서 긍정적인 정서는 가장 낮게, 그리고 부정적인 정서는 가장 높게 경험하고 있다는 것을 보여주고 있는 본 연구의 분석결과는, 유사한 고객서비스 직종 가운데서도 콜센터직이 직무정서 면에서 가장 열악한 입장에 있다는 것을 시사해 준다고 볼 수 있다. 이러한 결과가 나타난 것은, 앞서 논한 바와 같이 고객과 유선을 통

해 비대면 접촉을 함으로써 심화될 수 있는 각종 언어폭력 및 성희롱 문제와, 또 모든 직무수행과정이 정보통신기술에 의해 제어, 통제됨으로써 야기되는 전자감시 문제 등, 콜센터직이 가진 특수한 직무여건과 무관치 않은 것으로 추정된다. 여성이 압도적으로 많은 콜센터직은 유선을 통한 비대면 접촉이 보장해 주는 준익명성으로 인해 고객들로부터 폭언과 욕설은 물론, 성적수치심과 모욕을 주는 상황을 비교적 자주 접하게 된다. 하지만 많은 경우, 고객으로부터 걸려온 전화를 먼저 끊지 못하도록 강요하고 있는 회사 측의 암묵적인 방침과 요구 때문에, 상담노동자들이 이런 상황에서 겪게 되는 부정적 정서 경험은 자신의 일에 대해 염증을 느끼도록 만드는 큰 요인이 되고 있는 것으로 알려져 있다(신경아, 2009).

아울러, 유통서비스직 등 다른 고객서비스 직종의 노동자들도 물론 CCTV나 미스터리 쇼퍼(mystery shopper) 등 다양한 방법으로 감시를 받고 있지만, 고객과 상담원 간에 모든 대화가 녹취되고 감청되는 콜센터 상담노동자들이 겪는 전자감시 문제는 특히 심각한 수준인 것으로 지적되어 왔다(이병훈·김종성, 2004). 물론 경우에 따라서는 이러한 녹취가 고객의 횡포로부터 상담노동자들을 보호하는 한 수단이 될 수도 있기 때문에, 이에 대한 상담노동자들의 반응은 일부 이중적으로 나타나기도 한다(Frenkel et al., 1998; Korczynski et al., 2000). 하지만, 많은 경우 콜센터 상담노동자들은 통상적인 감정노동 요구와 함께, 이러한 전자감시의 이중통제로부터 상당한 압박감을 느끼면서 일을 하고 있는 것으로 알려지고 있어[10], 이 또한 이들의 직무정서 경험을 부정적인 성격으로 조성하는 주요 요인으로 작용되고 있을 것으로 생각된다.

---

10) 한 콜센터 상담노동자는 인터뷰 내용에서 일거수일투족이 감시되는 통제된 직무여건 하의 자신을 '닭장 속에 들어와 있는 것'으로 묘사하고 있다(이병훈·김종성, 2004: 83쪽).

4.4 직무 및 조직에 대한 태도에 있어서의 직종 간 차이분석

다음은 다른 고객서비스 직종에 비해 콜센터 상담노동자들이 자신의 직무와 조직에 대해 어떠한 태도를 갖고 있는 가를 비교한 결과이다. 이를 요약한 〈표 6-6〉에 의하면, 경영학내 조직행동 분야에서 흔히 심리적 차원의 성과로 파악되는 이 모든 변수들에서 콜센터 상담노동자들은 가장 저조한 수준을 나타내고 있다. 즉 직무만족과 조직몰입, 그리고 이타적 행동을 중심으로 측정된 조직시민행동에 있어서는 다른 고객서비스 직종에 비해 가장 낮은 수준을, 그리고 이직의향 면에서는 가장 높은 수준을 보여주고 있으며, 사후검증 결과 이러한 차이는 통계적으로도 유의한 것으로 나타났다.

03

표 6-6 직무 및 조직에 대한 태도에 있어서의 직종 간 차이분석

직 종	표본 수	직무만족	조직몰입	이직의향	조직시민행동(이타적 행동)
(1) 전문서비스직	158	3.127 (.86)	3.269 (.76)	3.030 (.93)	3.481 (.52)
(2) 금융서비스직	65	3.279 (.79)	3.559 (.63)	2.693 (.99)	3.551 (.64)
(3) 유통서비스직	92	3.285 (.90)	3.499 (.71)	2.824 (.97)	3.734 (.63)
(4) 콜센터직	105	2.774 (.67)	2.817 (.60)	3.229 (.77)	2.993 (.54)
전 체	420	3.096 (.84)	3.251 (.74)	2.983 (.93)	3.424 (.63)
분산분석 결과	*d.f.=3, 416*	F=8.320 p=.000	F=21.871 p=.000	F=5.705 p=.001	F=30.834 p=.000
사후검증 (Scheffe 방식)		(3)=(2)=(1)〉(4)	(2)=(3)〉(1)〉(4)	(4)〉(1)〉(3)=(2)	(3)〉(2)=(1)〉(4)

콜센터직의 직무만족과 조직몰입이 낮은 이유에 대해서는 지금까지 여러 진단이 있어 왔다. 즉 앞서 거론한 전자감시 문제도 한 원인이겠지만, 보다 근원적으로는 콜센터 상담직무의 단순반복성이 가장 중요한 한 원인인 것으로 지적되어 왔다(Grebner et al., 2003; Zapf et al., 2003). 즉 불

과 2-3분의 짧은 과업주기를 가지고 단조롭게 반복되면서도 정작 직무수행의 재량권은 거의 주어지지 않는 콜센터의 상담직무의 기본 성격이 이들의 직무만족과 조직몰입을 떨어뜨리는 핵심 요인이라는 것이다.

콜센터 상담직 노동자의 높은 이직율에 대해서는 이미 익히 논해 왔다. 본 연구에서는 실제 이직율이 아니라, 태도변수인 이직의향 면에서도 콜센터 상담직이 다른 고객서비스 직종보다 현저히 더 높은 것으로 확인되고 있다. 콜센터 상담직을 대상으로 한 외국의 실증연구들에서 이들의 이직의향과 가장 연관이 깊은 것으로 확인되었던 변수는 바로 낮은 수준의 직무통제 권한이었다(Grebner et al., 2003; Zapf et al., 2003). 즉 자신이 스스로 자기 일을 통제하고 제어하지 못하는 것은 직무에 대한 흥미와 동기를 떨어뜨리는 한 요인이자, 다른 조건이 동일하다면 이직의향을 높이는데 결정적으로 기여할 수 있다는 것이다. 고객의 불만을 들어주기만 할 뿐, 실제로 문제해결의 재량과 권한을 거의 갖고 있지 못한 콜센터 상담노동자들의 직무여건은, 앞서 지적한 단조로운 직무성격 및 낮은 보수 수준과 함께, 이들로 하여금 대안이 존재한다면 언제든 '감옥'과 같은 직장을 떠나 이직을 시도하도록 부추기고 있는 것으로 생각된다.[11)]

또한 콜센터 상담직의 조직시민행동이 낮게 나타난 이유 역시 이들의 노동과정과 직무특성을 감안할 때 어느 정도 예상이 가능하다고 볼 수 있다. 즉 다른 고객서비스 직종과는 달리, 업무수행 중에 동료 노동자들과 상호작용함이 없이 자신의 개인 부스에서 거의 독립적으로 일하는 이들의 직무환경 때문에, 조직시민행동이 낮게 나타날 수밖에 없었을 것으로 추정된다.

---

11) *"... 앵무새처럼 똑같은 일만. 내 기분이 안 좋아도 계속 웃으면서 일해야 하고, 하루 종일 내 의지와 상관없이 기계적으로 콜해야 하니까, 사람 만나는 것도 귀찮고, 사람한테 실망하고, 말하는 거 자체가... 그래서 혼자 있는 게 좋아요. 워낙에 말을 많이 하니깐... 아침에 회사 딱 가면 '감옥' 같아요."*(신경아, 2009: 249쪽)(인용문 속 작은 따옴표 표시는 본 연구자가 삽입.)

Ⅴ. 토론과 제언

본 연구에서는 지난 20여 년 동안 급격히 확산되어 이제는 보편화된 콜센터 작업장에 연구 초점을 두고, 지금까지 이루어진 여러 선행연구들을 토대로 '대량 서비스 모델'과 '고몰입 서비스 모델' 등 콜센터 작업장의 기본 성격에 대한 상반된 해석과 관점을 이론적으로 재검토해 보았다. 또 감정노동을 필요로 할 뿐만 아니라, 점차 여성 집중화되어가고 있는 이 작업장의 특수한 성격에 대해 개념적으로 고찰해 보았다. 아울러, 콜센터 작업장의 노동과정과 직무특성, 그리고 작업체계에 대해 좀 더 세부적으로 그 특징을 살펴본 뒤, 유사한 고객서비스 노동을 수행하는 다른 직종과의 비교를 통해 콜센터 작업장의 성격과 의미를 추정해 보기 위한 목적의 실증분석을 수행하였다.

감정노동을 비롯한 여러 직무특성과 직무정서, 그리고 직무관련 태도 변수들을 설문조사하여 분석한 결과, 비록 제한된 표본조사에 의거한 결과이긴 하지만 한국의 콜센터 작업장은 여러 면에서 다른 고객서비스 직종보다 더 열악한 직무조건 하에 있다는 것을 확인해 볼 수 있었다. 여러 선행연구들에서 익히 지적된 바와 같이, 콜센터 작업장의 직무자율성은 상당히 제한되어 있었으며, 직무수행과정에서 상담노동자들이 경험하는 직무정서는 다른 고객서비스 직종 노동자들보다 더 부정적인 것으로 나타났다. 또한 직무만족과 조직몰입, 그리고 조직시민행동은 다른 직종에 비해 가장 낮은 수준인 반면, 이들의 이직의향은 가장 높은 것으로 나타나, 이들이 일터에서 경험하는 전반적인 직장생활의 질(quality of work life)이 유사 고객서비스 직종에 비해 더 낮은 것으로 추정되었다.

따라서 제한된 표본과 측정변수들로 인해 본 연구의 결과를 함부로 일반화하기는 어렵겠지만, 적어도 본 연구의 분석결과에 기초해 볼 때 본 연구의 대상이 된 콜센터 작업장 체제는 그 기본 성격이 '고몰입 서비스 모델'보다는 '대량 서비스 모델'에 더 가까운 것으로 짐작해 볼 수 있다. 즉 상담노동자들에게 상당부분의 직무자율성이 허용되면서, 이들의 자발적인 몰입과 헌신, 그리고 전문지식의 활용을 통해 서비스 품질을 제고해 나가려는 고몰입 서비스 모델보다는, 기술적 통제와 관료제적 통제가 결합된 엄격한 관리체제 아래서 낮은 수준의 직무자율성과 스크립트에 의존한 단순반복적인 직무수행을 특징으로 하는 대량 서비스 모델이 본 연구의 조사결과에 더 가까운 모습이었기 때문이다.

이런 점에서 볼 때, 본 연구의 조사결과는, 한국의 콜센터 작업장에 이른바 '절충형 작업조직' 개념을 적용하는 것은 아직 시기상조이며, 대부분의 한국 콜센터가 여전히 통제기반의 저비용 고용관계에 기초하고 있다는 이병훈 외(2006)의 연구결과와 유사한 결론에 이르게 한다. 왜냐하면, 적어도 본 연구의 분석결과에 입각해 볼 때, 콜센터 작업장의 상담노동자들은 심지어 유사한 타 고객서비스 직종의 노동자들보다 더 열악한 직무여건과 상태에 놓여 져 있는 것으로 보이기 때문이다. 또한 본 연구의 분석 결과는 외국의 콜센터를 실증 분석한 결과와도 크게 다르지 않다. 여러 연구들에서 콜센터 작업장은 단조롭고 반복적인 성격의 과업과, 낮은 직무자율성, 그리고 상대적으로 높은 수준의 감정부조화가 주요 특징으로 지목되었는데(Grebner et al., 2003; Lewig & Dollard, 2003; Zapf et al., 2003 등), 이는 본 연구의 분석결과와 여러 면에서 흡사하기 때문이다.

하지만 콜센터의 운영에 있어서도 향후 많은 변화가 예상되고 있다. 앞서 언급한 바와 같이, 전반적인 서비스산업의 비중 확대와 함께, 서비스 품질 제고는 이제 기업의 지속가능성과 경쟁우위를 결정하는 핵심 요인이 되고 있다. 따라서 기업은 고품질의 서비스 제공을 위한 경쟁 압력에 직면해 있고, 그 결과 현재와 같은 대량 서비스 모델에만 의존한 콜센터 운영방식으로는 일정한 한계가 있을 것이기 때문이다.

또한 갈수록 복잡해지는 상품 특성과 제품관련 기술, 그리고 점차 짧아지는 제품의 수명주기는 콜센터 상담노동자들에게도 포괄적인 제품지식의 습득은 물론, 그에 대한 신속한 지식갱신을 요구하고 있다. 한 예로, 이동통신사의 상품만 하더라도 갈수록 세분화되어, 소비자들이 선택 가능한 대안은 예전보다 훨씬 다양하고 복잡해지고 있는 추세이다. 따라서 이처럼 복잡한 상품지식의 신속한 습득과 함께, 개별 소비자에게 맞춤형의 상품 옵션을 조합해 원스톱으로 제안하는 등, 보다 신속하고 유연한 고객응대를 위해서는 더 이상 스크립트에만 의존한 고객응대를 해 나갈 수는 없는 것이다(강혜영, 2004). 그러므로 대량 서비스 모델에 입각해 운영되는 상당수 콜센터 작업장들은 향후 구성원의 자발적인 몰입과 헌신을 유인할 수 있는 새로운 경영모델을 모색해 가야 할 필요성이 점차 커지고 있다고 볼 수 있다.

03

따라서 지금까지 본 연구의 실증분석 결과가 시사해 주는 바와 함께, 콜센터 작업장을 논해 왔던 그간의 많은 선행연구들에 기초해 볼 때, 콜센터 상담노동자들의 고몰입과 고헌신을 유인하기 위한 핵심 경영과제는 다음과 같이 정리해 볼 수 있다. 우선은 직무자율성의 개선을 들 수 있다. 비록 스크립트와 감정표현규칙을 준수하는 것이 일면 상담노동자들을 보호하는 순기능도 있을 수 있지만, 지나치게 경직된 규정의 적용은 상담노동자들로 하여금 고객맞춤 서비스를 제공할 수 있는 재량과 직무자율성을 저해하는 부작용을 초래할 수 있다(Deery et al., 2002). 그러므로 이들에게 어느 정도의 자율성과 통제 권한을 허용하는 방향의 방침과 직무 재설계가 고려될 필요가 있다. 현실적으로 대부분의 콜센터가 직면하고 있는 높은 이직율의 주요 원인 중의 하나가 바로 제한된 통제 권한, 즉 낮은 직무자율성 때문이라는 앞서의 지적을 고려할 때, 이는 가장 시급하고 중요한 과제라 할 수 있을 것이다.

또한 감정노동을 수행하는 콜센터 상담노동자들의 스트레스 회복과 함께, 특히 블랙슈머(blacksumer), 즉 진상고객으로부터 이들을 보호할 수 있는 제도적 장치를 마련할 필요가 있다. 일정한 휴식시간의 보장은 물론, 진상고객에 직면했을 때 먼저 전화를 끊을 수 있는 재량을 허용할 필요가 있다. 또한 고객으로부터 계속된 폭언이나 괴롭힘이 있을 경우 상사에게 중재요청을 할 수 있는 절차가 공식화될 필요가 있고, 고객으로부터 심각한 수준의 감정적 훼손을 경험했을 경우에는 이를 정리하고 수습할 수 있도록 적절한 휴식과 관련 휴게시설의 이용을 허용할 필요가 있다(국가인권위원회, 2008).

실행가능성이 충분히 큰 데도 불구하고, 실제 제대로 지원되지 못하고 있는 또 다른 사항 중의 하나는 상사의 적절한 지원과 리더십을 들 수 있다. 한 조사결과에 의하면, 한국의 콜센터 중간관리자들은 상담노동자들의 문제해결과 중재를 위한 지원자로서 보다는 실적 중심의 통제자 역할만을 자임함으로써, 오히려 일반 상담노동자들의 주요 스트레스 원천으로 지목되고 있는 것으로 나타나고 있다(국가인권위원회, 2008). 하지만 그간의 많은 선행연구들에 따르면, 특히 고객서비스 노동을 수행하는 감정노동자들에게 있어서 상사의 적절한 지원과 개입은 이들의 각종 스트레스와 직무소진을 경감시키고 또 직무와 조직에 대한 몰입을 유도함에 있어서 매우 효과적인 직무자원(job resource)이 될 수 있다고 알려져 왔다(Cohen & Wills, 1985; Frese, 1999; Lewig & Dollard, 2003; Stetz et al., 2006 등). 사실, 부하 직원에게 따뜻한 관심과 격려를 제공해 주는 '정서적 지원'과, 부하직원이 직면한 문제해결을 실질적으로 도와주는 '도구적 지원' 등 상사의 적절한 사회적 지원과 리더십 발휘는 어쩌면 가장 쉽게 접근할 수 있는 현실적 개선과제일 수 있다. 이를 위해서는 콜센터 내 중간관리자의 역할을 재규정하고, 필요한 자질을 함양하는 관련 교육이 보강될 필요가 있을 것이다.

이에 더하여, 장기적으로는 콜센터 상담노동자들의 근로 및 고용조건의 개선을 위한 노력도 더해질 필요가 있다. 절대 다수가 여성인 콜센터 작업장의 특수성을 고려할 때, 이른바 가정친화적인 각종 인사제도(family-friendly policy)의 도입·운영을 통해 상담노동자들의 모성을 보호하고, 이들의 직장-가정 균형(work-family balance)을 도모해 가는 정책을 긍정적으로 검토할 필요가 있다. 특히 기술적으로 가능한 경우, 재택근무나 유연근무체제의 도입을 우선적으로 고려할 필요가 있을 것이다(Allen, 2001; Bloom et al., 2011; Lambert, 2000; 박상언·최민오. 2013 등).

아울러, 콜센터 상담노동자들의 경우, 타 산업 종사자와 비교할 때 상대적으로 학력수준은 높은데 비해 임금수준은 낮아서, 이러한 현실이 이들의 이직율을 높이는데 크게 기여하는 것으로 알려져 왔다(정보통신산업진흥원, 2010). 또한 앞서 지적한 바와 같이, 한국의 경우 이들의 비정규직 비율이 특히 높은 편이다. 상대적으로 고학력 여성 인력이 지배적인 콜센터의 이런 현실을 감안할 때, 콜센터 작업장은 외국에서는 이미 보편화되어 있는 '정규직 시간제' 고용형태의 확대를 위한 정책을 적극 검토해 볼 만한 경우라고 생각된다.

그렇지만 탐색적 목적으로 수행된 본 연구의 실증분석 결과는 여러 가지 점에서 한계를 가지고 있기 때문에, 분석결과를 일반화하는 데 있어서는 세심한 주의가 필요할 것이다. 무엇보다 표본이 제한된 설문조사에 의존한 분석이었을 뿐만 아니라, 콜센터 상담노동자들에 대한 비교대상이 일부 고객서비스 직종에 국한된 한계가 있었다. 또한 상담노동자들에 대한 인터뷰 등 연구대상자들의 관점을 좀 더 생생히 드러내 보여줄 수 있는 질적인 자료를 확보하지 못해, 기존 연구의 인터뷰 내용을 이차적으로만 활용한 한계가 있었다. 향후 연구에서는 이러한 점들을 보완해 줄 수 있는 연구 설계가 필요해 보인다. 끝으로, 그간 콜센터 상담직 노동자들에 관한 비판적 관점의 연구들이 주로 개념적 연구나 혹은 사례연구에 치우쳐 왔던 경향을 감안할 때, 본 연구는 이를 경험적인 실증연구를 통해 뒷받침하는 나름의 연구 의의를 가진다고 볼 수 있겠다. 그렇지만 향후에는 단순한 직종별 비교를 넘어서는, 좀 더 정교한 실증연구 프레임을 개발해 연구해 볼 필요가 있을 것이다.

Reference 참고문헌

강현아 (2002), 간호전문직 노동의 변화: 감정노동의 강화, 『경제와사회』, 55: 142-168.

강혜영 (2004), 콜센터에서의 새로운 고용관계: 이동통신서비스산업을 중심으로, 『POSRI 경영연구』, 4(1): 148-173.

국가인권위원회 (2008), 『콜센터 텔레마케터 여성비정규직 인권 상황 실태조사』

이랑·김완석·신강현 (2006), 직무탈진과 직무열의 요구-자원 모델에서 정서노동전략의 역할-콜센터 상담원을 대상으로, 『한국심리학회지: 산업 및 조직』, 19(4): 573-596.

박상언·신다혜 (2011), 감정노동과 직장-가정 갈등: 직무소진의 두 영향요인에 대한 실증연구, 『인사·조직연구』, 19(1): 227-266.

박상언·최민오 (2013), 가정친화제도의 효과성과 직장-가정 상호작용의 매개효과, 『경영학연구』, 42(2): 355-381.

신경아 (2009), 감정노동의 구조적 원인과 결과의 개인화: 콜센터 여성노동자의 사례연구, 『산업노동연구』, 15(2): 223-255.

윤시내·박완순 (2007), 콜센터의 직무환경, 소진, 고객지향성의 영향관계에 관한 연구, 『관광경영연구』, 33: 53-76.

이병훈 (2007), 콜센터의 고용관계에 관한 국제비교연구, 『산업노동연구』, 13(1): 33-52.

이병훈·김종성 (2004), 전자감시와 노동자 반응: A은행 콜센터의 사례연구, 『산업노동연구』, 10(2): 67-88.

이병훈·권현지·강혜영·김종성 (2006), 『콜센터의 고용관계와 노동문제』, 한국노동연구원.

정보통신산업진흥원 (2010), 『콜센터 산업 실태조사 및 정책연구』

최항석·임효창·정무관 (2008), Call Center 종사자의 감정노동의 선행요인에 관한 연구, 『기업경영연구』, 15(2): 53-68.

한국콜센터산업정보연구소 (2007), 『국내 콜센터산업 기초통계』

Abraham, R. (1999), The impact of emotional dissonance on organizational commitment and intention to turnover, *The Journal of Psychology,* 133(4): 441-455.

Allen, N. J. & Meyer, J. P. (1990), "The measurement and antecedents of affective, continuance and normative commitment to the organization", *Journal of Occupational Psychology*, 63: 1-18.

Allen, T. D. (2001), Family-supportive work environment: the role of organization perceptions, *Journal of Vocational Behavior*, 58: 414-435.

Ashforth, B. E. & Humphrey, R. H. (1993), Emotional labor in service roles: The influence of identity. *Academy of Management Review*, 18: 88-115.

Bain, P. & Taylor, P. (2000), Entrapped by the 'Electronic Panopticon'? Worker resistance in the call centre, *New Technology, Work and Employment,* 15(1): 12-18.

Bakker, A. B. & Heuven, E. (2006), Emotional dissonance, burnout, and in-role performance among nurses and police officers. *International Journal of Stress Management,* 13(4): 423-440.

Bateman, T. S. & Organ, D. W. (1983), Job satisfaction and the good soldier: The relationship between affect and employee citizenship. *Academy of Management Journal*, 26(4): 587-595.

Batt, R. (2000), Strategic segmentation in front-line services: Matching customers, employees and human resource systems, *International Journal of Human Resource Management*, 11(3): 540-561.

Batt, R. (2001), Explaining wage inequality in telecommunications services: Customer segmentation, human resource practices, and union decline, *Industrial and Labor Relations Review*, 54(2): 425-449.

Batt, R. (2002), Managing customer services: Human resource practices, quit rates, and sales growth, *Academy of Management Journal,* 45(3): 587-597.

Batt, R. & Moynihan, L. (2002), The viability of alternative call centre production models, *Human Resource Management Journal,* 12(4): 14-34.

Belt, V. (2002), A female ghetto? Women's careers in call centres, *Human Resource Management Journal,* 12(4): 51-66.

Bloom, N., Kretschmer, T. & Van Reenen, J. (2011), Are family-friendly workplace practices a valuable firm resource?, *Strategic Management Journal,* 32(4): 343-367.

Bolton, S. & Houlihan, M. (2005), The (mis)representation of customer service, *Work, Employment & Society*, 19(4): 685-703.

Brotheridge, C. M. & Grandey, A. A. (2002), Emotional labor and burnout:

Comparing two perspectives of people work? *Journal of Vocational Behavior*, 60: 17-39.

Burgess, J. & Connell, J. 2007. *Developments in the call centre industry: Analysis, changes and challenges,* New York: Routledge.

Callaghan, G. & Thompson, P. (2002), We recruit attitude: The selection and shaping of routine call centre work, *Journal of Management Studies,* 39(2): 233-253.

Cohen, S. & Wills, T. A. (1985), Stress, social support, and the buffering hypothesis, *Psychological Bulletin*, 98: 310-357.

Deery, S., Iverson, R. & Walsh, J. (2002), Work relationships in telephone call centres: Understanding emotional exhaustion and employee withdrawal, *Journal of Management Studies*, 39: 471-496.

de Rijk, Le Blanc, P. M., Schaufeli, W. B. & de Jonge, J. (1998), Active coping and need for control as moderators of the job-demand-control model: Effects on burnout. *Journal of Occupational and Organizational Psychology*, 71: 1-18.

Farrington, A. (1995), Stress and nursing. *British Journal of Nursing*, 4(10): 574-578.

Fernandez, R. & Sosa, M. L. (2005), Gendering the jobs: Networks and recruitment at a call center, *American Journal of Sociology*, 111(3): 859-904.

Fernie, S. & Metcalf, D. (1998), *(Not) Hanging on the telephone: Payments systems in the new sweatshops*, Centre for Economic Performance, London School of Economics.

Frankel, S., Tam, M., Korczynski, M. & Shire, K. (1998), Beyond bureaucracy? Work organization in call centres, *International Journal of Human Resource Management*, 9: 957-979.

Frenkel, S., Korczynski, M., Shire, K. & Tam, M. (1999), *On the frontline: Organizations of work in the information economy*, Ithaca: Cornell Univ. Press.

Frese, M. (1999), Social support as a moderator of the relationship between work stressors and psychological dysfunctioning: A longitudinal study with objective measures. *Journal of Occupational Health Psychology*, 4(3): 179-192.

Grandey, A. A. (2000), Emotional regulation in the workplace: A new way to conceptualize emotional labor. *Journal of Occupational Health Psychology*, 5: 95-110.

Grandey, A. A. (2003), When "the show must go on": Surface and deep acting as determinants of emotional exhaustion and peer-rated service delivery. *Academy of Management Journal*, 46: 86-96.

Grebner, S., Semmer, N. K., Faso, L. L., Gut, S., Kalin, W. & Elfering, A. (2003), Working conditions, well-being, and job-related attitudes among call centre agents, *European Journal of Work and Organizational Psychology,* 12(4): 341-365.

Hackman, J. R. & Oldham, G. R. (1975), Development of the Job Diagnostic Survey, *Journal of Applied Psychology*, 60: 159-170.

Hochschild, A. R. (1983), *The managed heart: Commercialization of human feeling*. Berkeley, CA: University of California Press.

Holman, D. J. (2002), Employee well-being in call centres, *Human Resource Management Journal,* 12: 35-50.

Holman, D. J. (2003), Call centres, In Holman, D. J., Wall, T. D., Clegg, C. W., Sparrow, P. & Howard, A. (Eds.), *The new workplace: A guide to the human impact of modern working practices*, Chichester, UK: Wiley.

Holman, D., Chissick, C. & Totterdell, P. (2002), The effects of performance monitoring on emotional labor and well-being in call centers. *Motivation and Emotion*, 26(1): 57-81.

Holtgrewe, U., Kerst, C. & Shire, K. (2002), *Re-organizing Service Work: Call Centres in Germany and Britain*, Burlington, VT: Ashgate.

Houlihan, M. (2000), Eyes wide shut? Querying the depth of call centre learning, *Journal of European Industrial Training*, 24: 228-239.

Houlihan, M. (2002), Tensions and variations in call centre management strategies, *Human Resource Management Journal,* 12(4): 67-85.

Korczynski, M., Shire, K., Frenkel, S. & Tam, M. (2000), Service work in consumer capitalism: Customers, control and contradictions, *Work, Employment & Society*, 14(4): 669-687.

Kruml, S. M. & Geddes, D. (2000), Exploring the dimensions of emotional labor: The heart of Hochschild's work. *Management Communication Quarterly,* 14(1): 8-49.

Lambert, S. J. (2000), Added benefits: The link between work-life benefits and organizational citizenship behavior, *Academy of Management Journal,* 43: 801-815.

Leidner, R. (1999), Emotional labor in service work. In Steinberg, R. J. & Figart, D. M. (Eds.). *The Annals of the American Academy of Political and Social Science*: 81-95. Thousand Oaks, CA: Sage.

Lewig, K. A. & Dollard, M. F. (2003), Emotional dissonance, emotional exhaustion and job satisfaction in call centre workers. *European Journal of Work and Organizational Psychology,* 12(4): 366-392.

Marshall, J. N. & Richardson, R. (1996), The impact of telemediated services on corporate structures: The example of branchless retail banking in Britain, *Environment and Planning,* 28: 1843-1858.

Martinez-Inigo, D., Totterdell, P., Alcover, C. M. & Holman, D. (2007), Emotional labor and emotional exhaustion: Interpersonal and intrapersonal mechanism. *Work and Stress*, 21(1): 30-47.

Mills, P. K. & Morris, J. H. (1986), Clients as "partial" employees of service organizations: Role development in client participation, *Academy of Management Review*, 11: 726-735.

Miozzo, M. & Ramirez, M. (2003), Service innovation and the transformation of work: The case of UK Telecommunications, *New Technology, Work and Employment,* 18(1): 62-78.

Morris, J. A. & Feldman, D. C. (1996), The dimensions, antecedents, and consequences of emotional labor. *Academy of Management Review*, 21: 986-1000.

Mulholland, K. (2002), Gender, emotional labor and teamworking in a call centre, *Personnel Review*, 31(3): 283-303.

Organ, D. W. (1988), *Organizational Citizenship Behavior: The Good Soldier Syndrome.* Lexington, MA : Lexington Books.

Othman, A. K., Abdullah, H. S., & Ahmad, J. (2008), Emotional intelligence, emotional labour and work effectiveness in service organizations : A proposed model, *The Journal of Business Perspective*, 12(1): 31-42.

Phillips, B., Tan, T. T. W. & Julian, C. (2006), The theoretical underpinnings of emotional dissonance: A framework and analysis of propositions. *Journal of Services Marketing*, 20(7): 471-478.

Podsakoff, P. M., MacKenzie, S. B. & Bommer, W. H. (1996), Transformational leader behaviors and substitutes for leadership as determinants of employee satisfaction, commitment, trust and organizational citizenship behaviors. *Journal of Management*, 22: 259-298.

Price, J. L. & Mueller, C. W. (1986), *Handbook of organizational measurement*, Marshfield, Mass.: Pitman.

Pugh, S. D. (2001), Service with smile: Emotional contagion in the service encounter. *Academy of Management Journal,* 44(5): 1018-1027.

Rafaeli, A. & Sutton, R. I. (1987), The expression of emotion as part of the work role, *Academy of Management Review*, 12: 23-37.

Sczesny, S. & Stahlberg, D. (2000), Sexual harassment over the telephone: Occupational risk at call centres, *Work and Stress*, 14(2): 121-136.

Spector, P. E. & Jex, S. M. (1998), Development of four self-report measures of job stressors and strain: Interpersonal Conflict at Work Scale, Organizational Constraints Scale, Quantitative Workload Inventory, and Physical Symptoms Inventory, *Journal of Occupational Health Psychology,* 3: 356-369.

Steinberg, R. J. & Figart, D. M. (1999), Emotional labor since The Managed Heart. In Steinberg, R. J. & Figart, D. M. (Eds.). *The Annals of the American Academy of Political and Social Science*: 8-26. Thousand Oaks, CA: Sage.

Stetz, T. A., Stetz, M. C., & Bliese, P. D. (2006), The importance of self-efficacy in the moderating effects of social support on stressor-strain relationships. *Work and Stress,* 20(1): 49-59.

Taylor, P. & Bain, P. (1999), An assembly line in the head: Work and employee relations in the call center, *Industrial Relations*, 30(2): 101-117.

Thompson, P. & Warhurst, C. (1998), *Workplaces of the future*, London: Macmillan.

Van Dijk, P. A. & Kirk-Brown, A. (2006), Emotional labour and negative job outcomes: An evaluation of the mediating role of emotional dissonance. *Journal of Management and Organization*. 12(2): 101-115.

Van Katwyk, P. T., Fox, S., Spector, P. E. & Kelloway, E. K. (2000), Using the Job-related Affective Well-being Scale(JAWS) to investigate affective responses to work stressors, *Journal of Occupational Health Psychology,*

5(2): 219-230.

Zapf, D. (2002), Emotion work and psychological strain: A review of the literature and some conceptual considerations. *Human Resource Management Review*, 12: 237-268.

Zapf, D., Amela, I., Bechtoldt, M. & Blau, P. (2003), What is typical for call centre jobs? Job characteristics, and service interactions in different call centres, *European Journal of Work and Organizational Psychology*, 12(4): 311-340.

Zapf, D. & Holz, M. (2006), On the positive and negative effects of emotion work in organizations. *European of Work and Organizational Psychology*, 15 (1): 1-28.

저자 약력

■ 박 상 언

- 충북대학교 경영대학 교수
- 연세대 경영학 박사(인사조직 전공)
- 미국 미시간주립대 및 하와이대 연구교수
- 한국인사·조직학회, 한국인사관리학회 부회장 및 학회지 편집위원 역임
- 한국인적자원개발학회 편집위원장 및 학회장 역임
- 중앙노동위원회 공익위원 역임
- 지은 책으로 『조직행동론』, 『성과주의와 다운사이징』, 옮긴 책으로는 『조직이론: 조직의 8가지 이미지』(*Images of Organization*), 『휴먼 이퀘이션』(*Human Equation*) 등이 있고, 인사조직 분야 주요 학회지에 조직문화, 성과주의, 다운사이징, 직무소진, 감정노동, 일-가정 균형 등에 관련된 다수의 논문을 게재해 왔음.

감정노동과 직무소진

초 판 1쇄 발행 —— 2016년 3월 2일
초 판 2쇄 발행 —— 2019년 8월 20일
지은이 —— 박 상 언
펴낸이 —— 전 두 표
펴낸곳 —— 도서출판 **두남**
서울시 강동구 성내로6길 34-16 두남빌딩
신 고 : 제25100-1988-9호
TEL : 02) 478-2065~7, 2311
FAX : 02) 478-2068
E-mail : dunam1@unitel.co.kr
http://www.dunam.co.kr

정가 18,000원

ISBN 978-89-6414-647-7 93330